Economic Duress

Berliner Schriften zum internationalen, ausländischen und deutschen Privatrecht

Herausgegeben von Prof. Dr. Helmut Grothe, Freie Universität Berlin

Band 12

Zur Qualitätssicherung und Peer Review der vorliegenden Publikation

Die Qualität der in dieser Reihe erscheinenden Arbeiten wird vor der Publikation durch den Herausgeber der Reihe geprüft.

Notes on the quality assurance and peer review of this publication

Prior to publication, the quality of the work published in this series is reviewed by the editors of the series.

Michael George Bayliss

Economic Duress

Die *Economic Duress*-Doktrin im englischen Recht und ihr Einfluss auf ausgewählte Rechtsordnungen des *Commonwealth*

PL ACADEMIC RESEARCH

Bibliografische Information der Deutschen Nationalbibliothek
Die Deutsche Nationalbibliothek verzeichnet diese Publikation in der Deutschen Nationalbibliografie; detaillierte bibliografische Daten sind im Internet über http://dnb.d-nb.de abrufbar.

Zugl.: Berlin, Freie Univ., Diss., 2015

D 188
ISSN 2364-4370
ISBN 978-3-631-66677-7 (Print)
E-ISBN 978-3-653-06126-0 (E-Book)
E-ISBN 978-3-631-69787-0 (EPUB)
E-ISBN 978-3-631-69788-7 (MOBI)
DOI 10.3726/978-3-653-06126-0

PL Academic Research ist ein Imprint der Peter Lang GmbH.

Peter Lang – Frankfurt am Main · Bern · Bruxelles · New York · Oxford · Warszawa · Wien

Diese Publikation wurde begutachtet.

www.peterlang.com

In memory of my beloved grandparents,
Jill and Michael J. Bayliss MBE

"Writing a book is an adventure. To begin with it is a toy and an amusement. Then it becomes a mistress, then it becomes a master, then it becomes a tyrant. The last phase is that just as you are about to be reconciled to your servitude, you kill the monster and fling him to the public."

– Winston Churchill, 2. November 1949, London

Vorwort

Die vorliegende Arbeit wurde im Sommersemester 2015 vom Fachbereich Rechtswissenschaft der Freien Universität Berlin als Dissertation angenommen.

In erster Linie möchte ich meinem Doktorvater Herrn Univ.-Prof. Dr. Helmut Grothe danken, dem eine wichtige Schlüsselrolle in meinem akademischen Leben zukommt. Bereits im Studium begeisterte er mich für die Welt der Rechtsvergleichung in Seminaren und Vorlesungen und unterstützte mich bei der Aufnahme meines Auslandsstudiums in London. Darüber hinaus durfte ich an seinem Lehrstuhl als wissenschaftlicher Mitarbeiter mitwirken und erhielt während dieser Zeit die idealen Rahmenbedingungen für die Anfertigung dieser Dissertation. Neben der Betreuung der Arbeit gewährte er mir zudem die Möglichkeit, einen Forschungsaufenthalt in England zu absolvieren und nahm mich in seiner Schriftenreihe auf. Für all dies schulde ich ihm größten Dank.

Herzlich danken möchte ich auch Frau Univ.-Prof. Dr. Ruth Janal, die nicht nur in einer rekordverdächtigen Zeit das Zweitgutachten anfertigte, sondern im Vorfeld stets für Fragen zur Verfügung stand und mir sehr wertvolle Kritik zu meiner Arbeit gab. Ihr Engagement ging deutlich über das hinaus, was üblicherweise von einem Zweitgutachter erbracht wird.

Ebenfalls möchte ich mich bei Professor John Cartwright und Professor Edwin Peel bedanken, die sich Zeit für mich nahmen und mir während meines Forschungsaufenthaltes an der University of Oxford hilfreiche Hinweise zu meinem Dissertationsvorhaben gaben.

Ferner gebührt den Richtern District Judge Philip Gillibrand und Her Honour Judge Jane Miller QC großer Dank, da sie mir einen unmittelbaren praktischen Einblick in die englische Justiz gewährten, der für einen rechtsvergleichenden Juristen von unbezahlbarem Wert ist. Der Familie Gillibrand danke ich zudem herzlich für die Gastfreundschaft während meiner Zeit in Oxford.

Für die schöne Zeit am Lehrstuhl und am Fachbereich möchte ich mich bei allen Kolleginnen und Kollegen bedanken, insbesondere aber bei Alexander Ahrens, Mathias Petzoldt, Prof. Dr. Nils Schaks und Stefanie Stresow.

Außerhalb meines universitären Umfeldes haben mich zahlreiche Personen bei dem Abschluss meiner Dissertation unterstützt. Ich danke daher Dr. Martin Delhey, Klaus Pfeiffer, Jing Tian, Weijia Lee, Roman van den Busch, Ute Keinhorst sowie meinem jüngeren Bruder Joshua.

Der Ernst-Reuter-Gesellschaft der Freien Universität Berlin danke ich herzlich für die großzügige Gewährung des Druckkostenzuschusses zu dieser Arbeit.

Meiner Mutter Julia danke ich vom ganzen Herzen für die Liebe und Unterstützung, die ich in meinem gesamten Leben von ihr erhielt.

Den größten Dank verdient allerdings meine Ehefrau Iva Bayliss. Bereits nach Erlangung des ersten Staatsexamens war sie es, die mich zur Anfertigung der Dissertation ermutigte. Während meiner Promotion unterstützte sie mich nicht nur dadurch, dass sie trotz eigener Arbeitsbelastung jederzeit umfassende Korrekturarbeiten übernahm, sondern stets für inhaltlichen Fragen zur Verfügung stand und zu den undenklichsten Uhrzeiten meine rechtstheoretischen Monologe ertragen musste. Zudem beruhigte sie mich regelmäßig, wenn meine promotionsbedingten Stimmungsschwankungen zu Tage traten. Diese Arbeit wäre ohne sie nie entstanden.

Berlin, Juli 2016 *Michael George Bayliss*

Inhaltsübersicht

Abkürzungsverzeichnis

A.D.2d.	Appellate Division Reports 2nd Series
AC	Law Reports, Appeal Cases (Third Series)
AcP	Archiv für die civilistische Praxis
Ad. & El.	Adolphus & Ellis' Queen's Bench Reports
Adel L Rev	Adelaide Law Review
AIR	All India Reporter
AIR S.C.	All India Reporter (Supreme Court)
All ER	All England Law Reports
All ER (D)	All England Law Reports (Digests)
All ER (Comm)	All England Law Reports (Commercial Cases)
Anglo-Am. L.R.	Anglo-American Law Review
App. Cas.	Law Reports, Appeal Cases (Second Series)
B. & S.	Best & Smith's Queen's Bench Reports
B.L.R.	Business Law Reports
Bing. (N.C.)	Bingham's New Cases, English Common Pleas
BK	Close Corporation (SA)
C.L.J.	Cambridge Law Journal
CACV	Hong Kong Court of Appeal – Civil Appeal
Camp.	Campbell's Nisi Prius Cases
Can. B.R.	Canadian Bar Review
Can. Bus. L.J.	Canadian Business Law Journal
Ch	Law Reports, Chancery Division (Third Series)
Ch.D.	Law Reports, Chancery Division (Second Series)
CJ	Chief Justice of Ireland
CILSA	Comparative and International Law Journal of South Africa
CLC	Commercial Law Cases
CLR	Commonwealth Law Reports
Co. Rep.	Coke's King's Bench Reports
Colum. L. Rev.	Columbia Law Review
Const.L.J.	Construction Law Journal
Cowp.	Cowper's King's Bench Reports
D.L.R.	Dominion Law Reports

EUR	Euro
EWHC	England and Wales High Court
Exch.	Exchequer Reports
F.C.R.	Family Court Reporter
Fed LR	Federal Law Review
Fn.	Fußnote
Giff	Giffard's Chancery Reports
GBP	Britisches Pfund
H & N	Hurlstone & Norman's Exchequer Reports
Harv. Law Rev.	Harvard Law Review
HCA	Hong Kong High Court – Civil Action
HKLR	Hong Kong Law Reports
HKD	Hong Kong-Dollar
Hrsg.	Herausgeber
I.C.R.	Industrial Court Reports
i.H.v.	in Höhe von
I.L.R.M.	Irish Law Reports Monthly
I.R.	Irish Reports
I.R.L.R.	Industrial Relations Law Reports
ICLQ	International and Comparative Law Quarterly
I.J.O.S.L.	International Journal of Shipping Law
Iowa L. Rev.	Iowa Law Review
JA	Judge of Appeal (Australien)
J.A.	Judge of Appeal (Canada)
J.	Justice
J.B.L.	Journal of Business Law
JCL	Journal of Contract Law
K.B.	Law Reports, King's Bench
Ky.	Norton-Kyshe's Reports
L.J.	Lord Justice
L.Libr.J.	Law Library Journal
L.Q.R.	Law Quarterly Review
L.R. H.L.	Law Reports, English & Irish Appeals
L.R. App. Cas.	Law Reports, Appeal Cases (Second Series)
L.R. Ch. App.	Law Reports, Chancery Appeal Cases
L.R. Ex.	Law Reports, Exchequer Cases
L.T.	Law Times Reports
Lloyd's Rep.	Loyds Law Reports

LMCLQ	Lloyd's Maritime and Commercial Law Quarterly
M. & W.	Meeson & Welsby's Exchequer Reports
Malaya L. Rev.	Malaya Law Review
Mcgill L.J.	McGill Law Journal
Mich. L. Rev.	Michigan Law Review
MLJ	Malayan Law Journal
MLR	Modern Law Review
M.R.	Master of the Rolls
Moo. & P.	Moore and Payne's Common Pleas Reports
My. & Cr.	Mylne & Craig's Chancery Reports
N.E.	North Eastern Reporter
N.Y.2d	New York Reports 2nd Series
NR	Namibian Law Reports
NR (LC)	Namibian Law Reports (Labour Court)
NSWLR	New South Wales Law Reports
NZCCLR	New Zealand Company and Commercial Law Reports
NZD	New Zealand Dollar
NZLR	New Zealand Law Reports
Ox.J.L.S.	Oxford Journal of Legal Studies
P	President of the New South Wales Court of Appeal (Australien)
P.	Law Reports, Probate
P.D.	Law Reports, Probate, Divorce & Admirality Division
Peake	Peake's Nisi Prius Reports
Q.B.	Law Reports, Queen's Bench (Third Series)
Q.B.D.	Law Reports, Queen's Bench
RLR	Restitution Law Review
S.C.R.	Supreme Court Reports
S.L.T.	Scots Law Times
SA	South African Law Reports
SA (A)	South African Law Reports – Appellate Division
SA (SCA)	South African Law Reports – Supreme Court of Appeal
SALJ	South African Law Journal

SAS	Special Air Service
SGHC	Singapore High Court
Sing JLS	Singapore Journal of Legal Studies
SLR	Singapore Law Reports
SLR(R)	Singapore Law Reports (Reissue)
SR (NSW)	State Reports New South Wales
Stat.L.R.	Statute Law Review
Str.	Strange's King's Bench Reports
TCC	Tax Court of Canada
U.C.L.R.	University of Chicago Law Review
UKPC	United Kingdom Privy Council
USD	US-Dollar
U.S.	United States Supreme Court Reports
V.U.W.L.R.	Victoria University of Wellington Law Review
Ves. Jun.	Vesey Junior's Chancery Reports
VLR	Victorian Law Reports
Wash. U. Global Stud. L. Rev.	Washington University Global Studies Law Review
WL	Westlaw Transcripts
WLR	Weekly Law Reports
ZAGPJHC	South Gauteng High Court

Entscheidungsverzeichnis

Australien

Australia & New Zealand Banking Group v Karam (2005) 64 NSWLR 149

Crescendo Management Pty Ltd v Westpac Banking Corporation (1988) 19 NSWLR 40

Equiticorp Finance Ltd v Bank of New Zealand (1993) 32 NSWLR 50

Melbourne Tramway and Omnibus Co. v Melbourne City Corporation (1903) 28 V.L.R. 647

Nixon v Furphy (1925) 25 S.R. (N.S.W.) 151

In re Hooper & Grass' Contract (1949) V.L.R. 269

Smith v William Charlick Ltd. (1924) 34 CLR 38

TA Sundell & Sons Pty Ltd v Emm Yannoulatos (Overseas) Pty Ltd (1956) 56 SR (NSW) 323

England

Adam Opel GmbH, Renault S.A. v Mitras Automotive (UK) Limited [2007] EWHC 3481 (QB)

Akerblom v Price, Potter, Walker & Co. (1881) 7 Q.B.D. 129

Alcard v Skinner (1887) 36 Ch.D. 145

Alf Vaughan & Co Ltd v Royscott Trust plc [1999] 1 All E.R. (Comm) 856

Anangel Atlas Compania Naviera S.A. and Others v Ishikawajima-Harima Heavy Industries Co. Ltd. (No. 2) [1990] Vol. 2 Lloyd's Rep. 526

Anscomb v Shore (1808) 1 Camp. 285

Arrale v Costain Engineering Ltd [1976] 2 Lloyd's Rep. 98

Ashmole v Wainwright (1842) 2 Q.B. 837

Astley v Reynolds (1731) 2 Str. 915

Atlas Express Ltd. v Kafco (Importers and Distributors) Ltd. [1989] 1 Q.B. 833

B. & S. Contracts and Designs Limited v Victor Green Publications Ltd [1984] I.C.R. 419

Banco de Portugal v Waterlow [1932] AC 452

Bank of Scotland v Cohen (2013) HC12A02041 (unveröffentlicht)

Barton v Armstrong [1976] A.C. 104

Biffin v Bignell (1862) 7 H & N 877

Bonnington Castings Ltd v Wardlaw [1956] 1 All ER 615

Borelli v Ting [2010] UKPC 21
Cantor Index Ltd v Shortall [2002] All ER (D) 161 (Nov)
Carillion Construction Ltd v Felix (UK) Ltd [2000] ADR.L.R. 11/06
Chappell and Co Ltd v Nestle Co Ltd [1960] AC 87
CTN Cash and Carry Ltd v Gallaher Ltd [1994] 4 All ER 714
Cumming v Ince (1847) 11 QB 112
D. & C. Builders Ltd. v Rees [1965] 2 Q.B. 617
Davis Contractors Ltd v Fareham Urban District Council [1956] AC 696
Dent v Bennett (1839) 4 My. & Cr. 269
Dimskal Shipping Co SA v International Transport Workers' Federation [1991] 4 All ER 871
DSND Subsea Limited v Petroleum Geo Services Asa [2000] EWHC 185 (TCC)
Eastwood v Kenyon (1840) 11 A. & E. 438
Foakes v Beer (1884) 9 App. Cas. 605
GMAC Commercial Credit Ltd v Dearden [2002] All ER (D) 440 (May)
Goddard v O'Brien (1882) 9 Q.B.D. 37
Gregory v Portsmouth City Council [2000] 1 A.C. 419
Haigh v Brooks (1839) 10 A. & E. 309
Harris v Watson (1791) Peake 102
Harrison v Dodd (1914) 111 L.T. 47
Hennessy v Craigmyle & Co. Ltd. [1986] ICR 461
Hills v Street (1828) 2 Moo. & P. 96
Howes v Bishop [1909] 2 KB 390
Huyton SA v Peter Cremer GmbH & Co. [1999] 1 Lloyd's Rep. 620
In re McArdle, Decd. [1951] Ch 669
In re Selectmove Ltd [1995] 1 WLR 474
Kendal v Wood (1871) L.R. 6 Ex. 243
Kolmar Group AG v Traxpo Enterprises Pty Ltd [2010] 1 CLC 256
Lever Bros & Unilever N.V. v H.M. Procurator General [1950] A.C. 536
Levison v Patent Steam Carpet Cleaning Co Ltd [1978] Q.B. 69
Lindon v Hooper (1776) 1 Cowp. 414
Lloyds Bank Ltd. v Bundy [1975] Q.B. 326
Lynch v Director of Public Prosecution for Northern Ireland [1975] 1 All ER 913
Maskel v Horner [1915] 3 K.B. 106

Miller v Minister of Pensions [1947] 2 All ER 372

National Merchant Buying Society Limited v Bellamy and another [2012] EWHC 2563 (Ch)

National Westminster Bank Plc. v Morgan [1985] 2 WLR 588

North Ocean Shipping Co. Ltd. v Hyundai Construction Co. Ltd. [1979] Q.B. 705

Occidental Worldwide Investment Corp. v Skibs A/S Avanti [1976] Vol. 1 Lloyd's Rep. 293

Ormes v Beadel (1860) Giff 166

Pao On v Lau Yiu Long [1980] A.C. 614

Pinnel's Case (1602) 5 Co. Rep. 117 a

Pioneer Shipping Ltd v BTP Tioxide Ltd [1982] AC 724

Progress Bulk Carriers v Tube City IMS LLC. [2012] 1 CLC 365

Rookes v Barnard [1964] A.C. 1129

Roscorla v Thomas (1842) 3 QB 234

Royal Bank of Scotland v Etridge (No 2) [2002] AC 773, 781

R v Her Majesty's Attorney-General for England and Wales [2003] UKPC 22

Scott v Sebright (1866) 12 P.D. 21

Sibree v Tripp (1846) 15 M. & W. 23

Skeate v Beale (1840) 11 Ad & El 983

Smith v Monteith (1844) 13 M. & W. 427

Stilk v Myrick (1809) 2 Camp. 317 (alternativ: *Stilk v Myrick* (1809) 6 Esp. 129)

Syros Shipping Co v Elaghill Trading Co [1981] 3 All E.R. 189

Swain v West (Butchers) Ltd. [1936] 3 All E.R. 261

Szechter v Szechter [1971] 2 WLR 170

The Crusader [1907] P. 196

The Port Caledonia and The Anna [1903] P. 184

The Rialto [1891] P. 175

Thomas v Thomas (1842) 2 Q.B. 851

Thoroughgood's Case, (1584) 2 Co. Rep. 9a

Tweddle v Atkinson (1861) 1 B. & S. 393

Universe Tankships of Monrovia v International Transport Workers Federation [1983] A.C. 366

Vantage Navigation Corporation v Suhail and Saud Bahwan Building Materials LLC [1989] 1 Lloyd's Rep. 138

Wade v Simeon (1846) 2 C.B. 548

Ward v Byham [1956] 1 WLR 496

Williams v Bayley (1866) L.R. 1 H.L. 200

Williams v Roffey Bros & Nicholls (Contractors) Ltd. [1991] 1 Q.B. 1

Wright v HSBC Bank Plc [2006] ADR.L.R. 05/05

Hongkong

Esquire (Electronics) Ltd. v The Hong Kong and Shanghai Banking Corporation Limited, HCA No. 11077/1994

ING Bank N.V. v Tsui Tsin Tong, CACV 354/1999

Liu Chong Hing Bank Ltd. v Ocean Importers & Exporters Company Limited, HCA No. 18412/1998

Tung Wing Steel Co. Ltd. v George Wimpey International Limited, HCA No. 3285/1984

Indien

Central Inland Water Transport Corporation Ltd. v. Brojo Nath Ganguly, AIR 1986 S.C. 1571

Dai-ichi Karkaria Private Ltd. v. Oil and Natural Gas Commission, AIR 1992 Bombay 309

M/S. Unikol Bottlers Ltd. v. M/S. Dhillon Kool Drinks, Delhi High Court, 7. Februar 1994, abgerufen am 30.11.2013 um 12:35 von http://indiankanoon.org/doc/1688102/

Sara International Limited v. Rizhao Steel Holding, Delhi High Court, 30. Mai 2013, abgerufen am 30.11.2013 um 09:13 Uhr von http://www.indiankanoon.org/doc/173321411/

Superintending Engineer v. Progressive Engineering Co. Andhra Pradesh High Court, 9. August 1996, abgerufen am 29.11.2013 um 16:20 Uhr von http://www.indiankanoon.org/doc/1413715/

Irland

Barry Hearn and Matchroom Boxing Ltd. v Stephen Collins [1998] IEHC 187

Griffith v Griffith [1944] I.R. 35

Headfort v Brockett [1966] I.R. 227

M.K. (McC) v McC [1982] I.L.R.M. 277

Smelter Corporation of Ireland Limited v Abina Mary O'Driscoll [1977] I.R. 305

Kanada

DeWolfe v Mansour (1986) 33 B.L.R. 135

Gordon v Roebuck (1992) 92 D.L.R. (4th) 670

Greater Fredericton Airport Authority Inc. v NAV Canada (2008) 290 D.L.R. (4th) 405

Knutson v Bourkes Syndicate [1941] S.C.R. 419

Morton Const. Co. v City of Hamilton (1961) 31 D.L.R. (2d) 323

Process Automation Inc. v Norstream Intertec Inc (2010) 321 D.L.R. (4th) 724

Ronald Elwin Lister Ltd. v Dunlop Canada Ltd. [1982] 1 S.C.R. 726

Stott v Merit Investment Corporation (1988) 48 D.L.R. (4th) 288

Techform Products Ltd. v Wolda (2001) 206 D.L.R. (4th) 171

Namibia

Vlasiu v President of the Republic of Namibia 1994 NR 332 (LC)

Neuseeland

Attorney-General for England and Wales v R. [2002] 2 NZLR 91

Haines v Carter [2001] 2 NZLR 167

McIntyre v Nemesis DBK Ltd [2010] 1 NZLR 463

Moyes & Groves Ltd v Radiation New Zealand Ltd [1982] 1 NZLR 368

Pharmacy Care Systems Ltd v Attorney-General [2004] 2 NZCCLR 187

Shivas v Bank of New Zealand [1990] 2 NZLR 327

Schottland

Euan Wallace & Partners v Westscot Homes plc 2000 S.L.T. 327

Hislop v Dickson Motors (Forred) Ltd. 1978 S.L.T. (Notes) 73

Royal Bank of Scotland v Leonard Bayfield Wilcox, 11.05.2012, A945/11, abgerufen am 15.11.2013 um 12:25 von http://www.scotcourts.gov.uk/opinions/A945_11.html

Trustee Savings Bank v Balloch 1983 S.L.T. 240

Singapur

Citibank NA v Lim Soo Peng and Another [2004] SGHC 266

E C Investment Holding Pte Ltd v Ridout Residence Pte Ltd and another [2011] 2 SLR 232

Gay Choon Ing v Loh Sze Ti Terence Peter [2009] 2 SLR(R) 332

Holcim (Singapore) Pte Ltd v Kwan Yong Construction Pte Ltd [2008] SGHC 231

Lee Kuan Yew v Chee Soon Juan [2003] 3 SLR(R) 8

Sharon Global Solutions Pte Ltd v LG International (Singapore) Pte Ltd. [2001] 2 SLR(R) 233

Tam Tak Chuen v Khairul bin Abdul Rahman [2009] 2 SLR(R) 240

Third World Development Ltd & Anor v Atang Latief & Anor [1990] 1 MLJ 385

R v Willans (1858) 3 Ky. 16

Wu Yang Construction Group Ltd v Zhejiang Jinyi Group Co, Ltd and others [2006] SGHC 152

Südafrika

Experian South Africa (Pty) Ltd. v Haynes and Another (48711/2011) [2012] ZAGPJHC 105

Lombard v Pongola Sugar Milling Co. Ltd. 1963 (4) SA 860 (A)

Malilang and Others v MV Houda Pearl 1986 (2) SA 714 (A)

Medscheme Holdings (PTY) Ltd. v Bhamjee 2005 5 SA 339 (SCA) 339

Van den Berg & Kie Rekenkundige Beamptes v Boomprops 1028 BK 1999 (1) SA 780

USA

Austin Instrument, Inc. v. Loral Corp. (1971) 29 N.Y.2d 124

Fairbanks v. Snow 13 N.E. 596 (1887)

Lochner v. New York, 198 U.S. 45 (1905)

Toni E. Sosnoff v. Jason D. Carter and Julia Vance Carter (1991) 165 A.D.2d. 486

Literaturverzeichnis

Adams, John: Contract Law at Sea? North Ocean Shipping Co. Ltd. v. Hyundai, *The Modern Law Review*, 1979, 557–562

Adams, John/Brownsword, Roger: Contract, Consideration and the Critical Path, *The Modern Law Review*, 1990, 536–541

Ames, James Barr: Lord Coke and Pinnel's Case, *Harvard Law Review*, 1897, 330–331

Andrews, Neil: English Civil Procedure: Fundamentals of the New Civil Justice Procedure, Oxford 2003; zitiert als: *Andrews*, English Civil Procedure

Atiyah, Patrick: The Rise and Fall of Freedom of Contract, Oxford 1979 (Nachdruck: Oxford 1985); zitiert als: *Atiyah*, The Rise and Fall of Freedom of Contract

Atiyah, Patrick: Economic Duress and the „Overborne Will", *The Law Quarterly Review*, 1982, 197–202

Atiyah, Patrick: Duress and the Overborne Will Again, *Law Quarterly Review*, 1983, 353–356

von Bar, Christian: The Common European Law of Torts, Oxford 1998; zitiert als: *von Bar*, Common European Law of Torts

Beale, Hugh: Duress and Undue Influence, in: Beale (Hrsg.), Chitty on Contracts, Vol. I, General Principles, 31st Edition, London 2012, S. 485–569; zitiert als: *Beale*, Duress and Undue Influence, in: *Beale*, Chitty on Contracts

Beatson, Jack: The Use and Abuse of Unjust Enrichment - Essays on the Law of Restitution, Oxford 1991; zitiert als: *Beatson*, Unjust Enrichment

Beatson, Jack/Burrows, Andrew/Cartwright, John: Anson's Law of Contract, 29th Edition, Oxford 2010; zitiert als: *Beatson/Burrows/Cartwright*, Anson's Law of Contract

Benzing, Markus: Das Beweisrecht vor internationalen Gerichten und Schiedsgerichten in zwischenstaatlichen Streitigkeiten, Berlin 2010; zitiert als: *Benzing*, Das Beweisrecht vor internationalen Gerichten

Bhadbhade, Nilima: Pollock and Mulla: The Indian Contract and Specific Relief Acts, 12th Edition, New Delhi 2001; zitiert als: *Bhadbhade*, Indian Contract and Specific Relief Acts

Bhadbhade, Nilima: Contract Law in India, 2nd Edition, Alphen aan den Rijn 2013; zitiert als: *Bhadbhade*, Contract Law

Bigwood, Rick: When Exegesis Becomes Excess: The Newborn Problematics of Contractual Duress Law in New Zealand, *Journal of Contract Law*, 2005, 208–225

Bigwood, Rick: Exploitative Contracts, Oxford 2003 (Nachdruck: Oxford 2009); zitiert als: *Bigwood*, Exploitative Contracts

Bigwood, Rick: Ill-Gotten Contracts in New Zealand: Parting Thoughts on Duress, Undue Influence and Unconscionable Dealing - Kiwi-Style?, *Victoria University of Wellington Law Review*, 2011, 83–116

Birks, Peter: An Introduction to the Law of Restitution, Oxford 1985; zitiert als: *Birks*, Law of Restitution

Birks, Peter: The Travails of Duress, *Lloyd's Maritime and Commercial Law Quarterly*, 1990, 342–351

Bix, Brian: Contract Law: Rules, Theory, and Context, Cambridge 2012; zitiert als: *Bix*, Contract Law

Blackstone, William: Commentaries on the Laws of England, Vol. I - Of the Rights of Persons, Philadelphia 1893, edited by Sharwood, George; zitiert als: *Blackstone*, Laws of England, Vol. I

Boyd, Neil: Canadian Law: An Introduction, 5th Edition, Toronto 2010; zitiert als: *Boyd*, Canadian Law

Bracton, Henry de: De Legibus et Consuetudinibus Angliae, New Haven 1915, edited by Woodbine, George; zitiert als: *Bracton*, De Legibus et Consuetudinibus Angliae

Brice, Geoffrey: Brice on Maritime Law of Salvage, London 2011; zitiert als: *Brice*, Maritime Law of Salvage

Brinkmann, Moritz: Das Beweismaß im Zivilprozess aus rechtsvergleichender Sicht, Berlin 2005; zitiert als: *Brinkmann*, Beweismaß im Zivilprozess aus rechtsvergleichender Sicht

Brownsword, Roger: Chapter 1 – General Considerations, in: *Furmston, Michael (Hrsg.)*, The Law of Contract, 3rd Edition, London 2006, S. 1–231; zitiert als: *Brownsword*, General Considerations, in: *Furmston*, The Law of Contract

Brox, Hans: Allgemeiner Teil des BGB, 37. Aufl., München 2013; zitiert als: *Brox*, BGB AT

Bruzzone, Stefano Giorgio: Das Privy Council als oberstes Gericht des Commonwealth of Nations, Frankfurt am Main 1990; zitiert als: *Bruzzone*, Das Privy Council

Burrows, Andrew: The Law of Restitution, 3rd Edition, Oxford 2011; zitiert als: *Burrows*, The Law of Restitution

Burrows, John/Finn, Jeremy/Todd, Stephen: Contract Law in New Zealand, Alphen aan den Rijn 2011; zitiert als: *Burrows/Finn/Todd*, Contract Law in New Zealand

Card, Richard/Cross, Rupert/Jones, Philip Asterley: Criminal Law, 18th Edition, Oxford 2008; zitiert als: *Card/Cross/Jones*, Criminal Law

Carr, Christopher: Inequality of Bargaining Power, *The Modern Law Review*, 1975, 463–466

Carsley, Frederic L.: Good Faith and Fair Dealing in the Commercial Context, in: *Campbell, Dennis/Cotter, Susan (Hrsg.)*, The Comparative Law Yearbook of International Business, Alphen aan den Rijn 1997, S. 233–248; zitiert als: *Carsley*, Good Faith and Fair Dealing in the Commercial Context, in: *Campbell/Cotter*, The Comparative Law Yearbook of International Business

Carter, John W./Harland, David J.: Contract Law in Australia, 4th Edition, Sydney 2002; zitiert als: *Carter/Harland*, Contract Law in Australia

Carty, Hazel F./Evans, Alan: Economic Duress, *Journal of Business Law*, 1983, 218–225

Carvan, John: Understanding the Australian Legal System, 4th Edition, Pyrmont 2002; zitiert als: *Carvan*, Australian Legal System

Cassim, FHI: Economic Duress in the Law of Unjust Enrichment in USA, England and South Africa, *Comparative and International Law Journal of South Africa*, 1991, 37–71

Castles, Alex C.: Reception and Status of English Law in Australia, *Adelaide Law Review*, 1963, 1–30

Cato, Charles B.: Restitution in Australia and New Zealand, Sydney 1997; zitiert als: *Cato*, Restitution in Australia and New Zealand

Chapman, Frances: Canadian Contractual Duress and Criminal Duress: „Irrational, Anomalous, Perverse, Illogical and Fundamentally Wrong“ or Just Misunderstood?, *Washington University Global Studies Law Review*, 2012, 215–285

Chen-Wishart, Mindy: Contract Law, 4th Edition, Oxford 2012; zitiert als: *Chen-Wishart*, Contract Law

Chetwin, Maree: Graw's Introduction to the Law of Contract in New Zealand, North Ryde 1993; zitiert als: *Chetwin*, Graw's Introduction to the Law of Contract in New Zealand

Chirelstein, Marvin: Concepts and Case Analysis in the Law of Contracts, 2nd Edition, Westbury 1993; zitiert als: *Chirelstein*, Law of Contracts

Christie, Richard/McFarlane, Victoria: The Law of Contract in South Africa, 5th Edition, Durban 2006; zitiert als: *Christie/McFarlane*, The Law of Contract in South Africa

Chui, Carole Pedley: The Law of Contract in Hong Kong, Hong Kong 1988; zitiert als: *Chui*, The Law of Contract in Hong Kong

Clark, Malcolm: Chapter 4 - Vitiating Factors, in: *Furmston, Michael (Hrsg.)*, The Law of Contract, 3rd Edition, London 2006, S. 775–986; zitiert als: *Clark*, Vitiating Factors, in: *Furmston*, The Law of Contract

Clark, Peter: Shipowners, Timecharterers Assess Rescue Costs, *Sea Law Volume 4*, 1995, abgerufen von http://www.navlaw.com/articles/v4/shipowners-timecharterers-assess-rescue-costs.htm am 20.12.2014 um 10:00 Uhr

Clark, Robert: Contract Law in Ireland, 6th Edition, Dublin 2008; zitiert als: *Clark*, Contract Law in Ireland

Cornish, William R.: Economic Duress, *The Modern Law Review*, 1966, 428–431

Dawson, John P.: Economic Duress: An Essay in Perspective, *The Michigan Law Review*, 1947, 253–290

Deakin, Simon/Johnston, Angus/Markesinis, Basil: Markesinis and Deakin's Tort Law, 6th Edition, Oxford 2008; zitiert als: *Deakin/Johnston/Markesinis*, Markesinis and Deakin's Tort Law

Diamond, Aubrey L.: Codification of the Law of Contract, *The Modern Law Review*, 1968, 361–389

Doolan, Brian: Principles of Irish Law, 4th Edition, Dublin 1996; zitiert als: *Doolan*, Irish Law

Edwards, J. Ll. J.: Compulsion, Coercion and Criminal Responsibility, *The Modern Law Review*, 1951, 297–313

Enonchong, Nelson: Duress, Undue Influence and Unconscionable Dealing, London 2006; zitiert als: *Enonchong*, Duress, Undue Influence and Unconscionable Dealing

Erbacher, Sharon: Restitution Law, 2nd Edition, Sydney 2002; zitiert als: *Erbacher*, Restitution Law

Farnsworth, Edward Allan: Farnsworth on Contracts, 3rd Edition, New York 2004; zitiert als: *Farnsworth*, Contracts

Fisher, Michael J./Greenwood, Desmond G.: Contract Law in Hong Kong, Hong Kong 2011; zitiert als: *Fisher/Greenwood*, Contract Law in Hong Kong

Fleming, David: Contract - Economic Duress - Consideration, *The Cambridge Law Journal*, 1989, 362–363

Fleßenkämper, Iris: Considerations - Encouragements - Improvements, Berlin 2010; zitiert als: *Fleßenkämper*, Considerations - Encouragements - Improvements Considerations - Encouragements

Furmston, Michael: Cheshire, Fifoot and Furmston's Law of Contract, 16th Edition, Oxford 2012; zitiert als: *Furmston*, Cheshire, Fifoot and Furmston's Law of Contract

Gillies, Peter: Concise Contract Law, Sydney 1988; zitiert als: *Gillies*, Concise Contract Law,

Gloag, William M./ Henderson, R. C.: The Law of Scotland, 12th Edition, Edinburgh 2007; zitiert als: *Gloag/Henderson*, The Law of Scotland

Glover, Graham: The Doctrine of Duress in the Law of Contract and Unjustified Enrichment in South Africa, (Dissertation) Rhodes University 2003; zitiert als: *Glover*, The Doctrine of Duress

Glover, Graham: Developing a Test for Economic Duress in the South African Law of Contract: A Comparative Perspective, *South African Law Journal*, 2006, 285–314

Gooderson, R. N.: English Contract Problems in Indian Code and Case Law, *The Cambridge Law Journal*, 1958, 67–84

Goo, Say: Sourcebook on Land Law, London 2002; zitiert als: *Goo*, Land Law

Greenberg, Daniel/Millbrook, Alexandra: Stroud's Judicial Dictionary of Words and Phrases, London 2000; zitiert als: *Greenberg/ Millbrook*, Stroud's Judicial Dictionary

Guest, Anthony: Passing Property, in: *Guest, Anthony (Hrsg.)*, Benjamin's Sale of Goods, 7th Edition, London 2006, S. 203–301; zitiert als: *Guest*, Passing Property, in: *Guest*, Benjamin's Sale of Goods

Halson, Roger: Oppurtunism, Economic Duress and Contractual Modifications, *Law Quarterly Review*, 1991, 649–678

Halson, Roger: The Offensive Limits of Promissory Estoppel, *Lloyd's Maritime and Commercial Law Quarterly*, 1999, 256–277

Hart, Herbert L. A.: Punishment and Responsibility: Essays in the Philosophy of Law, Oxford 1968; zitiert als: *Hart*, Punishment and Responsibility

Hill, Christpoher: Maritime Law, 4th Edition, London 1995; zitiert als: *Hill*, Maritime Law

Hillman, Robert A.: Policing Contract Modifications under the UCC: Good Faith and the Doctrine of Economic Duress, *Iowa Law Review*, 1979, 849–902

Hilton, Allan: The Practice of Law in Quebec: The Perspective of an anglophone Quebecer, Speech at the annual conference of the Canadian Association of

Law Libraries (Konferenzrede), Montreal 5. Oktober 2004; zitiert als: *Hilton*, The Practice of Law in Quebec

Ho, Betty M.: Hong Kong Contract Law, 2nd Edition, Hong Kong 1994; zitiert als: *Ho*, Hong Kong Contract Law

Hök, Götz-Sebastian: Handbuch des internationalen und ausländischen Baurechts, Berlin 2012; zitiert als: *Hök*, Handbuch des internationalen und ausländischen Baurechts

Holdsworth, William Searle/Burke, John: A History of English Law, 7th Edition, London 1956; zitiert als: *Holdsworth/Burke*, A History of English Law

Hudson, Alastair: Equity & Trusts, 4th Edition, London 2005; zitiert als: *Hudson*, Equity & Trusts

Huixing, Liang/Heuser, Robert: Das chinesische Zivilrecht: Sein gegenwärtiger Zustand und der Erlaß eines Zivilgesetzbuches, *Archiv für die civilistische Praxis*, 1994, 479–494

Hutchison, Dale: The Law of Contract in South Africa, 2nd Edition, Cape Town 2012; zitiert als: *Hutchison*, The Law of Contract in South Africa

Huyssteen, L. F. Van: Contract Law in South Africa, 2nd Edition, Alphen aan den Rijn 2012; zitiert als: *Huyssteen*, Contract Law in South Africa

Keith, K. J.: The Unity of the Common Law and the Ending of Appeals to the Privy Council, *The International and Comparative Law Quarterly*, 2005, 197–210

Kelly, J. M.: Forbearance to Sue and Forbearance to Defend, *The Modern Law Review*, 1964, 540–545

Kerr, Alastair James: The Principles of the Law of Contract, 6th Edition, Durban 2002; zitiert als: *Kerr*, Law of Contract

Klass, Gregory: Contract Law in the United States, 2nd Edition, Alphen aan den Rijn 2012; zitiert als: *Klass*, Contract Law in the United States

Kopel, Shawn: Guide to Business Law, 5th Edition, Cape Town 2012; zitiert als: *Kopel*, Business Law

Land, John: The Enforceability of Contractual Variations: Moyes & Groves Ltd v. Radiation New Zealand Ltd, *Victoria University of Wellington Law Review*, 1985, 287–300;

Lanham, D. J.: Duress and Void Contracts, *The Modern Law Review*, 1966, 615–621

Leong, Wai Kum: The Next Fifty Years of the Women's Charter - Ripples of Change, *Singapore Journal of Legal Studies*, 2011, 152–177

Lewis, D. J.: A Requiem for Chinese Customary Law in Hong Kong, *The International and Comparative Law Quarterly*, 1983, 347–379

Lubbe, Gerhard: Voidable Contracts, in: Zimmermann, Reinharrd/Visser, Daniel (Hrsg.), Southern Cross: Civil Law and Common Law in South Africa, Oxford

1996, S. 261–302; zitiert als: *Lubbe*, Voidable Contracts, in: *Zimmermann/Visser*, Southern Cross: Civil Law and Common Law in South Africa

MacKenzie, Judith-Anne/Phillips, Mary: Land Law, 10th Edition, Oxford 2005; zitiert als: *MacKenzie/Phillips*, Land Law

MacNeill, Eoin: Ireland and Wales in the History of Jurisprudence: Part II, Studies: *An Irish Quarterly Review*, 1927, Vol. 16, S. 605–615

MacQueen, Hector L.: Contract Law in Scotland, 3rd Edition, Haywards Heath 2012; zitiert als: *MacQueen*, Contract Law in Scotland

Maddaugh, Peter D./McCamus, John D.: The Law of Restitution, Looseleaf Edition (Loosblattsammlung), Aurora 2012; zitiert als: *Maddaugh/McCamus*, The Law of Restitution

Manson-Smith, Derek: The Legal System of Scotland, 2nd Edition, Edinburgh 2001; zitiert als: *Manson-Smith*, The Legal System of Scotland

Marshall, Enid A.: General Principles of Scots Law, 7th Edition, Edinburgh 1999; zitiert als: *Marshall*, Scots Law

Martin, Jill E./Hanbury, Harold Greville: Modern Equity, 16th Edition, London 2001; zitiert als: *Martin/Hanbury*, Modern Equity

Mason, Anthony: Australian Contract Law, *Journal of Contract Law*, 1988, 1–7

Maunz, Theodor/Dürig, Günter/Herzog, Roman: Grundgesetz-Kommentar, Loosblattsammlung, 70. Ergänzungslieferung, München 2013; zitiert als: *Bearbeiter*, in: *Maunz/Dürig/Herzog*, GG-Kommentar

McBride, Nicholas/ Bagshaw, Roderick: Tort Law, 2nd Edition, Harlow 2005; zitiert als: *McBride/Bagshaw*, Tort Law

McBryde, William W.: The Law of Contract in Scotland, 3rd Edition, Edinburgh 2007; zitiert als: *McBryde*, The Law of Contract in Scotland

McCamus, John D.: The Law of Contracts, 2nd Edition, Toronto 2012; zitiert als: *McCamus*, The Law of Contracts

McDermott, Paul: Contract Law, Dublin 2001; zitiert als: *McDermott*, Contract Law

McGhee, John (Hrsg.): Snell's Equity, 31st Edition, London 2005; zitiert als: *McGhee*, Snell's Equity

McKeand, Ross: Economic Duress - Wearing the Clothes of Unconscionable Conduct, *Journal of Contract Law*, 2001, 1–12

McKendrick, Ewan: Economic Duress - A Reply, *The Scots Law Times*, 1985, 277–280

McKendrick, Ewan: Discharge by Frustration, in: Beale (Hrsg.), Chitty on Contracts, Vol. I, General Principles, 31st Edition, London 2012, S. 1635–1692; zitiert als: *McKendrick*, Discharge by Frustration, in: *Beale*, Chitty on Contracts

Meena, R. L.: Textbook on Law of Contract, Delhi 2008; zitiert als: *Meena*, Law of Contract

Megarry, Robert/Wade, William/Harpum, Charles: The Law of Real Property, 6th Edition, London 2000; zitiert als: *Megarry/Wade/Harper*, Law of Real Property

van der Merwe, W. J.: Contract: General Principles, 3rd Edition, Lansdowne 2007; zitiert als: *van der Merwe*, Contract

Mitchell, Charles/Mitchell, Paul/Watterson, Stephen: Goff & Jones: The Law of Unjust Enrichment, 8th Edition, London 2011; zitiert als: *Mitchell/Mitchell/Watterson*, Goff & Jones: The Law of Unjust Enrichment

Murdoch, Henry: A Dictionary of Irish Law: A Sourcebook, 2nd Edition, Dublin 1993; zitiert als: *Murdoch*, Dictionary of Irish Law

Murphy, Edward J./Speidel, Richard E./Ayres, Ian: Studies in Contract Law, 5th Edition, Westbury 1997; zitiert als: *Murphy/Speidel/Ayres*, Contract Law

O'Sullivan, Janet: In Defence of Foakes v. Beer, *Cambridge Law Journal*, 1996, 219–228

Ogilvie, M. H.: Economic Duress in Contract: Departure, Detour or Dead-End?, *Canadian Business Law Journal*, 2001, 194–230

Ormerod, David C./Smith, John C./Hogan, Brian: Smith & Hogan Criminal Law, 11th Edition, Oxford 2005; zitiert als: *Ormerod/Smith/Hogan*, Criminal Law

Palmer, N. E./ Catchpole, Louise: Industrial Conflict, Breach of Contract and Duress, *The Modern Law Review*, 1985, 102–109

Paterson, Jeannie/Robertson, Andrew/Duke, Arlen: Principles of Contract Law, 3rd Edition, Pyrmont 2008; zitiert als: *Paterson/Robertson/Duke*, Contract Law

Pathak, Akhileshwar: Contract Law, New Delhi 2011; zitiert als: *Pathak*, Contract Law

Parent, Jason: No Duty to Save Lives, No Reward for Rescue: Is that Truly the Current State of International Salvage Law?, *Annual Survey of International & Comparative Law*, 2006, Vol. 12, Issue 1, Article 6, 87–139

Peden, John R.: The Law of Unjust Contracts, Sydney 1982; zitiert als: *Peden*, The Law of Unjust Contracts

Peel, Edwin: Part Payment of a Debt is No Consideration, *Law Quarterly Review*, 1994, 353–356

Peel, Edwin: Treitel on the Law of Contract, 13th Edition, London 2011; zitiert als: *Peel*, Treitel on the Law of Contract

Pettit, Philip H.: Equity and the Law of Trusts, 10th Edition, Oxford 2006; zitiert als: *Pettit*, Equity

Phang, Andrew: Of „Cut-Off" Dates and Domination: Some Problematic Aspects of the General Reception of English Law in Singapore, *Malaya Law Review*, 1986, 242–266

Phang, Andrew: Wither Economic Duress? Reflections on Two Recent Cases, *The Modern Law Review*, 1990, 107–116

Phang, Andrew: Economic Duress: Recent Difficulties and Possible Alternatives, *Restitution Law Review*, 1997, 53–65

Phang, Andrew: Contract Law in Singapore, Alphen aan den Rijn 2012; zitiert als: *Phang*, Contract Law in Singapore

Phillips, Owen Hood/ Jackson, Paul/ Leopold, Patricia: Constitutional and Administrative Law, 8th Edition, London 2001; zitiert als: *Phillips/Jackson/Leopold*, Constitutional and Administrative Law

Plant, Charles (Hrsg.): Blackstone's Guide to the Civil Procedure Rules, London 1999; zitiert als: *Plant*, Blackstone's Guide to the Civil Procedure Rules

du Plessis, J. E.: Force and Fear, in: *Reid/Zimmermann (Hrsg.)*, A History of Private Law in Scotland, Volume 2: Obligations, Oxford 2000, S. 101–128; zitiert als: *du Plessis*, in: *Reid/Zimmermann*, A History of Private Law in Scotland

Pollock, Frederick: Principles of Contract at Law and in Equity, London 1876; zitiert als: *Pollock*, Principles of Contract at Law and in Equity

Reiter, Barry J.: The Control of Contract Power, *Oxford Journal of Legal Studies*, 1981, 347–374

Reynolds, F. M. B./ Treitel, G. H.: Consideration for the Modification of Contracts, *Malaya Law Review*, 1965, 1–23

Reynolds, Thomas H./Flores, Arturo A.: Foreign Law: Western and Eastern Europe (including the Soviet Union) and the European Communities: Current Sources of Codes and Basic Legislation in Jurisdictions of the World, Vol. II, Ireland, New York 2001; zitiert als: *Reynolds/Flores*, Foreign Law, Ireland

Schindler, Thomas: Rechtsgeschäftliche Entscheidungsfreiheit und Drohung, Tübingen 2005; zitiert als: *Schindler*, Rechtsgeschäftliche Entscheidungsfreiheit und Drohung

Sealy, L. S.: Undue Influence and Inequality of Bargaining Power, *The Cambridge Law Journal*, 1975, 21–25

Seddon, Nicholas: Compulsion in Commercial Dealings, in: *Finn, Paul (Hrsg.)*, Essays on Restitution, Sydney 1990, S. 138–163; zitiert als: *Seddon*, Compulsion in Commercial Dealings, in: *Finn*, Essays on Restitution

Shenoy, George T. L.: Law of Rights and Obligations of Business in Singapore, Singapore 1996; zitiert als: *Shenoy*, Law of Rights and Obligations of Business in Singapore

Sheppard, Aleka: Re-Examining the Ingrediants of Economic Duress, *The International Journal of Shipping Law*, 1999, 137–141

Sinder, Janet: Irish Legal History: An Overview and Guide to the Sources, *Law Library Journal*, 2001, 231–260

Singh, Avtar: Law of Contract and Specific Relief, 10th Edition, Lucknow 2008; zitiert als: *Singh*, Law of Contract

Simpson, Robert: Economic Torts, in: *Dugdale, Anthony/Jones, Michael (Hrsg.)*, Clerk & Lindsell on Torts, 19th Edition, London 2006, S. 1491–1694; zitiert als: *Simpson*, Economic Torts, in: *Dugdale/Jones*, Clerk & Lindsell on Torts

Slayton, Philip: The Uneqaual Bargain Doctrine: Lord Denning in Lloyds Bank v. Bundy, *McGill Law Journal*, 1994, 94–109

Smith, Stephen A.: Contracting under Pressure: A Theory of Duress, *Cambridge Law Journal*, 1997, 343–373

Spark, Gareth: Vitiation of Contracts – International Contractual Principles and English Law, Cambridge 2013, zitiert als: *Spark*, Vitiation of Contracts

Stephen, James Fitzjames: A History of the Criminal Law of England, Vol. 2, London 1883; zitiert als: *Stephen*, A History of the Criminal Law of England, Vol. 2

Stewart, Hamish: Economic Duress in Canadian Law: Towards a Principled Approach, *Canadian Bar Review*, 2003, 359–390

Stokes, Whitley: Anglo-Indian Codes, Vol. I, Oxford 1887; zitiert als: *Stokes*, Anglo-Indian Codes, Vol. I

Tamblyn, Nathan: Contracting Under Lawful Act Duress, *Singapore Journal of Legal Studies*, 2010, 400–416

Tan, Daniel: Constructing a Doctrine of Economic Duress, *Construction Law Journal*, 2002, S. 87–96

Tan, Kevin: The Singapore Legal System, 2nd Edition, Singapore 1999; zitiert als: *Tan*, The Singapore Legal System

Teeven, Kevin M.: Promises on Prior Obligations at Common Law, London 1998; zitiert als: *Teeven*, Promises on Prior Obligations at Common Law

Tettenborn, Andrew: The Law of Restitution in England and Ireland, 3rd Edition, London 2002; zitiert als: *Tettenborn*, The Law of Restitution in England and Ireland

Thompson, Andrew: Economic Duress, *The Scots Law Times*, 1985, 85–89

Tiplady, David: Concepts of Duress, *The Law Quarterly Review*, 1983, 188–194

Treitel, Guenter: Consideration, in: Beale (Hrsg.), Chitty on Contracts, Vol. I, General Principles, 31st Edition, London 2012, S. 293–443; zitiert als: *Treitel*, Consideration, in: *Beale*, Chitty on Contracts

Treitel, Guenter: Some Landmarks of Twentieth Century Contract Law, Oxford 2002; zitiert als: *Treitel*, Some Landmarks of Twentieth Century Contract Law

Truhktanov, Alexander: Foakes v Beer: Reform of Common Law at the Expense of Equity, *Law Quarterly Review*, 2008, 364–368

United Nations: United Nations (UNCTAD) Review of Maritime Transport 2009; zitiert als: *United Nations (UNCTAD)*, Review of Maritime Transport 2009

Virgo, Graham: The Principles of the Law of Restitution, 2nd Edition, Oxford 2006; zitiert als: *Virgo*, Restitution

Virgo, Graham: The Principles of Equity and Trusts, 1st Edition, Oxford 2012; zitiert als: *Virgo*, Equity and Trusts

Waddams, Stephen: Unconscionability in Contracts, *The Modern Law Review*, 1976, 369–393

Waddams, Stephen: The Law of Contracts, 5th Edition, Aurora 2005; zitiert als: *Waddams*, Contracts

Wagenknecht, Christopher: Das System der rechtlichen Kontrolle von Eheverträgen, 2010 Tübingen, zitiert als: *Wagenknecht*, System der rechtlichen Kontrolle von Eheverträgen

Walker, David: The Scottish Law Commission Under Review, *Statute Law Review*, 1987, Vol. 8, 115–122

Walton, F. P.: The Legal System of Quebec, *Columbia Law Review*, 1913, 213–231

Wedderburn, Kenneth W.: Economic Duress, *The Modern Law Review*, 1982, 556–564

Wertheimer, Alan: Coercion, Princeton 1989; zitiert als: *Wertheimer*, Coercion

Wesley-Smith, Peter: An Introduction to the Hong Kong Legal System, 3rd Edition, Hong Kong 1998; zitiert als: *Wesley-Smith*, Hong Kong Legal System

Whish, Richard: Competition Law, 5th Edition, London 2003; zitiert als: *Whish*, Competition Law

White, Robin M./Willock, Ian D.: The Scottish Legal System, 2nd Edition, Edinburgh 1999; zitiert als: *White/Willock*, The Scottish Legal System

Whittaker, Simon: Introduction, in: Beale (Hrsg.), Chitty on Contracts, Vol. I, General Principles, 31st Edition, London 2012, S. 3–167; zitiert als: *Whittaker*, Introduction, in: *Beale*, Chitty on Contracts

Wigan, Henry: The Effects of the 1925 Portuguese Bank Note Crisis, Working Paper No. 82/04 (London School of Economics), Februar 2004, abgerufen von http://eprints.lse.ac.uk/22338/1/WP82.pdf am 5. Februar 2013 um 16:43 Uhr; zitiert als: *Wigan*, The Effects of the 1925 Portuguese Bank Note Crisis

Williston, Samual: The Law of Contract, New York 1922; zitiert als: *Williston*, Contract

Willmott, Lindy/Christensen, Sharon/Butler, Des/Dixon, Bill: Contract Law, 4th Edition, South Melbourne 2013; zitiert als: *Willmott/Christensen/Butler/Dixon*, Contract Law

Woolman, Stephen: Contract, 3rd Edition, Edinburgh 2001; zitiert als: *Woolman*, Contract

Zimmermann, Reinhard/Visser, Daniel: Introduction - South African Law as a Mixed Legal System, in: *Zimmermann, Reinhard/Visser, Daniel (Hrsg.)*, Southern Cross: Civil Law and Common Law in South Africa, Oxford 1996, S. 1–32; zitiert als: *Zimmermann/Visser*, Introduction - South African Law as a Mixed Legal System, in: *Zimmermann/Visser*, Southern Cross: Civil Law and Common Law in South Africa

Zimmermann, Reinhard: Common law und ius commune: Unkodifizierte Mischrechtsordnungen im Vergleich, in: *Basedow, Jürgen/Drobnig, Ulrich/Ellger, Reinhard/Hopt, Klaus/Kötz, Hein/Kulms, Rainer/ Mestmäcker, Ernst-Joachim (Hrsg.)*, Aufbruch nach Europa: 75 Jahre Max-Planck-Institut für Privatrecht, Tübingen 2001, S. 853–870; zitiert als: *Zimmermann*, Common law und ius commune: Unkodifizierte Mischrechtsordnungen im Vergleich, in: *Basedow et al.*, Common law und ius commune: Unkodifizierte Mischrechtsordnungen im Vergleich

Zines, Leslie: The Common Law in Australia: Its Nature and Constitutional Significance, *Federal Law Review*, 2004, 337–355

Zweigert, Konrad/Kötz, Hein: Einführung in die Rechtsvergleichung auf dem Gebiete des Privatrechts, 3. Auflage, Tübingen 1996; zitiert als: *Zweigert/Kötz*, Einführung in die Rechtsvergleichung

Einleitung

A. Einführung in die Thematik

Economic duress entstammt dem englischen Zivilrecht und bedeutet übersetzt „wirtschaftliche Nötigung". Bei der Rechtsfigur handelt es sich um einen Nichtigkeitsgrund des englischen *common law*[1], welcher einer genötigten Partei die Möglichkeit verschafft, sich von einem Vertragsschluss oder einer Vertragsmodifikation zu lösen. Für englische Verhältnisse ist *economic duress* eine sehr junge Rechtsfigur, die sich noch in der Entwicklung befindet. Die Rechtsprechung hierzu ist uneinheitlich und im Schrifttum ist die Thematik wenig aufgearbeitet.

Die Arbeit verfolgt das primäre Ziel, die *economic duress*-Doktrin im englischen Recht ausführlich zu analysieren und über den derzeitigen Rechtsstand zu berichten. Ein sekundäres Ziel liegt in der Darstellung der Entwicklung und Rezeption der Doktrin außerhalb Englands. Im Rahmen des rechtsvergleichenden Teils soll die Existenz und Form der *economic duress* in ausgewählten Rechtsordnungen des *common law* untersucht werden. Hier besteht großer Forschungsbedarf, da es bis heute kein rechtsvergleichendes Werk zur *economic duress* innerhalb des *common law* gibt.

B. Problemstellung

Die Entscheidung *North Ocean Shipping Co Ltd v Hyundai Construction Co Ltd.*[2] des englischen *High Court* aus dem Jahr 1979 illustriert anschaulich das Problem der *economic duress*. Hier hatte sich eine südkoreanische Werft gegenüber einem liberianischen Schifffahrtsunternehmen zum Bau eines Öltankers verpflichtet. Es wurde ein Fixpreis in USD vereinbart, welcher in fünf Abschlägen zu zahlen war. Nach Zahlung des ersten Abschlags wurde der USD im Verhältnis zum südkoreanischen KRW um 10 % abgewertet, was zur Folge hatte, dass die Werft eine Erhöhung der restlichen Abschläge um 10 % forderte. Nachdem sich die Käufer gegen die Erhöhung gewehrt hatten, drohte die Werft mit der Kündigung des Vertrags. Den Käufern war bewusst, dass das Verhalten der Werft unzulässig war, allerdings steckten sie mitten in Verhandlungen mit einem Dritten, der

---

1 „*Common Law*" in diesem Zusammenhang bedeutet das Recht, welches durch die königlichen Gerichte in England geschaffen wurde. Zum Begriff des *common law* vgl. *Zweigert/Kötz*, Einführung in die Rechtsvergleichung, S. 177, 185.

2 *North Ocean Shipping Co. Ltd. v Hyundai Construction Co. Ltd.* [1979] QB 705.

den künftigen Tanker zu einem lukrativen Preis mieten wollte. Folglich ließen sich die Käufer auf die Erhöhung des Kaufpreises ein und zahlten diesen an die Werft. Nach Auslieferung des Tankers forderten die Käufer die Rückzahlung der Kaufpreisdifferenz.

Der geschilderte Rechtsstreit wirft eine typische Konstellation der *economic duress* auf. Gerade in der Geschäftswelt verwenden die Akteure gerne ihre wirtschaftliche Macht, um bestimmte Ziele zu erreichen. Deutlich wird dies insbesondere dann, wenn beide Vertragsparteien internationale Unternehmen sind, welche gegenüber Kleinunternehmen und Privatpersonen stärker von Aktien- und Wechselkursen abhängig sind und daher auf veränderte Umstände mit unzulässigen Taktiken reagieren, wie beispielweise in der Form des angedrohten Vertragsbruchs. Zugleich kann man sich fragen, ob Unternehmen überhaupt Opfer einer Nötigung im englischen Rechtssinne sein können, da sie häufig über viel Kapital und eine Rechtsabteilung sowie einen erfahrenen Vorstand verfügen.[3] Vor 1976 wäre diese Frage verneint worden,[4] denn das englische Nötigungsverständnis basierte traditionell auf Konstellationen, in denen die Nötigung einer natürlichen Person im Vordergrund steht, wobei sich die Drohung in der Regel gegen die körperliche Unversehrtheit oder die Bewegungsfreiheit des Bedrohten richtete (*duress of the person*). Die hierzu entwickelten Kriterien, wann eine nichtigkeitsbegründende Nötigung konkret vorliegt, sind nur bedingt auf Fälle von *economic duress* anwendbar.

Die Beschreibung der Nötigung als *economic* soll nicht bedeuten, dass bei der Analyse der Doktrin ökonomische Theorien zur Anwendung kommen. Im englischen Recht ist lediglich deshalb von wirtschaftlicher Nötigung die Rede, weil sich die Drohung nicht auf die körperliche Unversehrtheit oder das Eigentum bezieht, sondern den Genötigten in seiner wirtschaftlichen Handlungsfreiheit beeinträchtigt.

Von der *economic duress* werden oft Verhaltensweisen sanktioniert, welche isoliert rechtmäßig sind und in einem anderen Kontext durchaus zulässig wären. So wird beispielsweise in der englischen Rechtsprechung[5] und dem Schrifttum[6] vereinzelt angeführt, dass eine Vertragsmodifikation, welche aufgrund der Androhung zustande kam, künftig keinen Vertrag mit der anderen Partei schließen zu wollen, wegen *economic duress* nichtig sein könne. Auf den ersten Blick

---

3 *Adams*, MLR 1979, 557, 561.

4 *Pao On v Lau Yiu Long* [1980] AC 614, 635; *Skeate v Beale* (1840) 11 Ad & El 983, 990; *Blackstone*, Laws of England, Vol. I, S. 130 f.

5 *CTN Cash and Carry Ltd v Gallaher Ltd* [1994] 4 All ER 714, 718 f.

6 *Beale, Duress and Undue Influence, in: Beale, Chitty on Contracts*, S. 695.

mag dies überraschen, da die Entscheidung einer Person darüber, ob sie einen Vertrag abschließt oder nicht, unmittelbarer Ausdruck der Privatautonomie ist und folglich keinen Nötigungscharakter aufweisen kann. Gleiches gilt für andere Formen der *economic duress*, wie beispielsweise den angedrohten Vertragsbruch. Dennoch kann der Rechtsprechung hierzu entnommen werden, dass eine *economic duress* unabhängig von diesen Bedenken vorliegt.

Hier wird die Schwierigkeit der *economic duress* deutlich. Zum einen soll nicht in die Privatautonomie der Parteien eingegriffen werden, da diese zu einer Willenseinigung gekommen sind; zum anderen sollen bestimmte Verträge, welche durch die wirtschaftliche Macht der stärkeren Partei entstanden sind, nicht wirksam sein.

Während die meisten Kernentscheidungen des allgemeinen englischen Vertragsrechts aus dem 19. Jahrhundert stammen,[7] wurde die *economic duress* erst im Jahr 1976 geboren.[8] Für englische Verhältnisse ist die *economic duress* damit eine sehr junge Rechtsfigur. *Burrows* bezeichnet sie beispielsweise als „*one of the most exciting modern developments in English civil law*"[9]. Seit der ersten Anerkennung der Rechtsfigur 1976 nehmen die Entscheidungen auf dem Gebiet zu.

Dies ist darauf zurückzuführen, dass sich die *economic duress* häufig, aber nicht ausschließlich, in Vertragsmodifikationsfällen ereignet. In der Regel haben sich die wirtschaftlichen Umstände einer Partei nach Vertragsschluss wesentlich geändert und sie sieht sich daher gezwungen, die Vertragsbedingung zu ihrem Vorteil zu ändern. Dementsprechend tauchen seit der Anerkennung der *economic duress* im Jahr 1976 viele der Fälle während wirtschaftlichen Krisen auf, in denen beispielsweise Währungsabwertungen oder Rohstoffversorgungsengpässe aufgetreten sind. Insbesondere die gegenwärtig noch anhaltende Finanzkrise dürfte in den kommenden Jahren für weitere Entscheidungen zur Thematik sorgen.

Allerdings existiert noch keine stringente Kasuistik; es ist unklar, welche Tatbestandsmerkmale erforderlich sind. Benötigt man nur die Überlagerung des Willens (einstufiger Aufbau) oder sind Kausalität und Rechtswidrigkeit der Drohung notwendig (zweistufiger Aufbau)? Wird etwa neben Kausalität und Rechtswidrigkeit zusätzlich das Fehlen einer vernünftigen Alternative als dritte Voraussetzung gefordert (dreistufiger Aufbau). Leider geben die Entscheidungen hierauf keine einheitliche Antwort, was jedoch kaum überrascht, da das *common*

---

7 *Furmston*, Cheshire, Fifoot and Furmston's Law of Contract, S. 13 f.

8 *Occidental Worldwide Investment Cpn. v Skibs A/S Avanti* [1976] 1 Loyd's Rep. 293.

9 *Burrows*, The Law of Restitution, S. 267.

law traditionell fallbezogen ausgerichtet ist und systematisch verbindliche Voraussetzungen eher gemieden werden.[10]

Aber auch innerhalb der einzelnen Voraussetzungen gibt es viele Unklarheiten. Wenn Kausalität erforderlich ist, dann welcher Art? Muss die Drohung der alleinige Grund für den Vertragsschluss sein oder reicht es aus, dass sie nur ein Grund war? Begründen nur strafbare Drohungen eine Rechtswidrigkeit? Oder können auch legale Handlungen, wie beispielsweise die Ankündigung einer Partei, ihren Herausgabeanspruch hinsichtlich einer Sache durchzusetzen, auch rechtswidrig sein?

Neben diesen Kernfragen bestehen zahlreiche Überschneidungen mit anderen Rechtsfiguren des englischen Zivilrechts. Ein starkes Konkurrenzverhältnis hat sich im Rahmen der Vertragsmodifikationsfälle zur *consideration*-Lehre gebildet, wo sich die *economic duress* als vorzugswürdig erwiesen hat. Aber auch andere Gebiete werden tangiert, wie zum Beispiel die unzulässige Einflussnahme (*undue influence*) oder das Deliktsrecht (*tort law*).

Außerhalb Englands hat sich die Entwicklung der *economic duress* unterschiedlich vollzogen. Während manche Rechtsordnungen des *common law* die englische *economic duress*-Doktrin vollständig rezipiert und zum Teil weiterentwickelt haben, ist in anderen Rechtsordnungen die allgemeine Anerkennung noch umstritten. Auch ist in manchen Staaten die Rechtsfigur zwar anerkannt, zugleich bestehen jedoch Schwierigkeiten bei der Formulierung eines überzeugenden Aufbaus. Vereinzelt haben sich auch autonome Entwicklungen vollzogen.

C. Gang der Untersuchung

Die Arbeit ist in zwei Teile gegliedert. Der erste Teil widmet sich der englischen *economic duress*. Im Rahmen dessen wird die Entwicklung der Rechtsfigur dargestellt, da dies für das weitere Verständnis der Arbeit unverzichtbar ist. Anschließend wird ein Überblick über den Aufbau verschafft. Auch dies ist zwingend notwendig, da letztlich nur durch die Klärung des Aufbaus die Subsumtion eines Sachverhalts unter die *economic duress* möglich ist. Daraufhin werden die einzelnen Voraussetzungen der Rechtsfigur – Kausalität, Rechtswidrigkeit und das Fehlen einer vernünftigen Handlungsalternative des Opfers – ausführlich erörtert. Zum Schluss des ersten Teils wird ein Überblick über die Konkurrenzinstitute verschafft.

10 *Zweigert/Kötz*, Einführung in die Rechtsvergleichung, S. 177.

Aufbauend auf der Darstellung der englischen *economic duress* erfolgt im zweiten Teil der Arbeit der rechtsvergleichende Abschnitt. Hier werden einzelne Rechtsordnungen des *common law* näher untersucht, wobei ihr Umgang mit der *economic duress* im Vergleich zum englischen Recht begutachtet wird. Es handelt sich dabei um die Rechtsordnungen Australien, Hongkong, Indien, Irland, Kanada, Neuseeland, Schottland, Singapur und Südafrika. Insbesondere soll hierbei begutachtet werden, ob die Rechtsordnungen eigenständig ein Äquivalent zur *economic duress* entwickelt haben oder ob sie sich hauptsächlich der englischen Figur angeschlossen haben. Im Falle einer Rezeption soll auch begutachtet werden, ob die *economic duress* vollständig übernommen wurde oder ob es den Gerichten der untersuchten Rechtsordnungen auch gelungen ist, eigene Akzente bezüglich der Voraussetzungen und Rechtsfolgen zu setzen.

Am Ende jedes Abschitts wird ein Zwischenergebnis mit einer Stellungnahme festgehalten. Insgesamt wird die Arbeit durch ein Gesamtfazit und einem Ausblick für die Zukunft abgeschlossen.

1. Abschnitt: Entwicklung

A. Einleitung

Duress ist eine junge Entwicklung im englischen Recht. So wurde beispielsweise im Jahr 1883 die Behauptung aufgestellt, dass die *duress* als Einwendung im englischen Recht kaum bekannt sei und lediglich in Ehefällen eine Rolle spielen könne.[11] Ferner soll es damals lediglich zwei bekannte Entscheidungen zu dem Thema gegeben haben.[12] Abgesehen hiervon kam *duress* vereinzelt bei Inhaftierungsfällen zur Anwendung, in denen Personen unschuldig eingesperrt und erst gegen Zahlung von Geld aus der Haft entlassen wurden.[13] Selbst in der Mitte des 20. Jahrhunderts gab es Stimmen im Schrifttum, die bekundeten, dass die *duress*-Einwendung selten sei.[14] Dennoch haben die Entscheidungen in der letzten Hälfte des 20. Jahrhunderts stetig zugenommen, so dass inzwischen von einer festen Existenz dieser Rechtsfigur ausgegangen werden kann.

Anfangs erfasste *duress* nur die Nötigungen, welche sich gegen das Leben oder die körperliche Unversehrtheit einer Person (*duress of the person*) richten. Später entwickelte sich der Nötigungsbegriff dahingehend, dass er auch Drohungen gegenüber dem Eigentum einer Person (*duress of goods*) sowie wirtschaftliche Drohungen (*economic duress*) umfasste. Da die erforderlichen Voraussetzungen der *economic duress* stark von der Entwicklung der allgemeinen *duress*-Lehre geprägt sind, ist eine Auseinandersetzung mit den beiden anderen Formen – *duress of the person* und *duress of goods* – für das weitere Verständnis unumgänglich. Folglich werden an dieser Stelle die alternativen Formen der *duress* kurz dargestellt.

---

11 *Stephen*, A History of the Criminal Law of England, Vol. 2, S. 106: „[...] *in the course of nearly thirty years' experience at the bar and on the bench, during which I have paid special attention to the administration of criminal law, I never knew or heard of the defence of compulsion being made except in the case of married women* [...]".

12 *Stephen*, A History of the Criminal Law of England, Vol. 2, S. 106: *R. v Crutchley* (1831) 5 C. & P.; *R. v McGrowther* (1746) 18 St. Tr. 391.

13 *Smith v Monteith* (1844) 13 M. & W. 427; *Cumming v Ince* (1847) 11 QB 112; *Biffin v Bignell* (1862) 7 H & N 877; *Furmston*, Cheshire, Fifoot and Furmston's Law of Contract, S. 384.

14 Vgl. *Edwards*, MLR 1951, 297, 297, der allerdings auf die strafrechtliche Perspektive abstellt; *Hart*, Punishment and Responsibility, S. 16.

B. *Duress of the person*

I. Ursprüngliche Form der Rechtsfigur

Die Ursprünge der Rechtsfigur finden sich in der *duress of the person.*[15] Sie erfasste die Anwendung oder Androhung von Gewalt gegen eine Person.[16] Ebenfalls fielen die sog. Inhaftierungsfälle hierunter, bei denen eine Person entweder durch Inhaftierung oder deren bloße Androhung zum Vertragsschluss gezwungen wurde.[17] Bis 1976 hielt sich die Vorstellung, dass nur diese Form des Zwangs die Nichtigkeit eines Vertrags herbeiführen könne.[18]

II. *Barton v Armstrong*

Als wegweisende Präjudiz für die *duress of the person* gilt heute die *Privy Council*-Entscheidung *Barton v Armstrong* aus dem Jahr 1976,[19] obwohl es bereits vorher vereinzelte Entscheidungen hierzu gegeben hat.[20] Die Entscheidung betraf den Erwerb von Aktienanteilen des Unternehmens Landmark Corporation Ltd. Der ehemalige Aufsichtsratsvorsitzende Armstrong besaß den größten Anteil an den Aktien des Unternehmens. Er verlangte vom amtierenden Geschäftsführer Barton, dass dieser ihm seine Aktienanteile abkaufe. Barton hatte sich zunächst geweigert, die Anteile zu erwerben. Dies änderte sich jedoch, als Armstrong damit begann, Barton mit dem Tode zu drohen. Nach einer Reihe wiederholter und ernsthafter Todesdrohungen sowie schließlich der Anheuerung eines jugoslawischen Auftragsmörders, erwarb Barton die Aktienanteile. Später klagte er auf Feststellung der Nichtigkeit des Kaufvertrags, da der Vertrag unter Androhung des Todes geschlossen wurde.

Bartons Begehren wurde stattgegeben. Die Richter konnten sich nicht auf ein gemeinsames Urteil einigen, so dass zwei Richter ein abweichendes Votum

---

15 *Beatson/Burrows/Cartwright*, Anson's Law of Contract, S. 352.

16 *Barton v Armstrong* [1976] A.C. 104; *Beale*, Duress and Undue Influence, in: *Beale*, Chitty on Contracts, S. 676; *Spark*, Vitiation of Contract, S. 218.

17 *Beale*, Duress and Undue Influence, in: *Beale*, Chitty on Contracts, S. 676.

18 *Dimskal Shipping Co SA v International Transport Workers' Federation* [1991] 4 All ER 871, 878: „*It was at one time thought that, at common law, the only form of duress which would entitle a party to avoid a contract on that ground was duress of the person.*"; *Beatson/Burrows/Cartwright*, Anson's Law of Contract, S. 352.

19 *Barton v Armstrong* [1976] A.C. 104.

20 *R. v Crutchley* (1831) 5 C. & P.; *R. v McGrowther* (1746) 18 St. Tr. 391; *Smith v Monteith* (1844) 13 M. & W. 427; *Cumming v Ince* (1847) 11 QB 112; *Biffin v Bignell* (1862) 7 H & N 877; vgl. oben S. 6.

abgaben. Grund hierfür war die Tatsache, dass Barton auch ohne die Drohung geneigt gewesen war, dem Vertrag zuzustimmen.[21] Dennoch entschied die Mehrheit der Richter auf Nichtigkeit des Vertrages. So hielt Lord Cross of Chelsea fest, dass die *duress*-Lehre im *common law* sehr begrenzt anwendbar sei und die Opfer von Drohungen bisher erfolgreich Rechtsschutz über die *equity*-Rechtsprechung gesucht hätten.[22] Unabhängig hiervon erkannten alle Richter an, dass prinzipiell Drohungen wie jene, die Armstrong abgegeben hatte, die Nichtigkeit eines Vertrages auslösen können. Mit dieser Entscheidung beginnt die Entwicklung des englischen Rechts hinsichtlich der Nichtigkeit eines Vertrags aufgrund von *duress*.[23]

C. *Duress of goods*

I. Weiterentwicklung des Zwangsbegriffs

Eine Weiterentwicklung des *common law* hinsichtlich des Zwangsbegriffs ist die *duress of goods*. Dabei steht nicht die körperliche Unversehrtheit oder das Leben des Bedrohten im Vordergrund, sondern dessen Eigentum. Dies ist beispielsweise dann der Fall, wenn einer Person ihr Eigentum vorenthalten oder dessen Zerstörung angedroht wird.

Trotz anfänglicher Bestrebungen zur Anerkennung,[24] lehnte die Rechtsprechung einen Zwang hinsichtlich der *duress of goods* ab,[25] da die Androhung von Gewalt gegen eine Person als zwingendes Merkmal für einen Fall von *duress* gefordert wurde.[26] Zudem gab es nach der damaligen Auffassung keinen Bedarf an einer Nichtigkeit wegen *duress of goods*, da der Betroffene im Falle der Wegnahme oder Zerstörung von Eigentum Schadensersatz verlangen konnte.[27] Allmählich entwickelte sich jedoch die Auffassung, dass auch Drohungen, verbunden mit der Beschädigung oder Zerstörung des Eigentums des Vertragspartners, die Nichtigkeit eines Vertrags begründen können.[28] Hiervon wurden insbesondere

21 *Barton v Armstrong* [1976] A.C. 104, 125: „*We cannot see how a successful attack can be made against the finding that, to Barton, the deal appeared as a commercial necessity*".
22 *Barton v Armstrong* [1976] A.C. 104, 118.
23 *Beatson/Burrows/Cartwright*, Anson's Law of Contract, S. 352.
24 *Astley v Reynolds* (1731) 2 Str. 915.
25 *Pollock*, Principles of Contract at Law and in Equity, S. 500 f.
26 *Peel*, Treitel on the Law of Contract, S. 441 f.
27 *Blackstone*, Laws of England, Vol. I, S. 130 f.
28 *Beale*, Duress and Undue Influence, in: *Beale*, Chitty on Contracts, S. 676 f.

Fälle erfasst, in denen das Eigentum des Vertragspartners oder einer anderen Person unrechtmäßig einbehalten wurde, um eine Zahlung zu veranlassen.[29]

II. *Astley v Reynolds*

Erstmals wurde die *duress of goods* 1731 in der *Court of Queen's Bench*- Entscheidung *Astley v Reynolds* erörtert.[30] Hier hatte der Kläger dem beklagten Pfandhaus einen Teller verpfändet. Als er nach drei Jahren diesen wieder zurückforderte, verlangte das Pfandhaus Zinsen, deren Höhe den vereinbarten Zinssatz überstieg. Trotz mehrfacher Verhandlungen weigerte sich der Beklagte den Teller zum vereinbarten Zinssatz herauszugeben, woraufhin der Kläger die überhöhten Zinsen zahlte. Später verlangte er diese zurück und setzte sein Verlangen erfolgreich mit der *action for money had and received* durch.[31] Das Gericht gab seinem Begehren statt und hielt die Zahlung aufgrund von *duress of goods* für unwirksam.[32]

III. *Skeate v Beale*

Trotz der Anerkennung in *Astley v Reynolds*, wurde die *duress of goods* 1840 in der Entscheidung *Skeate v Beale*[33] durch den *Court of Queens Bench* abgelehnt. Hier hatte ein Mieter noch ausstehende Schulden gegenüber dem Vermieter. Um die Schulden einzutreiben, beschlagnahmte der Vermieter persönliche Gegenstände des Mieters und drohte damit, diese sofort zu verkaufen, falls der Mieter nicht sofort einen Teil der ausstehenden Miete begleiche. Ferner sollte er sich dazu verpflichten, den restlichen Betrag binnen eines Monats zu zahlen. Zwar

29 *Skeate v Beale* (1840) 11 Ad & El 983, 990; *Lever Bros & Unilever N.V. v H.M. Procurator General* [1950] AC 536; *Beale*, Duress and Undue Influence, in: *Beale*, Chitty on Contracts, S. 676 f.

30 *Astley v Reynolds* (1731) 2 Str. 915; *Spark*, Vitiation of Contract, S. 219; *Schindler*, Rechtsgeschäftliche Entscheidungsfreiheit und Drohung, S. 39.

31 *Astley v Reynolds* (1731) 2 Str. 915; vgl. auch *Tettenborn*, The Law of Restitution in England and Ireland, S. 109; *Mitchell/Mitchell/Watterson*, Goff & Jones: The Law of Unjust Enrichment, S. 15. Hiernach ist die *action for money had and received* eine der ältesten Klagemittel des englischen Bereicherungsrechts. Sie ist dann einschlägig, wenn (1) der Kläger dem Beklagten Geld gezahlt hat und (2) hierfür aufgrund von Irrtum oder Zwang keine Verpflichtung bestand oder keine *consideration* vorlag.

32 *Astley v Reynolds* (1731) 2 Str. 915, 916: "[…] *and a man shall avoid a deed by duress of his goods as well as of his person.* […] *We think also, that this is a payment made by compulsion* […]".

33 *Skeate v Beale* (1840) 11 Ad & El 983.

kam der Mieter der Teilzahlung sofort nach, jedoch behauptete er, die Zahlungsvereinbarung sei aufgrund der zuvor ausgesprochenen Drohung nichtig.

Das Gericht gab seinem Begehren nicht statt, da der Grad der Einwirkung auf den vermeintlich Genötigten nicht ausreiche, um eine Nichtigkeit annehmen zu können.[34] Es erfolgte eine Abgrenzung zur *duress of the person*, welche verdeutlichen sollte, weshalb die *duress of goods* keine Nichtigkeit bewirken könne. Bezüglich dieser Abgrenzung führte Lord Denman aus, dass eine *duress of the person* ausreiche, um einer Person ihren Handlungswillen zu nehmen, nicht jedoch eine Drohung lediglich hinsichtlich der Wegnahme oder der Beschädigung von Eigentum.[35] Damit stand fest, dass die Androhung einer Beschädigung oder eines Entzugs von Eigentum einer Person keine Nichtigkeit des Vertrages auslösen würde.

Die *Skeate v Beale*-Entscheidung führte damit dazu, dass die *duress of goods* nicht angewendet wurde, obwohl sie in *Astley v Reynolds* explizit anerkannt wurde.[36] Begründet werden kann die unterschiedliche Handhabung lediglich damit, dass der Bedrohte in *Skeate v Beale* auf Feststellung der Nichtigkeit einer Zahlungsverpflichtung klagte, während der Bedrohte in *Astley v Reynolds* die Rückzahlung von Geld verlangte, welches er zu Unrecht an die andere Partei gezahlt hatte.[37]

IV. *Maskell v Horner*

Trotz der fehlenden Anerkennung der *duress of goods* gab es im Bereicherungsrecht eine Alternative zum Schutz einer Partei vor entsprechenden Drohungen. Dabei handelte es sich um die *action for money had and received*.[38] Das englische Bereicherungsrecht ermöglichte es dem Kläger, Gelder zurückzuverlangen, die unter Anwendung von Zwang gezahlt worden waren.[39]

---

34 *Skeate v Beale* (1840) 11 Ad & El 983, 990.

35 *Skeate v Beale* (1840) 11 Ad & El 983, 990: „*The former* [duress of the person] *is a constraining force, which not only takes away the free agency, but may leave no room for appeal to the law for a remedy: a man, therefore, is not bound by the agreement which he enters into under such circumstances: but the fear that goods may be taken or injured does not deprive any one of his free agency who posseses that ordinary degree of firmness which the law requires all to exert*".

36 *Spark*, Vitiation of Contract, S. 219.

37 *Spark*, Vitiation of Contract, S. 219.

38 *Mitchell/Mitchell/Watterson*, Goff & Jones: The Law of Unjust Enrichment, S. 15 ff.

39 *Mitchell/Mitchell/Watterson*, Goff & Jones: The Law of Unjust Enrichment, S. 305; *Beale, Duress and Undue Influence, in: Beale, Chitty on Contracts*, S. 677.

Beispielhaft hierfür ist die *High Court*-Entscheidung *Maskell v Horner* aus dem Jahr 1915.[40] Der Beklagte hatte vom Kläger eine Gebühr für den Betrieb eines Verkaufsstands verlangt. Zugleich drohte der Beklagte damit, die Ware des Klägers einzubehalten, falls der Kläger die Zahlung nicht vornehme. Der Kläger gab nach und zahlte zunächst die Gebühr, verlangte später jedoch das Geld zurück. Das Gericht gab seinem Begehren auf der Grundlage der *action for money had and received* statt.[41] Eine *duress of goods* wurde dagegen nicht angenommen.

Die Entscheidung stieß auf Kritik. Sie führte dazu, dass ein Vertrag, verbunden mit der Drohung das Eigentum einer anderen Person zu beschädigen oder zu zerstören, nach der *duress*-Lehre zwar wirksam war, der Bedrohte aber im Anschluss mittels Bereicherungsrecht die Möglichkeit hatte, sein Geld zurückzuerhalten.[42] Entsprechend wird die Wirkung der zunächst nicht gewährten Nichtigkeit wegen Nötigung auf anderem Wege nachträglich erreicht.[43]

Dieses Beispiel zeigt, weshalb ein Bedarf an der Existenz der *duress of goods* besteht, da ansonsten Widersprüche zwischen dem Vertrags- und Bereicherungsrecht auftreten würden. So wäre es beispielsweise denkbar, dass ein Vertrag, welcher aufgrund einer Drohung gegen das Eigentum einer Person zustande kam, zunächst mangels *duress of goods* wirksam wäre, allerdings im Ergebnis trotzdem dazu führen würde, dass der Genötigte alle getätigten Zahlungen mittels der *action for money had and received* zurückverlangen könnte.[44]

V. *Occidental Worldwide Investment Corp. v Skibs A/S Avanti*

Die endgültige Anerkennung der *duress of goods* sollte erst 1976 im Wege der Entscheidung *Occidental Worldwide Investment v Skibs A/S Avanti*[45] erfolgen. Hier wurde durch den *High Court* entschieden, dass *duress* nicht nur bei Androhung von Nachteilen gegen den Körper einer natürlichen Person, sondern auch gegen das Eigentum oder wirtschaftliche Interessen erfolgen könne. In seiner Entscheidungsbegründung lehnte Kerr J. eine Beschränkung des *duress*-Einwands auf die

---

40 *Maskel v Horner* [1915] 3 K.B. 106.

41 *Maskel v Horner* [1915] 3 K.B. 106, 118.

42 *Beale, Duress and Undue Influence, in: Beale, Chitty on Contracts,* S. 677: „[…] *the absurd result* […]".

43 *Beale, Duress and Undue Influence, in: Beale, Chitty on Contracts,* S. 677.

44 *Beale, Duress and Undue Influence, in: Beale, Chitty on Contracts,* S. 677.

45 *Occidental Worldwide Investment Cpn. v Skibs A/S Avanti* [1976] 1 Loyd's Rep. 293. Die Entscheidung wird häufig unter den Namen der beiden Schiffe zitiert („*The Sibeon and The Sibotre*"), um die es in dem Urteil geht.

duress of the person ab.[46] Seiner Ansicht nach sollte das Recht eine Vereinbarung nicht aufrechterhalten, wenn sie beispielsweise durch die Androhung erzielt worden war, dass dem Opfer die Verbrennung seines Hauses oder die Zerstörung eines seiner Gemälde angedroht wurde.[47] In solchen Fällen sollte der Einwand der Nötigung zulässig sein.[48] Dabei unterstrich Kerr J., dass dies auch Fälle umfasste, in denen keine Drohung gegen die körperliche Unversehrtheit vorliege.[49] Seitdem ist die Nichtigkeit wegen *duress of goods* allgemein anerkannt.[50]

D. *Economic duress*

I. Beginn der Anerkennung

Die Rechtsprechung stand der *economic duress* zunächst skeptisch gegenüber. Es herrschte die Ansicht, dass eine Nichtigkeit des Vertrags nur durch *duress of the person* bewirkt werden kann.[51] Die Notwendigkeit einer Weiterentwicklung der *duress*-Lehre durch die Erfassung der wirtschaftlichen Drohung wurde allerdings allmählich erkannt. So verwies beispielsweise *Cornish* bereits 1966 darauf, dass es möglicherweise nicht mehr zeitgemäß sei, wenn man dem Bedrohten zumute, sowohl die Verzögerung der Leistungserbringung als auch die Unannehmlichkeiten eines Prozesses hinzunehmen.[52] In dem Zeitraum von 1976 bis 1981 erfolgten vier Urteile, welche der Rechtsfigur der *economic duress* zur Akzeptanz verhalfen.

---

46 *Occidental Worldwide Investment Cpn. v Skibs A/S Avanti* [1976] 1 Loyd's Rep. 293, 335.

47 *Occidental Worldwide Investment Cpn. v Skibs A/S Avanti* [1976] 1 Loyd's Rep. 293, 335: „*For instance, if I should be compelled to sign a lease or some other contract for a nominal but legally sufficient consideration under an imminent threat of having my house burnt down or a valuable picture slashed, though without any threat of physical violence to anyone, I do not think that the law would uphold the agreement*".

48 *Occidental Worldwide Investment Cpn. v Skibs A/S Avanti* [1976] 1 Loyd's Rep. 293, 335.

49 *Occidental Worldwide Investment Cpn. v Skibs A/S Avanti* [1976] 1 Loyd's Rep. 293, 335.

50 *North Ocean Shipping Co. Ltd. v Hyundai Construction* Co. Ltd. [1979] QB 705, 719; *ALF Vaughan & Co Ltd (in administrative receivership) v Royscott Trust plc* [1999] 1 All ER (Comm) 856, 860; *Beale, Duress and Undue Influence, in: Beale, Chitty on Contracts,* S. 678; *Beatson/Burrows/Cartwright*, Anson's Law of Contract, S. 279; *Clark*, Vitiating Factors, in: *Furmston*, The Law of Contract, S. 948.

51 *Barton v Armstrong* [1976] A.C. 104; siehe auch Lord Goff in *Dimskal Shipping Co SA v International Transport Workers' Federation* [1991] 4 All ER 871, 878.

52 *Cornish*, MLR 1966, 428, 431.

1. *Occidental Worldwide Investment Corps v Skibs A/S Avanti*

Zuerst wurde die *economic duress*-Doktrin 1976 in der *High Court*-Entscheidung *Occidental Worldwide Investment v Skibs A/S Avanti*[53], in der auch die *duress of goods* endgültig bestätigt wurde, anerkannt. Der Beklagte hatte dem Kläger zwei Schiffe vermietet. Zwischenzeitlich geriet der Kläger in große wirtschaftliche Schwierigkeiten. Um diesen zu entrinnen, arrangierte er ein Treffen mit dem Beklagten, bei dem die Minderung der Schiffsmiete vereinbart wurde. Dabei behauptete der Kläger, dass er kurz vor der Insolvenz stehe und nur durch eine geringere Miete in der Lage sei, seine Verpflichtungen gegenüber dem Beklagten wahrzunehmen. Diese Aussagen waren falsch, es lag eine Täuschung vor.

Dem Beklagten war die Unwahrheit der Aussagen nicht bekannt, so dass er ihnen Glauben schenkte. Der Eintritt eines Zahlungsausfalls wäre für ihn katastrophal gewesen, da er die betroffenen Schiffe mit einem Kredit erworben hatte, den es noch abzuzahlen galt. Wären die monatlichen Einnahmen ausgeblieben, hätte dem Vermieter die Insolvenz gedroht. Dies war dem Kläger bewusst; er machte sich diese Information bei den Verhandlungen zunutze. Letztendlich wurde die Minderung der Miete vereinbart.

Das Gericht hob die Vereinbarung wegen Täuschung (*fraud*) auf. Obwohl mit der Täuschung bereits ein Nichtigkeitsgrund vorlag, nutzte Kerr J. die Gelegenheit und wandte sich in seinen Entscheidungsgründen der *economic duress* zu. Der Beklagte hatte im Prozess die Ansicht vertreten, eine Nichtigkeit aufgrund *economic duress* komme nicht in Betracht, da das englische Recht nur die *duress of the person* kenne. Kerr J. lehnte diese restriktive Ansicht dezidiert ab.[54]

In seiner Urteilsfindung setzte er sich insbesondere mit australischen Entscheidungen auseinander, welche unter anderem auch Aspekte zur *economic duress* beinhalteten.[55] Er stand diesen Entwicklungen offen gegenüber und hielt sie für überzeugend.[56] Somit wurde erstmals die generelle Möglichkeit der Nichtigkeit eines Vertrages wegen *economic duress* im englischen Recht bestätigt. Im konkreten

53 *Occidental Worldwide Investment Cpn. v Skibs A/S Avanti* [1976] 1 Loyd's Rep. 293.

54 *Occidental Worldwide Investment Cpn. v Skibs A/S Avanti* [1976] 1 Loyd's Rep. 293, 335: *„I do not think that English law is as limited as submitted by Mr. Lloyd, though there are statements in some of the cases which support his submissions"*.

55 *Occidental Worldwide Investment Cpn. v Skibs A/S Avanti* [1976] 1 Loyd's Rep. 293, 335. Bei den australischen Fällen handelt es sich um *Nixon v Furphy* (1925) 25 N.S.W. 151, *In re Hooper & Grass' Contract* (1949) V.L.R. 269 und *T.A. Sundell & Sons Pty. Ltd.* v *Emm Yannoulatos (Overseas) Pty. Ltd.* (1956) 56 SR (NSW) 323.

56 Kerr J. spricht vor allem von einer *„strong persuasive authority"*, *Occidental Worldwide Investment Cpn. v Skibs A/S Avanti* [1976] 1 Loyd's Rep. 293, 335.

Fall lehnte Kerr J. das Vorliegen von *economic duress* aber ab. Seiner Ansicht nach hätte es hierzu die Überlagerung bzw. Ausschaltung des Willens einer Person bedurft, was vorliegend nicht anzunehmen war.[57] Eine Überlagerung des Willens liegt dann vor, wenn eine Partei aufgrund des ausgeübten Drucks keinen Kontrahierungswillen mehr hat.[58] Ob der Wille des Bedrohten durch Druck überlagert wurde, ist nach Kerr J. anhand verschiedener Anhaltspunkte festzustellen, wie beispielsweise der Protest der bedrohten Partei gegen die Vereinbarung während oder unmittelbar nach Vertragsschluss sowie das Verhalten der bedrohten Partei bezüglich der Frage, ob sie sich durch den Vertrag gebunden fühlte.[59]

Vorliegend fehlte es jedoch an diesen Anhaltspunkten – der Beklagte schenkte den falschen Schilderungen des Klägers bezüglich dessen schlechter Finanzlage Glauben und protestierte nicht gegen den Vertrag.[60] Aus diesem Umstand ergibt sich zwar die Täuschung des Klägers,[61] für einen Fall von *economic duress* fehlt es jedoch an der notwendigen Ausschaltung des Willens. Die Einwirkung des Beklagten auf den Kläger sei daher lediglich von kommerzieller Natur und somit zulässig.[62]

2. *North Ocean Shipping Co Ltd v Hyundai Construction Co Ltd*

Eine Bestätigung der *Occidental Worldwide*-Entscheidung erfolgte wenig später im Jahr 1979 durch das *High Court*-Urteil *North Ocean Shipping Co Ltd v Hyundai Construction Co Ltd*.[63] In den Entscheidungsgründen setzte sich Mocatta J. mit der *economic duress* auseinander und akzeptierte sie als möglichen Nichtigkeitsgrund. Er hielt die bisherigen Formen der *duress* für nicht abschließend.[64] Ein Fall von

---

57 *Occidental Worldwide Investment Cpn. v Skibs A/S Avanti* [1976] 1 Loyd's Rep. 293, 336: „*But even assuming, as I think, that our law is open to further development in relation to contracts concluded under some form of compulsion not amounting to duress to the person* [...]".

58 *Occidental Worldwide Investment Cpn. v Skibs A/S Avanti* [1976] 1 Loyd's Rep. 293, 336.

59 *Occidental Worldwide Investment Cpn. v Skibs A/S Avanti* [1976] 1 Loyd's Rep. 293, 336.

60 *Occidental Worldwide Investment Cpn. v Skibs A/S Avanti* [1976] 1 Loyd's Rep. 293, 336.

61 *Occidental Worldwide Investment Cpn. v Skibs A/S Avanti* [1976] 1 Loyd's Rep. 293, 320 f.

62 *Occidental Worldwide Investment Cpn. v Skibs A/S Avanti* [1976] 1 Loyd's Rep. 293, 336: „*He* [the captain of the ship] *was acting under great pressure, but only commercial pressure, and not under anything which could in law be regarded as a coercion of his will so as to vitiate his consent. I therefore hold that the plea of duress fails*".

63 *North Ocean Shipping Co. Ltd. v Hyundai Construction Co. Ltd.* [1979] QB 705, der Sachverhalt wurde oben bereits dargestellt, siehe S. 1 f.

64 *North Ocean Shipping Co. Ltd. v Hyundai Construction Co. Ltd.* [1979] QB 705, 719: „*First, I do not take the view that the recovery of money paid under duress other than*

duress könne vielmehr auch in wirtschaftlicher Gestalt erfolgen.[65] Im konkreten Fall wurde das Begehren der Kläger allerdings abgelehnt. Nach Auffassung des Gerichts lag zwar grundsätzlich ein Fall von *economic duress* vor,[66] jedoch hätten die Kläger den nichtigen Vertrag bestätigt (*affirmation*),[67] weil diese trotz der Auslieferung des Schiffes im November 1974 erst im Juli 1975 eine Rückzahlung der Differenz begehrten und in der Zwischenzeit keinen Protest äußerten.

3. *Pao On v Lau Yiu Long*

Auch in dem *Pao On v Lau Yiu Long*-Urteil[68] wurde die *economic duress* 1980 vertieft erörtert. Gegenstand der Entscheidung des *Privy Council* war ein Immobilienerwerb, den der Käufer durch Übertragung firmeneigener Aktienanteile an den Verkäufer finanzieren wollte. Im Nachhinein sorgte sich der Verkäufer der Immobilie um den Wert der erlangten Aktien, sodass er eine Garantie von dem Käufer verlangte, nach der ein bestimmter Aktienkurs zugesichert wurde. Sollte der Aktienkurs nach einem Jahr gesunken sein, verpflichtete sich der Käufer zur Zahlung der Differenz. Um die Garantie zu erlangen, drohte der Verkäufer damit, dass er den Verkauf der Immobilie trotz des Kaufvertrages nicht mehr durchführen würde. Dies war für den Käufer höchst problematisch, da sein Unternehmen jüngst an die Börse gegangen war und öffentlich den Kauf der Immobilie verkündet hatte. Das Scheitern oder die Verzögerung des Erwerbs hätte daher für ihn schwere Folgen gehabt. Entsprechend verpflichtete er sich zur Abgabe der Garantie. Nachdem der Immobilienmarkt Hongkongs innerhalb von einem Jahr einen erheblichen Einbruch erlitt, verlangte der Verkäufer entsprechend der Garantie 5,3 Mio. HKD von dem Käufer. Dieser berief sich jedoch auf die Nichtigkeit der Sicherheit, unter anderem wegen *economic duress*.

Lord Scarman bezog sich in seiner Entscheidung auf die bisherigen Urteile zur *economic duress*.[69] Dabei kam er zu dem Schluss, dass es keinerlei Argumente

to the person is necessarily limited to duress of goods falling within one of the categories hitherto established by the English cases. I would respectfully follow and adopt the broad statement of principle laid down by Isaacs J. cited earlier and frequently quoted and applied in the Australian cases".

65 *North Ocean Shipping Co. Ltd. v Hyundai Construction Co. Ltd.* [1979] QB 705, 719: *„Secondly, from this it follows that the compulsion may take the form of "economic duress" if the necessary facts are proved".*

66 *North Ocean Shipping Co. Ltd. v Hyundai Construction Co. Ltd.* [1979] QB 705, 719.

67 *North Ocean Shipping Co. Ltd. v Hyundai Construction Co. Ltd.* [1979] QB 705, 720 f.

68 *Pao On v Lau Yiu Long* [1980] AC 614.

69 *Pao On v Lau Yiu Long* [1980] AC 614, 636.

gegen die Anerkennung der *economic duress* als Nichtigkeitsgrund gebe.[70] Als Erfordernis verlangte Lord Scarman ebenfalls eine Überlagerung des Willens des Opfers, so dass es an einer Einigung fehle.[71] Ähnlich wie in bisherigen Entscheidungen wurde auch hier das Vorliegen von *economic duress* abgelehnt, da nach Ansicht des Gerichts der Wille des Bedrohten nicht ausgeschaltet wurde.[72]

4. *Universe Tankships of Monrovia v International Transport Workers Federation*

Schließlich erfolgte 1983 die allgemeine Anerkennung der *economic duress* auch durch das *House of Lords* in *Universe Tankships of Monrovia v International Transport Workers Federation*[73]. Hier wurde ein Frachtschiff, welches unter liberianischer Flagge segelte, in Wales durch die internationale Gewerkschaft International Transport Workers Federation (I.T.F.) an der Weiterfahrt gehindert. Die Gewerkschaft sorgte dafür, dass keine Schleppfahrzeuge für das Ablegen des Schiffs zur Verfügung standen. Erst wenn das Schifffahrtsunternehmen verschiedenen Forderungen der Gewerkschaft akzeptierte, dürfe es ablegen. Das Unternehmen stimmte den Forderungen zu, im Anschluss begehrte es allerdings die Rückerstattung und berief sich auf *economic duress*.

Lord Diplock setzte sich in der Urteilsbegründung gar nicht erst mit der Frage auseinander, ob die *economic duress*-Doktrin überhaupt existiere. Stattdessen berief er sich auf die *Pao On*-Entscheidung und ging der Frage nach, ob eine Ausschaltung des Willens des Bedrohten vorliege.[74] Im Ergebnis wurde ein Fall von *economic duress* angenommen, und das Schifffahrtsunternehmen konnte einen Teil der gezahlten Gelder zurückverlangen.[75]

---

70 *Pao On v Lau Yiu Long* [1980] AC 614, 636.

71 *Pao On v Lau Yiu Long* [1980] AC 614, 636: „*In their Lordship's view, there is nothing contrary to principle in recognizing economic duress as a factor which may render a contract voidable, provided always that the basis of such recognition is that it must amount to a coercion of will, which vitiates consent*".

72 *Pao On v Lau Yiu Long* [1980] AC 614, 635: „*In short, there was commercial pressure, but no coercion*".

73 *Universe Tankships of Monrovia v International Transport Workers Federation* [1983] AC 366.

74 *Universe Tankships of Monrovia v International Transport Workers Federation* [1983] AC 366, 383 ff.

75 Von den fünf Richtern sprachen sich drei für ein Vorliegen von *economic duress* aus, dagegen erachteten die anderen zwei den ausgeübten Druck als legitim, siehe *Universe*

II. Erfolgreiche Anwendung

Nach den anfänglichen Schwierigkeiten ist inzwischen davon auszugehen, dass sich die *economic duress* fest im englischen Recht etabliert hat.[76] Dies lässt sich mittlerweile anhand einer Vielzahl von Entscheidungen belegen, in denen die Existenz des Einwands nicht mehr bestritten wird.[77] Heute ist *economic duress* der am häufigsten angewandte Rechtsbehelf der *duress*-Lehre.[78]

E. Zwischenergebnis zur Entwicklung

Die *economic duress* nimmt, wie schon festgestellt, einen festen Platz im englischen *common law* ein. Trotzdem ist die Rechtsfigur noch nicht frei von Kontroversen. Die Diskussionen haben sich insbesondere auf die fraglichen Tatbestandsmerkmale verlagert. Hier hat sich bis heute keine klare Rechtsprechungslinie entwickelt, wie die nun folgenden Abschnitte belegen sollen.

Tankships of Monrovia v International Transport Workers Federation [1983] AC 366, 367 f.

76 *Clark, Vitiating Factors, in: Furmston, The Law of Contract,* S. 948; *Beatson/Burrows/Cartwright*, Anson's Law of Contract, S. 279; *Virgo*, Restitution, S. 198; *Enonchong*, Duress, Undue Influence and Unconscionable Dealing, S. 62; *Chen-Wishart*, Contract Law, S. 316; *Burrows*, The Law of Restitution, S. 267; *Mitchell/Mitchell/Watterson*, Goff & Jones: The Law of Unjust Enrichment, S. 315.

77 *B. & S. Contracts and Design Limited v Victor Green Publications* [1984] I.C.R. 419, 425, wobei in dieser Entscheidung noch von der Entwicklung des Insituts die Rede ist; *Atlas Express Ltd. v Kafco (Importers and Distributors) Ltd.* [1989] 1 Q.B. 833, 839; *Vantage Navigation Corporation v Suhail and Saud Bahwan Building Materials LLC* [1989] 1 Lloyd's Rep. 138, 145; *Dimskal Shipping Co Ltd v International Transport Workers Federation* [1991] 4 All ER 871, 878; *CTN Cash and Carry Ltd. v Gallaher* Ltd. [1994] 4 All ER 714, 718 f.; *Huyton SA v Peter Cremer GmbH & Co.* [1999] 1 Lloyd's Rep. 620, 630; *DSND Subsea Limited v Petroleum Geo Services Asa* [2000] EWHC 185 (TCC) Rn. 131–132; *Carillion Construction Ltd v Felix (UK) Ltd* [2000] ADR.L.R. 11/06 R. 24–25; *GMAC Commercial Credit Ltd v Dearden* [2002] All ER (D) 440 (May); *Cantor Index Ltd v Shortall* [2002] All ER (D) 161 (Nov); *Wright v HSBC Bank Plc* [2006] ADR.L.R. 05/05 Rn. 61; *Adam Opel GmbH, Renault S.A. v Mitras Automotive (UK)* Limited [2007] EWHC 3481 (QB) Rn. 25; *Borelli v Ting* [2010] UKPC 21 Rn. 34; *Progress Bulk Carriers v Tube City IMS LLC.* [2012] 1 CLC 365; *Bank of Scotland v Cohen* (2013) HC12A02041 (unveröffentlicht) Rn. 28 ff.

78 *Spark*, Vitiation of Contract, S. 219.

2. Abschnitt: Voraussetzungen und Rechtsfolge

A. Einleitung

Über die genaue Ausgestaltung des Einwands der *economic duress* herrscht Streit sowohl hinsichtlich der Anzahl der Voraussetzungen als auch bezüglich des Inhalts einzelner Voraussetzungen. In diesem Abschnitt soll daher zunächst der Aufbau der *economic duress* geklärt werden. Die Voraussetzungen selbst werden an späterer Stelle vertieft dargestellt. Auch soll die Rechtsfolge kurz erläutert werden.

B. Voraussetzungsvarianten

Es kommen drei verschiedene Voraussetzungs- bzw. Aufbauvarianten für eine *economic duress* Prüfung in Betracht. Zu Beginn wurde ein einstufiger Aufbau vertreten, demzufolge das Opfer von Zwang darlegen musste, dass sein Wille aufgrund von Druck überwunden wurde. Dieser Ansatz wurde später von einem zweistufigen Aufbau verdrängt. Hiernach erfordert ein Fall von *economic duress* sowohl eine Kausalität zwischen der Drohung und dem Vertragsschluss als auch eine Rechtswidrigkeit der Drohung (*illegitimacy*). Die jüngste Entwicklung weist demgegenüber einen dreistufigen Aufbau auf, welcher neben Kausalität und Rechtswidrigkeit auch das Fehlen einer vernünftigen Handlungsalternative des Opfers verlangt.

I. Einstufiger Aufbau

Aufgrund der frühen Entscheidungen ging man anfangs von einem einstufigen Aufbau der *economic duress* aus. Demnach war es nur erforderlich, dass der Wille des Opfers überlagert wurde. Diese Ansicht wird als *overborne will theory* bezeichnet und wurde erstmals für die *economic duress* in der *Occidental Worldwide Investment Corp. v Skibs A/S Avanti*-Entscheidung[79] durch den *High Court* 1976 festgehalten. Hier sprach Kerr J. davon, dass eine Partei durch die andere „überwältigt" werden müsse[80] und hierdurch die Willenseinigung entfiele (*vitiation of*

79 *Occidental Worldwide Investment Cpn. v Skibs A/S Avanti* [1976] 1 Loyd's Rep. 293.

80 *Occidental Worldwide Investment Cpn. v Skibs A/S Avanti* [1976] 1 Loyd's Rep. 293, 336: „[...] *the other party was overborne by compulsion so as to deprive him of any animus contrahendi*".

consent).[81] Ähnlich deuten auch die Worte von Lord Scarman in dem *Pao On v Lau Yiu Long*-Urteil des *Privy Council* auf die *overborne will theory* (*coercion of will*) hin, wonach der Druck für den Bedrohten von überwältigender Natur sein müsse.[82]

1. Die *overborne will theory*

Die *overborne will theory* geht davon aus, dass eine Nichtigkeit wegen Nötigung nur dann vorliegt, wenn der Wille des Empfängers vollständig „gebrochen" wurde.[83] Durch den ausgeübten Druck hat die Person keine andere Option als das zu tun, was die druckausübende Person von ihr begehrt. Sie hat keine Möglichkeit mehr, eine freie Entscheidung zu treffen oder freiwillig zu handeln.[84] Dies ist die Kernaussage der *overborne will theory*.[85] Im Übrigen verfügt sie über eine lange Tradition sowohl im *common law* als auch in der *equity*[86] und hat sich in der Rechtsprechung in verschiedenen Konstellationen mit *duress*-Bezug, wie beispielsweise im Straf- und Strafverfahrensrecht, etabliert.[87]

2. *Lynch v DPP of Northern Ireland*

Mit der *House of Lords*-Entscheidung *Lynch v DPP of Northern Ireland*[88] von 1975 begann die gefestigte Stellung der *overborne will theory* zu bröckeln. Dabei ist zunächst bemerkenswert, dass es sich um ein strafrechtliches Urteil handelt. Im englischen Strafrecht hat die Entscheidung fundamentale Bedeutung, da sie erstmals die Nötigung als Rechtfertigungsgrund für Gehilfen in Mordfällen zuließ.[89] Gleichzeitig hatte sie aber auch immense Auswirkungen auf das zivilrechtliche Verständnis von *duress*.

Der Fall betraf den Angeklagten Lynch, der wegen des Verdachts auf Teilnahme an einem Mord angeklagt wurde. Er hatte im Jahr 1972 in Belfast drei bewaffnete Männer zum Dienstsitz eines protestantischen Polizisten befördert,

---

81 *Occidental Worldwide Investment Cpn. v Skibs A/S Avanti* [1976] 1 Loyd's Rep. 293, 336.

82 *Pao On v Lau Yiu Long* [1980] AC 614, 635 ff.

83 *Beale, Duress and Undue Influence, in: Beale, Chitty on Contracts,* S. 671.

84 *Beale, Duress and Undue Influence, in: Beale, Chitty on Contracts,* S. 671.

85 *Atiyah*, L.Q.R. 1982, 197, 198.

86 *Atiyah*, L.Q.R. 1982, 197, 198.

87 *Tiplady*, L.Q.R. 1983, 188, 189 f.

88 *Lynch v Director of Public Prosecution for Northern Ireland* [1975] 1 All ER 913.

89 *Card/Cross/Jones*, Criminal Law, S. 723 f.; *Ormerod/Smith/Hogan*, Criminal Law, S. 311 f.; *Dennis*, L.Q.R. 1980, 208, 208.

wo diese den Polizisten erschossen. Anschließend fuhr der Angeklagte die Täter wieder vom Tatort weg. Als gegen ihn Anklage wegen Teilnahme am Mord erhoben wurde, wies er darauf hin, dass er zu der Teilnahme gezwungen worden sei. Einer der drei Männer, ein Mitglied der IRA, war als rücksichtsloser Schütze bekannt. Er war es, der Lynch die entsprechenden Anweisungen gab. Aus der Art und Weise, wie diese Anweisungen erteilt wurden, war erkenntlich, dass es lebensgefährlich gewesen wäre, sich diesen zu widersetzen. Lynch selbst war kein Mitglied der IRA und hatte sich nicht an der Erschießung des Opfers beteiligt, sein Tatbeitrag bestand allein in der Beförderung der Täter. Nach Erhebung der Anklage berief sich Lynch auf Nötigung als Rechtfertigungsgrund. Er behauptete, dass man ihn erschossen hätte, wenn er sich den Anordnungen der bewaffneten Terroristen widersetzt hätte. Er habe unter *duress* gehandelt und keine andere Wahl gehabt.

Im Rahmen des Urteils setzten sich die Richter ausführlich mit der Rechtsfigur der *duress* auseinander. Deutlich wird dies insbesondere anhand der kritischen Diskussion der gängigen Begriffe zur *duress* im englischen Strafrecht.[90] Insbesondere Lord Simon of Glaisdale betonte hier die bisherige chaotische Terminologie, aufgrund derer es der Rechtsfindung in erheblichem Maße an Rechtsklarheit mangelte.[91]

Was die *overborne will theory* betrifft, so wurde diese durch alle fünf Richter verworfen.[92] Es wurde argumentiert, das Opfer einer Drohung habe immer einen Moment Zeit, um zu entscheiden, ob es sich füge oder nicht.[93] Sollte es sich dem Druck beugen, so erfolge dies zwar nicht freiwillig, wohl aber absichtlich.[94] Daran dürfe auch die Terminologie nichts ändern.[95] Die Strafbarkeit solle

---

90 *Lynch v Director of Public Prosecution for Northern Ireland* [1975] 1 All ER 913, 933.

91 *Lynch v Director of Public Prosecution for Northern Ireland* [1975] 1 All ER 913, 933: *„A principal difficulty in this branch of the law is the chaotic terminology, whether in judgments, academic writings or statutes. Will, volition, motive, purpose, object, view, intention, intent, specific intent or intention, wish, desire; necessity, coercion, compulsion, duress - such terms, which do indeed overlap in certain contexts, seem frequently to be used interchangeably, without definition, and regardless that in some cases the legal usage is a term of art differing from the popular usage. As if this were not enough, Latin expressions which are themselves ambiguous, and often overlap more than one of the English terms, have been freely used - especially animus and (most question-begging of all) mens rea"*.

92 *Atiyah*, L.Q.R. 1982, 197, 199.

93 *Lynch v Director of Public Prosecution for Northern Ireland* [1975] 1 All ER 913, 918.

94 *Lynch v Director of Public Prosecution for Northern Ireland* [1975] 1 All ER 913, 918.

95 *Lynch v Director of Public Prosecution for Northern Ireland* [1975] 1 All ER 913, 918.

daher aufgrund des Vorliegens einer Drohung selbst dann ausscheiden, wenn das Opfer eine Handlung bewusst vorgenommen habe.[96] Selbst Lord Simon of Glaisdale, der ein Sondervotum abgab, stimmte mit seinen Kollegen hinsichtlich der Widersprüchlichkeit der *overborne will theory* überein. Ihm zufolge ist es möglich, dass die Absicht einer Person, durch eine Handlung eine Konsequenz herbeizuführen, mit dem Verlangen koexistieren kann, dass die entsprechende Konsequenz nicht eintreten soll.[97] Letztlich hatten die Richter die *overborne will theory* stark angegriffen und für die Zukunft gekippt.

Zwei der fünf Richter zogen dabei einen ausdrücklichen Vergleich zum Zivilrecht.[98] Zwar erfolgte dies am Rande, dennoch ist es unwahrscheinlich, dass die Richter die zivilrechtliche *overborne will theory* unangetastet lassen wollten.[99] Im Kontext *duress of the person* merkte Lord Simon of Glaisdale an, dass das Strafrecht dem Vertragsrecht entspreche.[100] Auch Lord Wilberforce war der Ansicht, dass der Zwang im Strafrecht, ähnlich wie im Vertragsrecht, den Willen der Person nicht zerstöre, sondern ablenke.[101]

3. Auswirkungen der *Lynch*-Entscheidung auf das Zivilrecht

Im *Lynch*-Urteil wurde die *overborne will theory* im Strafrecht verworfen. Entsprechend stellt sich die Frage, ob und wie sich diese Entwicklung auch auf das Zivilrecht auswirkt. Während im Schrifttum einige Autoren die *overborne will theory* für weiterhin anwendbar erachten, sehen sie andere – ganz im Sinne des *Lynch*-Urteils – als obsolet oder gar falsch an. Zudem gibt es auch in der Rechtsprechung keine einheitliche Linie.

---

96 *Lynch v Director of Public Prosecution for Northern Ireland* [1975] 1 All ER 913, 926.

97 *Lynch v Director of Public Prosecution for Northern Ireland* [1975] 1 All ER 913, 934.

98 *Lynch v Director of Public Prosecution for Northern Ireland* [1975] 1 All ER 913, 926, 938; *Atiyah*, L.Q.R. 1982, 197, 200.

99 Vgl. *Atiyah*, L.Q.R. 1982, 197, 200.

100 *Lynch v Director of Public Prosecution for Northern Ireland* [1975] 1 All ER 913, 931 f.: „*Where so little is clear, this at least seems to be established: that the type of threat which affords a defence must be one of human physical harm (including, possibly, imprisonment), so that threat of injury to property is not enough. The criminal law* […] *is here at one with the law of contract*".

101 *Lynch v Director of Public Prosecution for Northern Ireland* [1975] 1 All ER 913, 926: „*One may note - and the comparison is satisfactory - that an analogous result is achieved in a civil law context: duress does not destroy the will, for example, to enter into a contract, but prevents the law from accepting what has happened as a contract valid in law*".

a) Schrifttum

aa) Anerkennung der *Lynch*-Entscheidung

In einem bedeutenden Aufsatz zur *economic duress* setzte sich *Atiyah* intensiv und kritisch mit der *overborne will theory* auseinander.[102] Unter anderem äußerte er sich beunruhigt über die Tatsache, dass alle Urteile, welche die *economic duress* anerkannten, der *overborne will theory* folgten.[103] Verblüffend sei insbesondere die Tatsache, dass die zivilrechtlichen Entscheidungen mit keinem Wort die *Lynch*-Entscheidung ansprachen, obgleich sie zeitlich nach dieser ergingen.[104] Diese hatte sich im Jahre 1975 ereignet, während die anderen Urteile zur *economic duress* später gefällt wurden. Allerdings hielt *Atiyah* fest, dass die *Lynch*-Entscheidung im Zivilrecht mangels bestätigender Entscheidungen noch nicht endgültig bindende Wirkung entfaltet habe.[105] Er argumentierte dennoch, dass das Urteil künftig zu befolgen sei.[106]

Zunächst stützte er seine These auf die detaillierten Erörterungen zur *overborne will theory* im *Lynch*-Urteil. Es sei schwer, den Argumenten der Richter zu widersprechen: „Ein Opfer von Zwang wisse in der Regel, was es tue. Damit erfolge prinzipiell eine bewusste Unterordnung".[107] Zur Bestärkung seiner Aussagen verwies er unter anderem auf den amerikanischen Autor *Dawson*.[108] Dieser hatte sich bereit 1947 ausgiebig mit der *economic duress* auseinandergesetzt und war zu der Erkenntnis gelangt, dass selbst in extremen Fällen die Annahme, dass die Vereinbarung nicht aufgrund einer Willensausübung erfolgte, völlig verfehlt sei.[109] Der Handlungsspielraum möge aufgrund der Drohung gering sein, dennoch verbleibe dem Opfer die Möglichkeit der Willensausübung innerhalb

102 *Atiyah*, L.Q.R. 1982, 197.

103 Siehe *Atiyah*, L.Q.R. 1982, 197, 198. Dabei handelt es sich um die Entscheidungen *Occidental Worldwide Investment Cpn. v Skibs A/S Avanti* [1976] 1 Loyd's Rep. 293, *North Ocean Shipping Co. Ltd. v Hyundai Construction Co. Ltd.* [1979] QB 705, *Pao On v Lau Yiu Long* [1980] AC 614, *Universe Tankships of Monrovia v International Transport Workers Federation* [1983] AC 366 sowie *Syros Shipping Co v Elaghill Trading Co* [1981] 3 All E.R. 189.

104 *Atiyah*, L.Q.R. 1982, 197, 198.

105 *Atiyah*, L.Q.R. 1982, 197, 200.

106 *Atiyah*, L.Q.R. 1982, 197, 200.

107 *Atiyah*, L.Q.R. 1982, 197, 200: „*A victim of duress does normally know what he is doing, does choose to submit, and docs intend to do so*".

108 *Atiyah*, L.Q.R. 1982, 197, 200.

109 *Dawson*, Mich. L. Rev. 1947, 253, 266 f.

dieses Spielraums. Dies ist ein zentraler Kritikpunkt an der Handhabung von *duress*-Fällen durch die Rechtsprechung.[110]

Weiterhin war *Atiyah* der Meinung, dass die *overborne will theory* nicht konsequent, sondern vielmehr widersprüchlich sei. Als Bezug führt er die *Pao On*-Entscheidung an.[111] Dort habe Lord Scarman in der Entscheidung ausgeführt, dass dem Empfänger der Drohung keine alternative Handlungsmöglichkeit offen stehen darf.[112] Allerdings sei offenbar kein wörtliches Verständnis intendiert.[113] Lord Scarman führte unmittelbar im Anschluss aus, dass es bei den alternativen Handlungsmöglichkeiten auf deren Effektivität ankomme.[114] Wenn damit die Effektivität der Alternativen entscheidend ist, bedeutet dies, dass ein Opfer sich auf *duress* berufen kann, ungehindert der Tatsache, dass ihm andere Möglichkeiten offen standen.[115] Eine solche Interpretation des *Pao On*-Urteils wäre kohärent mit dem *Lynch*-Urteil, aber unvereinbar mit der *overborne will theory*.

Ferner bestehen Bedenken gegen die *overborne will theory* aufgrund der Rechtsfolge von *duress*.[116] Nach der vorherrschenden Ansicht führt *duress* dazu, dass ein Vertrag, der anfangs wirksam war, anfechtbar (*voidable*) ist.[117] Würde man jedoch im Sinne der *overborne will theory* verlangen, dass der Wille des Genötigten diesem vollständig genommen wurde, so würde dies stark auf die *non est factum*-Doktrin im englischen Vertragsrecht deuten.[118] Nach dieser ist ein Vertrag dann von Anfang an unwirksam (*void*), wenn die unterzeichnende Partei über den Inhalt der Erklärung vollständig irrt und dabei nicht fahrlässig

---

110 *Dawson*, Mich. L. Rev. 1947, 253, 267: „*Even in this type of case, courts had been slow to realize that the instances of more extreme pressure were precisely those in which the consent expressed was more real; the more unpleasant the alternative, the more real the consent to a course which would avoid it*"; zustimmend *Atiyah*, L.Q.R. 1982, 197, 200.

111 *Atiyah*, L.Q.R. 1982, 197, 201.

112 *Atiyah*, L.Q.R. 1982, 197, 201; siehe die Ausführungen von Lord Scarman in *Pao On v Lau Yiu Long* [1980] AC 614, 636: „*The commercial pressure alleged to constitute such duress must, however, be such that the victim must have* [...] *had no alternative course open to him*".

113 *Atiyah*, L.Q.R. 1982, 197, 201.

114 *Pao On v Lau Yiu Long* [1980] AC 614, 636.

115 *Atiyah*, L.Q.R. 1982, 197, 201.

116 *Atiyah*, L.Q.R. 1982, 197, 201.

117 *Beale, Duress and Undue Influence, in: Beale, Chitty on Contracts*, S. 699; *Virgo*, Restitution, S. 199; *Clark, Vitiating Factors, in: Furmston, The Law of Contract*, S. 957; *Furmston*, Cheshire, Fifoot and Furmston's Law of Contract, S. 389; *Peel*, Treitel on the Law of Contract, S. 441; *Spark*, Vitiation of Contract, S. 212.

118 *Atiyah*, L.Q.R. 1982, 197, 201.

handelt.[119] Die Vertragspartei handelt quasi völlig blind. Dagegen sind die Fälle von *duress* weniger dadurch gekennzeichnet, dass das Opfer völlig ahnungslos handelt.[120] Sicherlich lassen sich solche Fälle theoretisch konstruieren, den Regelfall stellen sie aber nicht dar.[121] Gerade im Rahmen der *economic duress*-Fälle wissen die Opfer des Zwanges was geschieht.[122]

Würde man nun tatsächlich für das Vorliegen von *economic duress* verlangen, dass der Wille vollständig ausgeschaltet sein muss, hätte man mit der *non est factum*-Doktrin vergleichbare Konstellationen, die zu unterschiedlichen Rechtsfolgen führen würden. Nach der *non est factum*-Doktrin wäre der Vertrag *void*, während er bei einer Drohung „nur" *voidable* wäre. Konsequenterweise darf die *overborne will theory* nicht zu den Voraussetzungen von *duress* zählen.

bb) Ablehnung der *Lynch*-Entscheidung

Dass die *Lynch*-Entscheidung zur Abschaffung der *overborne will theory* im Zivilrecht geführt haben soll, wird vereinzelt abgelehnt.[123] So wird von *Tiplady* angeführt, dass von den Kritikern die Stellung und Bedeutung der *overborne will theory* insbesondere im Hinblick auf andere Rechtsinstitute des *common law* nicht adäquat berücksichtigt werde.[124] Kritisch betrachtet wird von *Tiplady* vor allem die Tatsache, dass die Konsequenzen nicht berücksichtigt wurden, die bei Ablehnung der Theorie eintreten würden.[125] Hierfür werden andere Rechtsinstitute angeführt, in denen sich die *overborne will theory* manifestiert und verdient

---

119 *Furmston*, Cheshire, Fifoot and Furmston's Law of Contract, S. 330 ff.: Die *non est factum*-Doktrin reicht weit zurück. Eine der wichtigsten Entscheidungen hierzu ist *Thoroughgood's Case*, (1584) 2 Co. Rep. 9a. Hier hatte sich ein Vermieter gegenüber dem Mieter zum vollständigen Erlass der geschuldeten Miete vertraglich verpflichtet. Der Vermieter war Analphabet und hatte folglich keine Kenntnis von der konkreten Verpflichtung, der er sich unterwarf. Nach Vertragsschluss verkaufte der Mieter das Grundstück an einem Dritten, was zur Folge hatte, dass der Vermieter, Thoroughgood, auf Rückgabe klagte. Im Zuge des Urteils hielt das Gericht fest, dass der Kläger als Analphabet und Laie nicht wissen konnte, was er genau unterzeichnet hatte. Freilich muss hier auch angemerkt werden, dass Analphabetismus im 16. Jahrhundert stark verbreitet war und es dementsprechend Bedarf für diese Doktrin gab.

120 *Atiyah*, L.Q.R. 1982, 197, 201.

121 *Atiyah*, L.Q.R. 1982, 197, 201.

122 *Atiyah*, L.Q.R. 1982, 197, 201.

123 *Tiplady*, L.Q.R. 1983, 188.

124 *Tiplady*, L.Q.R. 1983, 188, 189.

125 *Tiplady*, L.Q.R. 1983, 188, 189.

gemacht habe.[126] Interpretiert man nun die *overborne will theory* dahingehend, dass jede Person, die sich aufgrund der vermeintlich ungünstigen Handlungsalternativen oder aus Furcht vor bestimmten Konsequenzen einem Zwang unterordnet, den gleichen psychologischen Prozess durchmacht, so führe dies unweigerlich dazu, dass der Begriff in diesem Lichte für die anderen Institute neu interpretiert werden müsse.[127]

Zugleich würde dies aber erfordern, dass man trotz der Ablehnung der *overborne will theory* all die anderen Fälle[128], in denen die Theorie zur Anwendung kam, ähnlich entscheiden müsse.[129] Allerdings sei dies kaum möglich, denn die Anwendungsgruppen sind inhaltlich sehr unterschiedlich ausgestaltet.[130] Selbst innerhalb einer Gruppe gibt es große Unterschiede: So unterscheide sich die Frage, ob jemand unter Druck vorsätzlich eine Straftat begehen kann, doch sehr von der Frage, ob es sich um eine Vergewaltigung handelt, wenn sich das Opfer aus Furcht auf das Geschehen einlässt.[131] Auch dürfe es zu Lücken und Folgeproblemen kommen, wenn man beispielsweise annehmen würde, dass eine Vergewaltigung einvernehmlich geschehe, nur weil die Entscheidung aufgrund einer Drohung erfolge.[132] Die Stärke der *overborne will theory* bestehe jedoch gerade darin, dass sie all diese Fälle, welche doch so unterschiedlich sind, auf einer gewissen Ebene vereine.[133] Dabei diene sie als eine Art Verbund für Fälle, in denen eine Partei durch ein missbräuchliches Motiv zur Handlung gezwungen wurde.[134] Die Ablehnung der Theorie hätte somit starke Nachwirkungen.

Ein weiterer interessanter Kritikpunkt betrifft die Besetzung der Richterbank. Viele der Law Lords, die in der *Lynch*-Entscheidung urteilten, waren zugleich

---

126 *Tiplady*, L.Q.R. 1983, 188, 189 f.

127 *Tiplady*, L.Q.R. 1983, 188, 189.

128 *Tiplady*, L.Q.R. 1983, 188, 189 f. *Tiplady* verweist auf verschiedene Institute, in denen die *overborne will theory* angewendet wird: Strafbarkeit für Verbrechen, Zulässigkeit von Geständnissen hinsichtlich strafbarer Handlungen, Gültigkeit einer Ehe, Gültigkeit eines gewerblichen Vertrages, Unterwerfung einer gerichtlichen Zuständigkeit, Einwilligung von Opfern in eine Vergewaltigung oder Aussetzung eines Schiffes auf hoher See.

129 *Tiplady*, L.Q.R. 1983, 188, 190.

130 *Tiplady*, L.Q.R. 1983, 188, 190.

131 *Tiplady*, L.Q.R. 1983, 188, 190.

132 *Tiplady*, L.Q.R. 1983, 188, 190.

133 *Tiplady*, L.Q.R. 1983, 188, 190.

134 *Tiplady*, L.Q.R. 1988, 190. *Tiplady* verweist auf die US-amerikanische Entscheidung *Fairbanks v. Snow* 13 N.E. 596, 598 (1887).

auch an den wichtigen Fällen der *economic duress* beteiligt.[135] Hätten die Richter jedoch in der *Lynch*-Entscheidung tatsächlich die *overborne will theory* auch für das Zivilrecht verworfen, so ließe es sich kaum erklären, warum sie die Theorie in anderen Entscheidungen wieder anwendeten.[136] Dieser Umstand ermögliche zwei Interpretationen. Einerseits könnte man annehmen, dass die Richter von ihrer erst kurz zuvor geäußerten Ansicht abkehrten oder alternativ unter einer kollektiven richterlichen Amnesie litten.[137] Andererseits sei es aber auch denkbar, dass die Richter die Frage, ob der Wille überlagert wurde, als eine Angelegenheit betrachteten, die unabhängig zur der Frage steht, ob das genötigte Opfer hinsichtlich seiner Handlungen überhaupt eine Absicht hatte.[138]

Kritisiert wird auch die uneinheitliche Terminologie der *overborne will theory*, welche die Richter in der Entscheidung verwendeten. Anstatt den Begriff Willen kontinuierlich zu nutzen, werden häufig auch Begriffe wie Wunsch, Sehnsucht oder Präferenz verwendet.[139] Dabei erscheint *Tiplady* fragwürdig, dass die Richter unterschiedliche Begriffe verwendeten.[140] Er führt aus, dass Lord Simon anstatt der Überlagerung des Willens von einer Überlagerung des Wunsches spreche, während Lord Morris of Borth-y-Gest von einer fehlenden Absicht des Opfers ausginge.[141] Angesichts des Umstandes, dass die Richter alternative Begriffe für den Willen verwenden, scheint es nach *Tiplady* zweifelhaft, ob hier tatsächlich eine einstimmige Abweisung der *overborne will theory* vorliege.[142]

---

135 *Tiplady*, L.Q.R. 1983, 188, 191: In der Entscheidung *Lynch v Director of Public Prosecution for Northern Ireland* [1975] 1 All ER 913 war das Gericht mit fünf Law Lords besetzt: Lord Morris of Borth-y-Gest, Lord Wilberforce, Lord Simon of Glaisdale, Lord Kilbrandon und Lord Edmumd-Davis. Von diesen waren Lord Wilberforce und Lord Simon of Glaisdale auch als Richter in den Entscheidungen *Pao On v Lau Yiu Long* [1980] AC 614 und *Barton v Armstrong* [1976] A.C. 104 zuständig. Lord Edmund-Davis urteilte ebenfalls in der Entscheidung *Szechter v Szechter* [1971] 2 WLR 170 und Lord Kilbrandon schloss sich der Mehrheit im *Barton v Armstrong*-Urteil an.

136 *Tiplady*, L.Q.R. 1983, 188, 191.

137 *Tiplady*, L.Q.R. 1983, 188, 191: *„It should first be noted, however, that if Professor Atiyah's version of Lynch is correct, their Lordships are guilty of either wholesale apostasy or collective judicial amnesia".*

138 *Tiplady*, L.Q.R. 1983, 188, 191.

139 *Tiplady*, L.Q.R. 1983, 188, 192 f.; *Lynch v Director of Public Prosecution for Northern Ireland* [1975] 1 All ER 913, 933.

140 *Tiplady*, L.Q.R. 1983, 188, 192 f.

141 *Tiplady*, L.Q.R. 1983, 188, 192 f.

142 *Tiplady*, L.Q.R. 1983, 188, 192 f.

b) Rechtsprechung

Ähnlich wie das Schrifttum ist auch die Rechtsprechung nach dem *Occidental Worldwide*-Urteil vom einstufigen Aufbau abgewichen. Bereits 1983 hielt Lord Scarman in der *House of Lords*-Entscheidung *Universe Tankships Inc of Monrovia v International Transport Workers Federation* fest, dass ein Fall von *economic duress* einen zweistufigen Aufbau erfordere.[143] Auch wenn damit das Erfordernis der *vitiation of consent*, wonach nur eine Überlagerung des Willens erforderlich war,[144] nicht explizit abgelehnt wurde, so erfolgte dies zumindest konkludent, indem Kausalität und Rechtswidrigkeit als erforderliche Voraussetzungen geprüft wurden.

4. Stellungnahme zum einstufigen Aufbau

Aufgrund der mittlerweile eindeutigen Rechtsprechung kommt die *overborne will theory* nicht mehr zum Einsatz.[145] Bestätigt wird dies auch durch eine Mehrheit im Schrifttum,[146] welche eine Übertragung der strafrechtlichen *Lynch*-Entscheidung auf das Zivilrecht befürwortet. Die Argumente, welche gegen eine Übertragung sprechen, lassen sich widerlegen. Zunächst lässt die *Lynch*-Entscheidung wenig Spielraum für die Annahme, dass eine Partei weiterhin

---

143 Vgl. *Universe Tankships of Monrovia v International Transport Workers Federation* [1983] AC 366, 400: „*The authorities upon which these two cases [Barton v Armstrong* and *Pao On] were based reveal two elements in the wrong of duress: (1) pressure amounting to compulsion of the will of the victim; and (2) the illegitimacy of the pressure exerted*". Bei den "*authorities*" bezog sich Lord Scarman auf Rechtsprechung und Schrifttum, welche für die Gerichte in den Entscheidungen *Barton v Armstrong* sowie *Pao On* bezüglich des zweistufigen Aufbaus für *duress* maßgeblich waren. In *Barton v Armstrong* verwies Lord Cross auf Urteile und Schrifttum zum Betrug, siehe *Barton v Armstrong* [1976] A.C. 104, 118; ähnlich auch Lord Simon (121). In *Pao On* bezog sich Lord Scarman hinsichtlich der Voraussetzungen für *duress* auf *Barton v Armstrong*, siehe *Pao On v Lau Yiu Long* [1980] AC 614, 635.

144 Siehe oben S. 17 f.

145 *Universe Tankships of Monrovia v International Transport Workers Federation* [1983] AC 366, 400; *B. & S. Contracts and Design Limited v Victor Green Publications* [1984] I.C.R. 419, 423; *Atlas Express Ltd. v Kafco (Importers and Distributors) Ltd.* [1989] 1 Q.B. 833, 841; *Vantage Navigation Corporation v Suhail and Saud Bahwan Building Materials LLC* [1989] 1 Lloyd's Rep. 138, 145; *National Merchant Buying Society Limited v Bellamy and another* [2012] EWHC 2563 (Ch) Rn. 29.

146 Vgl. beispielsweise: *Beatson*, Unjust Enrichment, S. 114; *Beale, Duress and Undue Influence, in: Beale, Chitty on Contracts,* S. 671 ff.; *Halson*, L.Q.R. 1991, 649, 665 f.; *Chen-Wishart*, Contract Law, S. 313; *Phang*, MLR 1990, 107, 109.

durch die andere überwältigt werden muss,[147] da die Richter sich eindeutig für eine Neuausrichtung der *duress* aussprechen. Dabei erstrecken sich auch ihre Ausführungen nicht auf das Strafrecht, sondern auch auf das Zivilrecht.[148] Was die vermeintlichen terminologischen Fehltritte der Richter betrifft, so kann auch hieraus nicht der Schluss gezogen werden, dass sie andere Institute anstatt der *overborne will theory* thematisieren wollten. Dies geht aus der persönlichen Korrespondenz von Lord Simon mit *Atiyah* hervor.[149]

Weiterhin kann die *overborne will theory* auch dahingehend kritisiert werden, dass sie keine Hilfestellung für die Differenzierung zwischen wirksamen Verhalten einerseits und rechtswidrigen Handlungen andererseits gibt.[150] Dies lässt den Schluss zu, dass *economic duress*-Fälle nach der *overborne will theory* allein aufgrund von Tatsachen und nicht anhand von rechtlichen Kriterien entschieden werden.[151] Des Weiteren wird der Aspekt der Rechtswidrigkeit der Drohung außer Acht gelassen, da der Schwerpunkt der Untersuchung auf der Überlagerung des Willens des Opfers fußt.[152] Damit könnte man selbst dann einen Fall von *economic duress* annehmen, wenn der Wille des Opfers trotz der Rechtmäßigkeit der Drohung überlagert wurde.[153] Letztendlich ist der einstufige Aufbau der *economic duress* somit abzulehnen.

II. Zweistufiger Aufbau

Der zweistufige Aufbau schreibt für einen Fall von *economic duress* das Vorliegen von Kausalität und Rechtswidrigkeit als Voraussetzungen vor. Nachdem Lord Scarman 1983 in *Universe Tankships Inc of Monrovia v International Transport Workers Federation* erstmals einen zweistufigen Aufbau als Maßstab für die

147 *Atiyah*, L.Q.R. 1983, 353, 354.

148 *Chapman*, Wash. U. Global Stud. L. Rev. 2012, 253.

149 *Atiyah*, L.Q.R. 1983, 353, 354: „*Perhaps I may be permitted to quote (with permission) the following from a letter to me by Lord Simon himself: „I was astonished that the writer in the L.Q.R. should have quoted me to the effect that will and wish, etc., etc., have frequently been used interchangeably, as if I myself thought they were juridicially (or even psychologically) interchangeable. It should have been obvious that I was protesting against the confusion. I used "with" advisedly when I had a shot at definition".*

150 *Beatson*, Unjust Enrichment, S. 113.

151 *Beale, Duress and Undue Influence, in: Beale, Chitty on Contracts,* S. 672.

152 *Seddon*, Compulsion in Commercial Dealings, in: *Finn*, Essays on Restitution, S. 143; *Carty/ Evans*, JBL 1983, 218, 221 f.

153 *Seddon*, Compulsion in Commercial Dealings, in: *Finn*, Essays on Restitution, S. 143.

economic duress-Prüfung festlegte,[154] folgten auch andere Gerichte wenig später dem Ansatz. So wurde unter anderem in *B. & S. Contracts v Victor Green Publications*[155] (1984), *Atlas Express Ltd. v Kafco (Importers and Distributors) Ltd.*[156] (1989) sowie *Vantage Navigation Corporation v Suhail and Saud Bahwan Building Materials LLC*[157] (1989) ein zweistufiger Aufbau mit Verweis auf das *Universe Tankships*-Urteil angewendet. Auch im Schrifttum wird der zweistufige Aufbau häufig als erforderlich angesehen.[158]

III. Dreistufiger Aufbau

In der weiteren Entwicklung hat ein dreistufiger Aufbau zunehmend an Bedeutung erlangt. Neben Kausalität und Rechtswidrigkeit tritt das Fehlen einer zumutbaren Handlungsalternative des Bedrohten als dritte Voraussetzung hinzu. Erforderlich ist somit, dass dem Empfänger der Drohung keine praktische oder zumutbare Alternative bleibt, sodass er nichts Anderes tun kann, als zuzustimmen. Dass das Fehlen einer zumutbaren Alternative eine eigenständige und zusätzliche Voraussetzung darstellt, wird damit begründet, dass die damit verbundene aussichtslose Situation des Bedrohten die Quintessenz von *economic duress* ist.[159] Ebenfalls wird auf das US-amerikanische Recht verwiesen, wo das Fehlen einer zumutbaren Alternative im Rahmen der *duress* eine Voraussetzung ist.[160]

Diese Entwicklung wird teilweise von der Rechtsprechung gestützt. Die jüngeren Entscheidungen gehen inzwischen von einem dreistufigen Aufbau aus. So hielt im Jahr 2000 in dem Urteil *DSND Subsea Limited v Petroleum Geo Services Asa* der *High Court* erstmals das Fehlen einer zumutbaren Alternative als dritte

154 *Universe Tankships of Monrovia v International Transport Workers Federation* [1983] AC 366, 400.

155 *B. & S. Contracts and Design Limited v Victor Green Publications* [1984] I.C.R. 419, 423.

156 *Atlas Express Ltd. v Kafco (Importers and Distributors) Ltd.* [1989] 1 Q.B. 833, 841.

157 *Vantage Navigation Corporation v Suhail and Saud Bahwan Building Materials LLC* [1989] 1 Lloyd's Rep. 138, 145; vgl. auch jüngst die Anwendung in *National Merchant Buying Society Limited v Bellamy and another* [2012] EWHC 2563 (Ch) Rn. 29.

158 *Beatson*, Unjust Enrichment, S. 114; *Burrows*, The Law of Restitution, S. 255; *Virgo*, Restitution, S. 203; *Enonchong*, Duress, Undue Influence and Unconscionable Dealing, S. 62 f.; *Clark, Vitiating Factors, in: Furmston, The Law of Contract,* S. 946; *Tan*, Const.L. J. 2002, 87, 89.

159 *Chen-Wishart*, Contract Law, S. 320.

160 *Chen-Wishart*, Contract Law, S. 320.

Voraussetzung fest.[161] Die Entscheidung bietet allerdings Angriffsfläche für Kritik, da Dyson J. in *DSND Subsea* den dreistufigen Aufbau auf die Entscheidung *Universe Tankships* stützte.[162] Diese Herleitung ist bedenklich, weil das Gericht in der von Dyson J. zitierten Stelle der *Universe Tankships*-Entscheidung von einem zweistufigen Aufbau ausging.[163] Zwar setzten sich die Passagen mit der Frage der fehlenden Alternative auseinander, zugleich wurde diese explizit nicht als Voraussetzung eingestuft.

Trotz dieses ungünstigen Verweises hat der dreistufige Aufbau in der Rechtsprechung weitgehend einen festen Platz eingenommen. So wurde das Fehlen einer zumutbaren Handlungsalternative in *Carillion Construction Ltd v Felix* als Voraussetzung festgehalten und geprüft.[164] Jüngere Entscheidungen haben diesen Ansatz bestätigt.[165] Auch im Schrifttum wird zunehmend von der Erforderlichkeit eines dreistufigen Aufbaus gesprochen.[166]

C. Rechtsfolge

Das englische Recht differenziert grundsätzlich im Rahmen der Rechtsfolge der Nichtigkeit zwischen *void* und *voidable*. Ein Vertrag, der *void* ist, ist von Anfang an nichtig.[167] Hingegen entfaltet ein Vertrag, der *voidable* ist, zunächst rechtliche Wirkung, allerdings kann er durch eine Partei im Anschluss für nichtig erklärt werden.[168]

---

161 *DSND Subsea Limited v Petroleum Geo Services Asa* [2000] EWHC 185 (TCC) Rn. 131: „*The ingredients of actionable duress are that there must be pressure, (a) whose practical effect is that there is compulsion on, or a lack of practical choice for, the victim, (b) which is illegitimate, and (c) which is a significant cause inducing the claimant to enter into the contract*".

162 *DSND Subsea Limited v Petroleum Geo Services Asa* [2000] EWHC 185 (TCC) Rn. 131.

163 *Universe Tankships of Monrovia v International Transport Workers Federation* [1983] AC 366, 400.

164 *Carillion Construction Ltd v Felix (UK) Ltd* [2000] ADR.L.R. 11/06 Rn. 25.

165 *Adam Opel GmbH, Renault S.A. v Mitras Automotive (UK) Limited* [2007] EWHC 3481 (QB) Rn. 32–33; *Bank of Scotland PLC v Cohen* (2013) HC12A02041 Rn. 32 (die Entscheidung ist derzeit unveröffentlicht und wurde durch persönliche Korrespondenz mit dem Anwalt des Klägers, Christopher Rogers, erlangt).

166 *Chen-Wishart*, Contract Law, S. 314; *Mitchell/Mitchell/Watterson*, Goff & Jones: The Law of Unjust Enrichment, S. 316; *Virgo*, Restitution, S. 215.

167 *Whittaker*, Introduction, in: Beale, Chitty on Contracts, S. 80 f.

168 *Whittaker*, Introduction, in: Beale, Chitty on Contracts, S. 81.

Was die *economic duress* betrifft, so gab es anfangs die Ansicht, dass sie die Rechtsfolge *void* auslöste.[169] Diese Auffassung hat sich jedoch nicht durchsetzen können. Nach der inzwischen in Rechtsprechung und Schrifttum vorherrschenden Meinung führt ein Fall von *economic duress* immer dazu, dass der Vertrag *voidable* ist.[170] Folglich muss die genötigte Partei sich erst auf die Unwirksamkeit des Vertrags bzw. der Vertragsmodifikation berufen.

Unter Umständen kann einer Partei jedoch die Berufung auf eine Nichtigkeit verwehrt werden, falls sie durch ihr Verhalten den Vertrag bestätigt hat (*affirmation*).[171] In der *North Ocean Shipping*-Entscheidung kam das Gericht beispielsweise zu dem Ergebnis, dass ein Fall von *economic duress* zwar prinzipiell vorlag, allerdings wurde die Nichtigkeit des Vertrags abgelehnt, weil sich die bedrohte Partei sehr spät auf die *economic duress* berufen hatte.[172] Auch in den jüngeren Entscheidungen wird zumindest beiläufig eine *affirmation* des Vertrags durch das Gericht geprüft.[173]

Vereinzelt wird im Rahmen der *economic duress* hinsichtlich der Rechtsfolge eine Differenzierung zwischen Vertrags- und Bereicherungsrecht angestrebt.[174] Auf diese Diskussion soll nicht näher eingegangen werden,[175] es soll lediglich kurz darauf hingewiesen werden, dass es grundsätzlich zwei verschiedene Szenarien für Fälle von *economic duress* und deren Rechtsfolge gibt. Zunächst ist die

---

169 Ausführlich hierzu *Lanham*, MLR 1966, 615, 617 ff., welcher eine Notwendigkeit der Rechtsfolge *void* damit begründet, dass sie in Fällen von Eheschließungen (S. 617) und Eigentumsübereignung (S. 618) notwendig ist; vgl. auch *Beale, Duress and Undue Influence, in: Beale, Chitty on Contracts*, S. 699.

170 *Universe Tankships of Monrovia v International Transport Workers Federation* [1983] AC 366, 400; *Pao On v Lau Yiu Long* [1980] AC 614, 636; *siehe auch Lynch v Director of Public Prosecution for Northern Ireland* [1975] 1 All ER 913, 938: „*The contract procured by duress is therefore not void; it is voidable - at the discretion of the party subject to duress*"; *Beale, Duress and Undue Influence, in: Beale, Chitty on Contracts*, S. 699; *Virgo*, Restitution, S. 199; *Clark, Vitiating Factors, in: Furmston, The Law of Contract*, S. 957; *Furmston*, Cheshire, Fifoot and Furmston's Law of Contract, S. 389; *Peel*, Treitel on the Law of Contract, S. 441.

171 *Virgo*, Restitution, S. 189.

172 *North Ocean Shipping Co. Ltd. v Hyundai Construction Co. Ltd.* [1979] QB 705, 721.

173 Siehe beispielsweise *Adam Opel GmbH, Renault S.A. v Mitras Automotive (UK) Limited* [2007] EWHC 3481 (QB) Rn. 36; *Borrelli v Ting* [2010] UKPC 21 Rn. 34; *Bank of Scotland PLC v Cohen* (2013) HC12A02041 (unveröffentlicht) Rn. 32.

174 *Phang*, R.L.R. 1997, 53, 61 ff.

175 Eine umfassende Darstellung zu dem Verhältnis findet sich in *Schindler*, Rechtsgeschäftliche Entscheidungsfreiheit und Drohung, S. 114–124.

Situation denkbar, in der eine Partei aufgrund des Drucks einen Vertrag schließt und sich später durch Berufung auf *economic duress* von ihrer vertraglichen Leistungspflicht befreien will.[176] Ferner ist denkbar, dass eine Partei bereits etwas aufgrund von *economic duress* geleistet hat und nun das Geleistete kondizieren möchte.[177] Unabhängig davon, welche Voraussetzungen erforderlich sind, wird es weiterhin geboten sein, einen Fall von *economic duress* darzulegen. Dies erfolgt in beiden Konstellationen nach denselben Maßstäben.[178]

D. Zwischenergebnis zu Voraussetzungen und Rechtsfolge

Abschließend kann festgehalten werden, dass der einstufige Aufbau abzulehnen ist, weil die *overborne will theory* zu viele Schwächen aufweist. Entsprechend ist zumindest von einem zweistufigen Aufbau auszugehen, nach dem Kausalität und Rechtswidrigkeit erforderlich sind. Unklar ist dagegen, ob neben diesen Merkmalen auch das Fehlen einer zumutbaren Handlungsalternative als dritte Voraussetzung hinzutreten muss. Trotz der fraglichen Herleitung des Merkmals des Fehlens einer zumutbaren Handlungsalternative von Dyson J. in der *DSND Subsea Ltd.*-Entscheidung, hat sich dieser Punkt mittlerweile in der englischen Rechtsprechung als dritte Voraussetzung behauptet.

Dies ist auch zu begrüßen, da das Erfordernis für die gerichtliche Prüfung einer *economic duress* in vielerlei Hinsicht von Nutzen ist, wobei erst an späterer Stelle auf die diversen Funktionen eingegangen wird. Entsprechend ist bei der *economic duress* von einem dreistufigen Aufbau auszugehen. Was die Rechtsfolge betrifft, so ist der Vertrag im Fall von *economic duress* immer *voidable*.

---

176 *Seddon*, Compulsion in Commercial Dealings, in: *Finn*, Essays on Restitution, S. 158.

177 *Seddon, Compulsion in Commercial Dealings, in: Finn, Essays on Restitution*, S. 158.

178 *Beatson*, Unjust Enrichment, S. 107; *Burrows*, The Law of Restitution, S. 260; *Schindler*, Rechtsgeschäftliche Entscheidungsfreiheit und Drohung, S. 121.

3. Abschnitt: Kausalität

A. Einleitung

Ein Fall von *economic duress* erfordert stets, dass eine Drohung für den Vertragsschluss oder die Vertragsmodifikation kausal war. Zugleich ist im Rahmen der *duress* die Kausalitätsanforderung unterschiedlich ausgestaltet, wobei insbesondere auf den Kontext zu achten ist. Das Kausalitätsverständnis kann extensiv oder restriktiv sein. Unter Umständen reicht bereits eine schlichte Mitursächlichkeit einer Drohung aus (*a reason*-Theorie). Dagegen kann auch erforderlich sein, dass die Drohung eine bedeutende (*significant reason*-Theorie) oder sogar die alleinige Ursache (*but for*-Theorie) für ein Handeln ist.

Der folgende Abschnitt setzt sich mit der relevanten Kausalitätstheorie für die *economic duress* auseinander. Zunächst werden die verschiedenen Modelle für die Bestimmung der Kausalität im Rahmen der *duress*-Lehre dargestellt. Des Weiteren soll auch eine Bewertung erfolgen, um die maßgebliche Kausalitätstheorie für die *economic duress* zu bestimmen.

B. Die Kausalitätstheorien

I. Die *a reason*-Theorie

Die ursprüngliche Kausalitätstheorie entstammt der Drohung mit Gewalt gegen eine Person (*duress of the person*). Danach ging man von einem kausalen Handeln aus, wenn die Drohung ein Grund für den Vertragsschluss war (*a reason*).[179] Ob der Grund bei der Willensbildung von dominierender oder eher nachrangiger Natur war, war dabei irrelevant.[180] Erforderlich war lediglich, dass die Drohung bei der Willensbildung mitgewirkt hatte.

---

179 *Clark, Vitiating Factors, in: Furmston, The Law of Contract,* S. 957; *Beale, Duress and Undue Influence, in: Beale, Chitty on Contracts,* S. 683; *Tettenborn,* The Law of Restitution in England and Ireland, S. 96.

180 *Clark, Vitiating Factors, in: Furmston, The Law of Contract,* S. 957; *Beale, Duress and Undue Influence, in: Beale, Chitty on Contracts,* S. 683; *Tettenborn,* The Law of Restitution in England and Ireland, S. 96.

1. Barton v Armstrong

Entwickelt wurde dieses Kausalitätsverständnis in der Entscheidung *Barton v Armstrong*[181] aus dem Jahr 1975, in der die Mehrheit der Richter die Nichtigkeit des Vertrags aufgrund von *duress* bestätigte.[182] Im Mittelpunkt der richterlichen Ausführungen von Lord Cross stand die Kausalität. Es bestand kein Zweifel daran, dass die Drohung mitursächlich für das Handeln des Bedrohten war, zugleich war der Vertrag für ihn aus wirtschaftlicher Sicht ebenfalls lukrativ. In den vorherigen Instanzen war dieser Umstand öfters betont worden.[183] Somit stellte sich die Frage, ob die Drohung für die Willensäußerung nur ein Faktor unter mehreren oder allein ursächlich sein musste.

Die Frage wurde mit einer Analogie zum Betrug (*fraudulent misrepresentation*) gelöst. Nach Ansicht von Lord Cross bestand eine offensichtliche Nähe zwischen Drohung und Betrug. Dabei griff er die Ausführungen von Holmes J auf und zog einen Vergleich zum schottischen Recht.[184] Indem Armstrong Barton mit dem Tode drohte, um ihn zum Vertragsschluss zu bewegen, könne eine Täuschung vorgelegen haben. Bei einer Täuschung sei es irrelevant, ob es auch andere Beweggründe für das Handeln des Opfers gab. In einer solchen Konstellation erlaube das *common law* keine Untersuchung der Gewichtung

---

181 *Barton v Armstrong* [1976] A.C. 104.

182 Der Sachverhalt wurde oben bereits dargestellt, siehe S. 8.

183 *Barton v Armstrong* [1976] A.C. 104, 125: „*The point is not whether the agreement was financially advantageous to one side for the other (we would not venture any pronouncement as to this) but whether it was thought to be advantageous by Barton and his associates. That it was so thought is both found by the judge as a matter of fact, and shown by overwhelming evidence. Before the agreement was signed, Barton and his friends thought that the arrangement would be the salvation of the company, and that it was vital to get Armstrong to sign as soon as possible. When it was signed, and for months afterwards, Barton and his friends acted and expressed themselves in the same spirit. On 18th January 1967 Barton said 'Now we have got rid of Armstrong nothing will stop us'. On 19th January he said, to Mr Smith (Armstrong's adviser) 'I think the deal is miracle'. As to the subsequent period up to April 1967, Street J lists 17 facts proved in evidence illustrating Barton's confidence and optimism. However little justified these turned out to be, they undoubtedly existed. We cannot see how a successful attack can be made against the finding that, to Barton, the deal appeared as a commercial necessity*".

184 *Barton v Armstrong* [1976] A.C. 104, 118 f.

der Beweggründe.[185] Ein solch vergleichbarer Fall liege hier vor, damit sei die Drohung kausal. Der Umstand, dass Barton vermutlich auch ohne die Todessdrohung den Vertrag abgeschlossen hätte, sei dabei unbeachtlich.[186] Im Ergebnis reichte es damit für die Kausalität im Rahmen der *duress of the person* aus, dass die Nötigung eine von mehreren Ursachen war.

2. Stellungnahme zur *a reason*-Theorie

Die *a reason*-Theorie zeichnet sich im Rahmen der Kausalität durch ihre einfache Anwendung aus, da sie lediglich eine schlichte Mitursächlichkeit erfordert. Zugleich sind die Anforderungen an die Ursächlichkeit sehr gering. Dementsprechend eignet sich das Kausalitätsverständnis nicht für alle Formen der *duress*. Zwar ist die Theorie für die *duress of the person* akzeptabel, da hier eine besondere Schwere des Drohmittels vorliegt, allerdings ist sie für subtilere Nötigungsformen, wie die der *economic duress*, weniger passend.

II. Die *significant reason*-Theorie

Parallel zur Entwicklung der *duress*-Lehre erfuhr auch der Kausalitätsbegriff eine Erneuerung. Ging man zunächst noch im Rahmen der *duress of the person* davon aus, dass eine Mitursächlichkeit der Drohung für die Willensbildung des Opfers genügte, so stellte man nun eine qualitative Anforderung an die Kausalität, indem die Drohung nun ein bedeutender Grund sein musste (*a significant reason*).[187] Diese Neuausrichtung der Kausalität fand im Umfeld der *duress of goods* statt. *Duress of goods* erfasst die Fälle, in denen sich die Drohung nicht

---

185 *Barton v Armstrong* [1976] A.C. 104, 118: „*If on the other hand Barton relied on the misrepresentation Armstrong could not have defeated his claim to relief by showing that there were other more weighty causes which contributed to his decision to execute the deed, for in this field the court does not allow an examination into the relative importance of contributory causes.*

186 *Barton v Armstrong* [1976] A.C. 104, 118 f.: „*'Once make out that there has been anything like deception, and no contract resting in any degree on that foundation can stand'* [...] *Their Lordships think that the same rule should apply in cases of duress and that if Armstrong's threats were 'a' reason for Barton's executing the deed he is entitled to relief even though he might well have entered into the contract if Armstrong had uttered no threats to induce him to do so*".

187 *Beale, Duress and Undue Influence, in: Beale, Chitty on Contracts,* S. 683; *Beatson/Burrows/Cartwright,* Anson's Law of Contract, S. 353; *Clark, Vitiating Factors, in: Furmston, The Law of Contract,* S. 956 f.

gegen Leib und Leben des Opfers richtet, sondern gegen dessen Eigentum und Besitz, mithin also körperliche Gegenstände.[188]

1. *Dimskal Shipping Co SA v International Transport Workers' Federation*

Ausgangspunkt für den *significant reason*-Test war die Entscheidung *Dimskal Shipping Co SA v International Transport Workers' Federation*[189], in der sich das *House of Lords* 1991 mit einer arbeitsrechtlichen Streitigkeit einer Reederei auseinandersetzte. Die Reederei betrieb, wie heute im internationalen Schiffsverkehr üblich, das Prinzip der Ausflaggung.[190] Als das Schiff der Reederei, die „*Evia Luck*", im März 1983 in einem griechischen Hafen anlegte, betraten es Mitglieder der internationalen Gewerkschaft ITF (*International Transport Worker's Federation*). Sie informierten die Besatzung und Schiffsführung darüber, dass man durch Streikmaßnahmen das Boot an der Abreise hindern werde (sog. *blacking*). Erst wenn sich die Reederei dazu bereit erkläre, der Besatzung rückwirkend mehr Lohn zu zahlen, dürfe das Schiff den Hafen verlassen. Aufgrund dieser Drohung willigte die Reederei in die Forderungen der Gewerkschaften ein. Später klagte sie auf Feststellung der Nichtigkeit des Vertrags und auf Rückzahlung des Betrages, um den die ursprünglichen Löhne erhöht wurden.

Die Mehrheit der Richter hielt den Vertrag zur Erhöhung des Lohns für nichtig aufgrund von *economic duress*. Damit konnte die Reederei einen Betrag von 140.067,31 USD von ITF zurück fordern. Lord Goff griff in seinen Entscheidungsgründen auf die vorherigen Entscheidungen zurück, welche die Existenz

---

188 *Beale, Duress and Undue Influence, in: Beale, Chitty on Contracts*, S. 676 f.; *Beatson/ Burrows/ Cartwright*, Anson's Law of Contract, S. 352; *Clark, Vitiating Factors, in: Furmston, The Law of Contract*, S. 948 f.

189 *Dimskal Shipping Co SA v International Transport Workers' Federation* [1991] 4 All ER 871.

190 Hinsichtlich der Ausflaggung wird verwiesen auf *Herdegen*, in: *Maunz/Dürig/Herzog*, GG-Kommentar, Art. 27 GG Rn 8–15. Bei der Ausflaggung segelt ein Schiff unter einer anderen Flagge, als der des Staates, in dem die Reederei ihren Sitz hat. Ein solcher Wechsel kann beispielsweise durch die Gründung einer ausländischen Tochtergesellschaft erzielt werden. Aufgrund der Flaggenhoheit im Völkerrecht untersteht das Schiff damit der Hoheitsgewalt des entsprechenden Flaggenstaates. Damit liegt ein Anknüpfungspunkt für verschiedene Rechte vor, insbesondere dem Arbeitsrecht. Auf dieser Weise kann die Reederei dem heimischen (und vermeintlich restriktiveren) Arbeitsrecht entweichen und sich für einen Staat entscheiden, der über einen schwachen Arbeitsschutz verfügt. Das größte Schifffahrtsregister der Welt führt daher Panama, siehe *United Nations (UNCTAD)*, Review of Maritime Transport 2009, S. 55.

der *economic duress doctrine* bestätigt hatten.[191] Von besonderem Interesse waren jedoch seine Aussagen zu den Anforderungen an die Kausalität. Hierzu führte er aus, dass der Druck für den Vertragsschluss eine besondere bzw. signifikante Rolle spielen müsse (*significant reason*).[192]

Mit dem Erfordernis der signifikanten Ursächlichkeit forderte Lord Goff eine qualitative Komponente für die Kausalität. Bei der *Barton*-Entscheidung war der *Privy Council* noch der Ansicht, dass eine Drohung an sich ausreicht, unabhängig von ihrer Stellung im Vergleich mit anderen Handlungsgründen, so lange sie für den Vertragsschluss zumindest mitursächlich war. Davon kehrte das *House of Lords* nun entscheidend ab. Zumindest im Rahmen des Zwangs gegen körperliche Gegenstände muss die Drohung eine signifikante Rolle gespielt haben.

Unglücklicherweise fehlen in der Entscheidungsbegründung allerdings weiterführende Aussagen, aus denen sich schließen lässt, ab wann eine Drohung *significant* ist.[193] Es wird evident eine Kausalität fehlen, wenn die Drohung keinerlei Auswirkungen auf die Entscheidung des Opfers hatte.[194] Wie man jedoch in Fällen verfährt, in denen verschiedene Motive für das Handeln des Genötigten vorliegen, ist unklar. Der einfache Test (*a reason*) ist hier nicht ohne weiteres anwendbar, da dieser einer Analogie zum Betrug (*fraud*) entstammt.[195] Die Analogie wurde wiederum auf solche Fälle angewendet, in denen Zwang gegen die Person ausgeübt wurde.[196] Im Fall *Barton* nahm dies die Form einer Todesdrohung an.[197]

Hat man es hingegen nicht mit einer Todesdrohung zu tun, sondern mit einer Drohung, das Eigentum einer Person zu zerstören oder zu beschlagnahmen, so muss sich dies auch auf die Anforderungen an die Kausalität auswirken. Daraus lässt sich die Erkenntnis ziehen, dass die Anforderungen an die Kausalität in

---

191 *Dimskal Shipping Co SA v International Transport Workers' Federation* [1991] 4 All ER 871, 878.

192 *Dimskal Shipping Co SA v International Transport Workers' Federation* [1991] 4 All ER 871, 878: „[...] *and it is now accepted that economic pressure may be sufficient to amount to duress for this purpose, provided at least that the economic pressure* [...] *has constituted a significant cause inducing the plaintiff to enter into the relevant contract*".

193 *Beale, Duress and Undue Influence, in: Beale, Chitty on Contracts,* S. 683; *Clark, Vitiating Factors, in: Furmston, The Law of Contract,* S. 956.

194 *Beale, Duress and Undue Influence, in: Beale, Chitty on Contracts,* S. 683.

195 *Beale, Duress and Undue Influence, in: Beale, Chitty on Contracts,* S. 683.

196 *Barton v Armstrong* [1976] A.C. 104, 118.

197 *Barton v Armstrong* [1976] A.C. 104, 106.

Relativität zum Grad der Drohung stehen: Je schwächer die Form des Zwangs ist, desto mehr steigen die Anforderungen an den Kausalitätsbegriff.[198]

2. Stellungnahme zur *significant reason*-Theorie

Es ist zweifelhaft, ob es sich bei der *significant reason*-Theorie tatsächlich um ein neues Verständnis der Kausalität handelt. Ein Indiz für die Zweifel ist die *Dimskal* Entscheidung.[199] In dieser forderte Lord Goff zwar einen bedeutenden Grund für die Handlung des Opfers, jedoch vertiefte er die Frage nicht, sondern legte den Schwerpunkt der Entscheidung auf die Rechtswidrigkeit der Handlung.[200] Hieraus lässt sich ableiten, dass er sich der Problematik bezüglich der Kausalitätsanforderungen nicht bewusst war. Die Konsquenz daraus wäre, dass kein neues Kausalitätsverständnis entwickelt wurde.

Ein starkes Argument gegen die *significant reason*-Theorie ist die Tatsache, dass keine spätere Entscheidung diesen Ansatz aufgegriffen hat. Stattdessen bedienten sich die anderen Urteile der *but for*-Theorie, nach dem die Drohung der alleinige Grund für den Vertragsschluss sein muss. Die *significant reason*-Theorie kann als erster Ansatz der Rechtsprechung gewertet werden, sich von dem großzügigen Kausalitätsverständnis der *Barton*-Entscheidung zu lösen und langfristig die Hürden für eine Nichtigkeit wegen *economic duress* zu erhöhen. Somit kommt das für das *common law* so charakteristische Verlangen nach Verkehrsschutz zum Ausdruck.

III. Die *but for*-Theorie

Ein weiterer Ansatz für die Prüfung der Kausalität ist die sog. *but for*-Theorie. Nach dieser Theorie ist die Drohung für den Vertragsschluss dann kausal, wenn der Genötigte sich ohne diese nicht auf die Verpflichtung eingelassen hätte.[201]

---

198 *Huyton SA v Peter Cremer GmbH & Co.* [1999] 1 Lloyd's Rep. 620, 636; vgl. auch *Clark, Vitiating Factors, in: Furmston, The Law of Contract,* S. 957.

199 *Dimskal Shipping Co SA v International Transport Workers' Federation* [1991] 4 All ER 871.

200 *Dimskal Shipping Co SA v International Transport Workers' Federation* [1991] 4 All ER 871, 878.

201 *Beale, Duress and Undue Influence, in: Beale, Chitty on Contracts,* S. 684; *Mitchell/ Mitchell/ Watterson*, Goff & Jones: The Law of Unjust Enrichment, S. 319; *Clark, Vitiating Factors, in: Furmston, The Law of Contract,* S. 957; *Seddon*, Compulsion in Commercial Dealings, in: *Finn*, Essays on Restitution, S. 157.

1. Huyton v Cremer

Die *High Court*-Entscheidung *Huyton v Cremer*[202] aus dem Jahr 1999 enthält wertvolle Passagen hierzu. Mance J. setzte sich im Urteil systematisch und ausführlich mit den verschiedenen Kausalitätstheorien auseinander. Zunächst erörterte er dabei die *significant reason*-Theorie, lehnte diese dann ab und zog die *but for*-Theorie vor.[203] Er begründete dies damit, dass in Fällen von *economic duress* die Drohungsform wesentlich schwächer sei, als bei der *duress of the person.*[204] Daher sei die schwache *significant reason*-Theorie nicht anwendbar.[205] Gemäß der *but for*-Theorie nach Lord Mance ist eine Handlung dann ursächlich, wenn der Vertrag ohne die Drohung überhaupt nicht zustande gekommen wäre. Solch eine Bedeutung erlangt das Nötigungsmittel wahrlich nur dann, wenn der Druck alleine ausschlaggebend ist.[206]

Gleichzeitig relativierte Mance J. seine Aussagen. Er kam zum Schluss, dass auch in den Fällen, in denen die *but for*-Theorie angewendet wurde, sich eine strenge Anwendung verbiete.[207] Beispielsweise könnte dies dann der Fall sein, wenn es zwei gleich bedeutende Gründe für den Vertragsschluss gab, die beide zu einer Auflösung hätten führen können.[208] In solch einem Fall wäre es unmöglich zu bestimmen, welcher Grund tatsächlich der Auslöser für den Vertragsschluss war.[209]

---

202 *Huyton SA v Peter Cremer GmbH & Co.* [1999] 1 Lloyd's Rep. 620.

203 *Huyton SA v Peter Cremer GmbH & Co.* [1999] 1 Lloyd's Rep. 620, 636 f.

204 *Huyton SA v Peter Cremer GmbH & Co.* [1999] 1 Lloyd's Rep. 620, 636.

205 *Huyton SA v Peter Cremer GmbH & Co.* [1999] 1 Lloyd's Rep. 620, 636: *„The use of the phrase „a significant cause" by Lord Goff in The Evia Luck* […] *suggests that this relaxed view of causation in the special context of duress to the person cannot prevail in the less serious context of economic duress. The minimum basic test of subjective causation ought, it appears to me, to be a "but for" test".*

206 *Huyton SA v Peter Cremer GmbH & Co.* [1999] 1 Lloyd's Rep. 620, 636: *„The illegitimate pressure must have been such as actually caused the making of the agreement, in the sense that it would not otherwise have been made either at all or, at least, in the terms in which it was made. In that sense, the pressure must have been decisive or clinching".*

207 *Huyton SA v Peter Cremer GmbH & Co.* [1999] 1 Lloyd's Rep. 620, 636.

208 *Huyton SA v Peter Cremer GmbH & Co.* [1999] 1 Lloyd's Rep. 620, 636.

209 *Huyton SA v Peter Cremer GmbH & Co.* [1999] 1 Lloyd's Rep. 620, 636.

2. Stellungnahme zur *but for*-Theorie

Bei der *but for*-Theorie sind die Anforderungen an die Kausalität im Vergleich zur *significant reason*-Theorie noch höher gesetzt. Auch hier dürfte die Absicht der Rechtsprechung, nicht jeden Vertrag auflösen zu wollen, eine tragende Rolle spielen. Rückblickend kann daher festgehalten werden, dass die Entwicklung des Kausalitätsbegriffs parallel zu der *duress*-Lehre erfolgte. Im Rahmen dieser Entwicklung wird erkennbar, welche Rolle die Schwere der Drohung für die Ursächlichkeit spielt. Je schwächer die Form der Drohung ist, desto wichtiger muss sie als Grund für das Handeln des Opfers sein.[210]

IV. Kombination von Drohung und anderen Druckmittel

Nach einer weiteren Theorie muss eine Kombination von Drohung und anderen Faktoren vorliegen, um eine Kausalität der Nötigung annehmen zu können.[211] So muss die Drohung lediglich eine bedeutende Rolle (*significant reason*) spielen, während die Beeinflussung des Opfers durch andere Faktoren besonders überwältigend bzw. zwingend sein muss.[212] Aufgegriffen wurde dieser Ansatz in zwei wichtigen Entscheidungen zur *economic duress* – dem *Pao On v Lau Yiu Long*-Urteil[213] und dem *Occidental Worldwide Investment Corp. v Skibs A/S Avanti*-Urteil[214].[215]

1. *Pao On v Lau Yiu Long*

In der Entscheidung *Pao On* v *Lau Yiu Long*[216] wandte sich Lord Scarman im Rahmen der *economic duress* Prüfung der Frage zu, inwiefern der bedrohte Käufer bei der Abgabe einer Garantie freiwillig handelte oder nicht. Auf den ersten Blick deutet dies auf die *overborne will theory* hin. Diesen Schluss lassen Lord

---

210 *Clark, Vitiating Factors, in: Furmston, The Law of Contract,* S. 957; *Seddon*, Compulsion in Commercial Dealings, in: *Finn*, Essays on Restitution, S. 138, 157: „[...] *the degree of pressure should be weighed in the balance in duress cases*".

211 *Beale, Duress and Undue Influence, in: Beale, Chitty on Contracts,* S. 685.

212 *Beale, Duress and Undue Influence, in: Beale, Chitty on Contracts,* S. 685.

213 *Pao On v Lau Yiu Long* [1980] AC 614.

214 *Occidental Worldwide Investment Corp. v Skibs A/S Avanti* [1976] 1 Lloyd's Rep. 293.

215 *Beale, Duress and Undue Influence, in: Beale, Chitty on Contracts,* S. 685; *Halson*, L.Q.R. 1991, 649, 668.

216 *Pao On v Lau Yiu Long* [1980] AC 614, der Sachverhalt wurde bereits oben dargestellt, siehe S. 16.

Scarman's Aussagen zu, die sich mit der *vitiation of consent* auseinandersetzen.[217] Somit musste der Druck für den Bedrohten überwältigend sein. Zugleich liegt es jedoch nahe, dass Lord Scarman mit seinen Ausführungen die Kausalität prüfte.[218] Er sprach nicht konkret von einer Ursächlichkeit, erörterte allerdings die verschiedenen Gründe, die zum Vertragsschluss führten. Um festzustellen, ob der Druck für den Handelnden tatsächlich überwältigend war, zählte Lord Scarman verschiedene Indizien auf. Hiernach muss überprüft werden, ob die bedrohte Partei beim Vertragsschluss Einspruch erhob; ob ihr eine adäquate Alternative zur Verfügung stand; ob sie unabhängigen Rat erhielt und ob sie nach Vertragsschluss Schritte unternahm, um den Vertrag zu beseitigen.[219] Die Indizien von Lord Scarman werden auch häufig als *Pao On*-Test bezeichnet.

Aufgrund des *Pao On*-Tests kam Lord Scarman zu der Entscheidung, dass zwar ein starker Druck auf den Käufer hinsichtlich der Garantie lastete, allerdings war dessen Zustimmung in keiner Weise zwingend.[220] Der Bedrohte hatte sich gegen die Beschreitung des Rechtswegs entschieden und war nach ausführlicher Überlegung zu der Ansicht gekommen, dass die Risiken der Bürgschaft eher von theoretischer Natur waren.[221]

Zusammenfassend lässt sich aus dem Urteil *Pao* der Schluss ziehen, dass neben der Kausalität ergänzend erforderlich ist, dass der Genötigte sich in einer Zwangslage befand.[222] Dies lässt sich beispielsweise mit den Kriterien des *Pao On*-Tests feststellen. Nur wenn diese Kriterien erfüllt sind, ist davon ausgehen, dass das Opfer zum Vertragsschluss gezwungen wurde. Sollte beispielsweise das Opfer nennenswerte Alternativen zum Vertragsschluss gehabt haben, dürfte es an der Kausalität der Drohung fehlen.[223]

---

217 *Pao On v Lau Yiu Long* [1980] AC 614, 636: "[...] *it must amount to a coercion of will, which vitiates consent*".

218 *Birks*, Law of Restitution, S. 182 f.

219 *Pao On v Lau Yiu Long* [1980] AC 614, 635 f.

220 *Pao On v Lau Yiu Long* [1980] AC 614, 635.

221 *Pao On v Lau Yiu Long* [1980] AC 614, 635: "[...] *the first defendant considered the matter thoroughly, chose to avoid litigation, and formed the opinion that the risk in giving the guarantee was more apparent than real* [...]".

222 *Beale, Duress and Undue Influence, in: Beale, Chitty on Contracts*, S. 685.

223 *Beatson/Burrows/Cartwright*, Anson's Law of Contract, S. 354 f.

2. *Occidental Worldwide Investment Corp. v Skibs A/S Avanti*

Neben der *Pao On*-Entscheidung griff auch Kerr J. in der *Occidental*-Entscheidung[224] den Kombinationsgedanken auf. Zwar beschäftigte er sich hauptsächlich mit der allgemeinen Frage, ob *economic duress* überhaupt im englischen *common law* anerkannt sei, zugleich erfolgte jedoch auch eine Prüfung des konkreten Rechtsstreits unter dem Gesichtspunkt der *duress*.[225]

Um diesen Punkt zu klären, forderte Kerr J., dass der Wille des Opfers durch Zwang überwältigt werden müsse und er aufgrund dessen jeglichen *animus contrahendi* verliere.[226] Genau wie bei der *Pao On*-Entscheidung, könnte man hier meinen, dass die Ausführungen von Kerr J. auf die *overborne will theory* abzielten. Allerdings ließ sich Kerr J. nicht darauf ein. Stattdessen führte er verschiedene Indizien auf, anhand derer man erkennen konnte, inwiefern eine Person zum Vertrag gezwungen wurde.[227] Eine allgemeine schematische Formel lässt sich seinen Entscheidungsgründen jedoch nicht entnehmen. Vielmehr müsse man immer Wert auf die Einzelumstände des jeweiligen Falles legen.[228] Dabei weisen die angeführten Indizien eine beachtenswerte Ähnlichkeit mit dem *Pao On*-Test auf. So solle eine Nötigung nicht kausal sein, wenn die betroffene Partei nicht protestiert habe; zudem müsse beachtet werden, inwiefern sich die genötigte Person durch den Vertrag gebunden fühlte.[229]

---

224 *Occidental Worldwide Investment Cpn. v Skibs A/S Avanti* [1976] 1 Loyd's Rep. 293.

225 *Occidental Worldwide Investment Cpn. v Skibs A/S Avanti* [1976] 1 Loyd's Rep. 293, 334 f.

226 *Occidental Worldwide Investment Cpn. v Skibs A/S Avanti* [1976] 1 Loyd's Rep. 293, 336: „*But even assuming, as I think, that our law is open to further development in relation to contracts concluded under some form of compulsion not amounting to duress to the person, the Court must in every case at least be satisfied that the consent of the other party was overborne by compulsion so as to deprive him of any animus contrahendi*".

227 *Occidental Worldwide Investment Cpn. v Skibs A/S Avanti* [1976] 1 Loyd's Rep. 293, 336.

228 *Occidental Worldwide Investment Cpn. v Skibs A/S Avanti* [1976] 1 Loyd's Rep. 293, 336.

229 *Occidental Worldwide Investment Cpn. v Skibs A/S Avanti* [1976] 1 Loyd's Rep. 293, 336: „*This would depend on the facts of the case. One relevant factor would be whether the party relying on duress made any protest at the time or shortly thereafter. Another would be to consider whether or not he treated the settlement as closing the transaction in question and as binding upon him, or whether he made it clear that he regarded the position as still open*".

In der Entscheidung selbst wurde die Ursächlichkeit des Drucks für den Vertragsschluss abgelehnt, da sich die Vertragspartei durch die Drohungen gebunden fühlte und zu keinem Zeitpunkt protestierte.[230]

3. Stellungnahme zum Kombinationsgedanken

Vorteilhaft an dem Kombinationsgedanken ist, dass die Interessenlage der Parteien in *economic duress*-Fällen berücksichtigt wird, denn die entsprechenden Fälle spielen sich häufig im Wirtschaftsverkehr ab, wo es schwer ist, zwischen einem zulässigen wirtschaftlichen Muskelspiel und unzulässigen Zwang zu differenzieren. Nimmt man jedoch an, dass die Drohung kumulativ mit anderen Faktoren vorliegen muss, so können vielschichtige Konstellationen adäquat gehandhabt werden.

Zugleich ist der Ansatz aus verschiedenen Gründen bedenklich. Zunächst ist die Nähe des Ansatzes zur *overborne will theory* fragwürdig, da diese sich nicht behaupten konnte. Des Weiteren hat sich der Ansatz auch in der jüngeren Rechtsprechung nicht halten können. Abschließend ist darauf hinzuweisen, dass die Frage von möglichen Alternativen mittlerweile einen eigenständigen Prüfungspunkt der *economic duress* darstellt. Im Ergebnis ist der Kombinationsgedanke daher abzulehnen.

C. Beweislast

Die Frage der Beweislast im Rahmen der *economic duress* ist nur spärlich erforscht.[231] Die Beweislast für einen Fall von *economic duress* trifft den Bedrohten.[232] Eine Abweichung hiervon kann der Entscheidung *Barton v Armstrong* entnommen werden, in der sich Lord Cross für eine Beweislastumkehr hinsichtlich des Merkmals der Kausalität aussprach.[233] Demnach muss der Bedrohte nur darlegen, dass die Drohung rechtswidrig war.[234] Ist ihm dies gelungen, so wird

230 *Occidental Worldwide Investment Cpn. v Skibs A/S Avanti* [1976] 1 Loyd's Rep. 293, 336: „... *Captain Tschudi made no protest about having to conclude the addenda* ...".

231 *Huyton SA v Peter Cremer GmbH & Co.* [1999] 1 Lloyd's Rep. 620, 638: „*The onus of proof in respect of economic duress is another relatively unexplored area*".

232 *Huyton SA v Peter Cremer GmbH & Co.* [1999] 1 Lloyd's Rep. 620, 639.

233 *Barton v Armstrong* [1976] A.C. 104, 120, der Sachverhalt wurde oben bereits dargestellt, siehe S. 8; *Virgo*, Restitution, S. 194 f.

234 *Virgo*, Restitution, S. 194 f.

eine Kausalität der Drohung für den Vertragsschluss vermutet.[235] Nach Lord Cross sollte die Beweislast in solchen Fällen den Drohenden treffen.[236]

Eine Verallgemeinerung dieser Entscheidung ist jedoch nicht empfehlenswert. Dies beruht zunächst auf dem Umstand, dass sich Lord Cross in seinen Ausführungen zu *duress* in *Barton v Armstrong* auf eine Analogie zum Betrug stützte.[237] Des Weiteren handelt es sich bei der Entscheidung um einen Fall von *duress of the person*, in der es eine Morddrohung gab. Bei Fällen von wirtschaftlichem Zwang hingegen sind die Formen der Drohung wesentlich schwächer. Zudem dürfte es der drohenden Partei nur selten gelingen, die Kausalitätsvermutung zu widerlegen.[238]

Auch Lord Mance stand der genannten Entwicklung in *Huyton SA v Peter Cremer* skeptisch gegenüber. Ihm zufolge sollte die Beweislastumkehr aus der *duress of goods* nicht in *economic duress* Fällen zum Einsatz kommen.[239] Hierfür lieferte er zwei Begründungen. Zunächst sei eine Übertragung der Beweislastumkehr deshalb unangemessen, da Drohungen gegen die körperliche Unversehrtheit von ihrer Natur her immer bösgläubig sind.[240] Gerade bei Drohungen mit wirtschaftlichen Mitteln sei es dagegen denkbar, dass der Drohende gutgläubig ist, da er davon ausgeht, dass er einen Anspruch auf eine bestimmte Leistung hat.[241]

Ferner machte Lord Mance auch darauf aufmerksam, dass die Kausalitätsanforderungen bei der *duress of goods* und der *economic duress* erheblich divergieren.[242] Dies ist ein gewichtiges Argument. Die Kausalitätsanforderungen im Rahmen einer *economic duress* Prüfung sind sehr hoch im Gegensatz zur *duress*

235 *Virgo*, Restitution, S. 194 f.

236 *Barton v Armstrong* [1976] A.C. 104, 120: „*If Barton had to establish that he would not have made the agreement but for Armstrong's threats then their Lordships would not dissent from the view that he had not made out his case. But no such onus lay on him. On the contrary it was for Armstrong to establish, if he could, that the threats which he was making and the unlawful pressure which he was exerting* [...] *contributed nothing to Barton's decision to sign*".

237 *Barton v Armstrong* [1976] A.C. 104, 118; siehe auch *Mitchell/Mitchell/Watterson*, Goff & Jones: The Law of Unjust Enrichment, S. 320.

238 *Virgo*, Restitution, S. 195.

239 *Huyton SA v Peter Cremer GmbH & Co.* [1999] 1 Lloyd's Rep. 620, 638: „*The Privy Council's recognition of, not merely the prima facie factual interference, but of an apparent shifting of the legal onus, cannot, I think, be transposed automatically to the context of economic duress*".

240 *Huyton SA v Peter Cremer GmbH & Co.* [1999] 1 Lloyd's Rep. 620, 638.

241 *Huyton SA v Peter Cremer GmbH & Co.* [1999] 1 Lloyd's Rep. 620, 638.

242 *Huyton SA v Peter Cremer GmbH & Co.* [1999] 1 Lloyd's Rep. 620, 638.

of the person, bei der die Anforderungen sehr gering sind. Allerdings sollen gerade in *economic duress*-Fällen hohe Anforderungen an die Kausalität gestellt werden, da im Gegensatz zur *duress of the person* die Rechtswidrigkeitsanforderungen sehr niedrig sind.

Abschließend betonte Lord Mance den allgemeinen Grundsatz, dass die Partei, die eine Einwendung erhebt, die Beweislast hinsichtlich der Kausalität trifft.[243] Im Ergebnis ist eine Beweislastumkehr hinsichtlich der Kausalität daher abzulehnen und dem Bedrohten die Beweislast für Kausalität und Rechtswidrigkeit aufzuerlegen.[244]

D. Zwischenergebnis zur Kausalität

Die Bestimmung eines einschlägigen Kausalitätstests gestaltet sich schwierig. Sicherlich ist der *a reason*-Test abzulehnen, da dieser hinsichtlich der Ursächlichkeit viel zu niedrige Hürden setzt. Ebenfalls hat sich der Kombinationstest nicht durchsetzen können. Es stellt sich daher die Frage, ob die Drohung für den Vertragsschluss eine bedeutende (*significant reason*-Test) oder die alleinige Ursache (*but for*-Test) sein muss. Im Gesamtkontext der *economic duress* und in Anbetracht des inzwischen etablierten dreistufigen Aufbaus, erscheint der *but for*-Test gegenüber dem *significant reason*-Test vorzugswürdig.

Der *but for*-Test überzeugt zunächst aufgrund seiner hohen Anforderungen. Im Rahmen der *economic duress* sind die Maßstäbe für die Bestimmung der Rechtswidrigkeit sehr niedrig gesetzt, da beispielsweise auch eine völlig legale und zulässige Handlung zur *economic duress* führen kann. Entsprechend müssen die Anforderungen an die Kausalität sehr hoch sein, was nur durch Anwendung des *but for*-Tests erzielt werden kann.

Es ist daher zu begrüßen, dass die neuere Rechtsprechung die *but for*-Theorie anwendet. So bekräftigt beispielsweise die *Huyton v Cremer*-Entscheidung aus dem Jahr 1999, dass die Drohung den alleinigen Grund für das Handeln darstellen muss.[245] Auch wurde 2010 der *but for*-Test durch den *High Court* in der Entscheidung *Kolmar Group AG v Traxpo Enterprises Pty Ltd* wieder

---

243 *Huyton SA v Peter Cremer GmbH & Co.* [1999] 1 Lloyd's Rep. 620, 638 f.

244 *Beale, Duress and Undue Influence, in: Beale, Chitty on Contracts*, S. 683; *Mitchell/Mitchell/Watterson*, Goff & Jones: The Law of Unjust Enrichment, S. 330; *Sheppard*, I.J.O.S.L. 1999, 137, 140 f.; zugleich kann nach *Enonchong* die Ablehnung der Beweislastumkehr in der Entscheidung *Huyton SA v Peter Cremer* auch kritisiert werden, siehe *Enonchong*, Duress, Undue Influence and Unconscionable Dealing, S. 320.

245 *Huyton SA v Peter Cremer GmbH & Co.* [1999] 1 Lloyd's Rep. 620, 636.

angewendet.[246] Im Ergebnis ist daher bei der Kausalitätsprüfung im Rahmen der *economic duress* von der *but for*-Theorie auszugehen.

Abschließend gilt es darauf hinzuweisen, dass die Annahme eines *but for*-Tests nicht bedeutet, dass der bedrohten Person die Berufung auf *economic duress* aufgrund der hohen Kausalitätsanforderungen selten gelingen wird. Schließlich gilt für den englischen Zivilprozess das Beweismaß *on the balance of all probabilities*.[247] Hiernach muss das Gericht nicht überzeugt sein, sondern die überwiegende Wahrscheinlichkeit der Kausalität ist erforderlich.[248] Es ist daher trotz eines strengen Kausalitätstests möglich, dass eine bedrohte Partei sich vor Gericht mit Erfolg auf *economic duress* berufen kann, wenn es aufgrund des Tatsachenvortrags wahrscheinlich ist, dass die Drohung der alleinige Grund für den Vertragsschluss bzw. -modifikation war.

---

246 *Kolmar Group AG v Traxpo Enterprises Pty Ltd* [2010] 1 CLC 256, 275: „*Economic pressure can amount to duress, provided it [...] has constituted a 'but for' cause inducing the claimant to enter into the relevant contract or to make a payment*".

247 *Andrews*, English Civil Procedure, S. 722, *Brinkmann*, Beweismaß im Zivilprozess aus rechtsvergleichender Sicht, S. 27; *Benzing*, Das Beweisrecht vor internationalen Gerichten, S. 508, mit Verweis auf die folgenden Entscheidungen: *Miller v Minister of Pensions* [1947] 2 All ER 372, 374 und *Bonnington Castings Ltd v Wardlaw* [1956] 1 All ER 615, 618.

248 *Andrews*, English Civil Procedure, S. 722, *Brinkmann*, Beweismaß im Zivilprozess aus rechtsvergleichender Sicht, S. 25; *Benzing*, Das Beweisrecht vor internationalen Gerichten. S. 508.

4. Abschnitt: Keine vernünftige Alternative

A. Einleitung

Beschäftigt man sich mit den Voraussetzungen der *economic duress*, kommt man nicht an der Frage vorbei, ob der Genötigte eine vernünftige Alternative (*reasonable alternative)* hatte bzw. haben musste. Wurde einer Partei beispielsweise mit einem Vertragsbruch gedroht, so lässt sich die Person häufig auf eine Anpassung des bestehenden Vertrages ein. Jedoch muss zwangsläufig bei der sich anschließenden Frage, ob die Anpassung des Vertrags nichtig ist, die Bewertung einfließen, inwiefern der Bedrohte Ansprüche auf Schadensersatz im Falle einer Vertragsverletzung gehabt hätte oder sich mit einem Deckungsgeschäft anderweitig hätte retten können. Dieser Punkt taucht häufig in den relevanten Entscheidungen auf.[249]

Ob es sich dabei allerdings um eine eigenständige Voraussetzung oder um einen Unterpunkt der Kausalität handelt, ist unklar.[250] Des Weiteren stellt sich die schwierige Frage, inwieweit qualitative Anforderungen an die Alternative zu stellen sind.[251] Reicht es aus, wenn eine Partei eine Alternative hat oder ist es auch von Bedeutung, inwiefern diese Alternative sie in der jeweiligen Situation retten konnte? Den aufgeworfenen Fragen soll an dieser Stelle nachgegangen werden.

B. Das Erfordernis im Allgemeinen

Die Frage nach einer möglichen Alternative im Rahmen von *duress*-Fällen reicht bis ins 19. Jahrhundert zurück.[252] So ging man früher davon aus, dass ein Vertrag nicht angefochten werden konnte, wenn der Genötigte adäquate, rechtliche Mittel zur Verfügung hatte, um eine Entschädigung für die Drohung zu erhalten.[253]

---

249 Siehe insbesondere die beiden Entscheidungen *Pao On v Lau Yiu Long* [1980] AC 614 und *Universe Tankships of Monrovia v International Transport Workers Federation* [1983] AC 366.

250 *Beatson*, Unjust Enrichment, S. 122 ff.; *Beale, Duress and Undue Influence, in: Beale, Chitty on Contracts*, S. 685 f.; *Mitchell/Mitchell/Watterson*, Goff & Jones: The Law of Unjust Enrichment, S. 320 ff.; *Tan*, Const.L. J. 2002, 87, 95.

251 *Beale, Duress and Undue Influence, in: Beale, Chitty on Contracts*, S. 686 f.

252 *Mitchell/Mitchell/Watterson*, Goff & Jones: The Law of Unjust Enrichment, S. 320 f., mit Verweis auf *Ashmole v Wainwright* (1842) 2 QB 837, 845.

253 *Mitchell/Mitchell/Watterson*, Goff & Jones: The Law of Unjust Enrichment, S. 320 f.

Diese Regel ist in vielerlei Hinsicht bedenklich. Zunächst kann darauf hingewiesen werden, dass die Durchsetzung rechtlicher Mittel immer mit Risiken verbunden ist.[254] So erfordert das Prozessieren in der Regel Zeit.[255] Wenn beispielsweise ein Zwischenhändler von einem Verkäufer damit bedroht wurde, dass dieser die Ware nicht rechtzeitig an ihn ausliefern werde, so kann der Zwischenhändler zwar gegen den Verkäufer wegen Vertragsbruch klagen, allerdings hilft ihm dies kurzfristig nicht, wenn er durch die ausbleibende Lieferung gegenüber einem Endabnehmer schadensersatzpflichtig wird. Hinzu kommen naturgemäß Kosten für Rechtsanwalt und Gericht.[256] Zudem darf nicht unberücksichtigt bleiben, dass der Ausgang eines Gerichtsverfahrens häufig ungewiß ist.[257] Aus diesen Gründen ist es unwahrscheinlich, dass eine Möglichkeit des Genötigten zu klagen ein adäquates Mittel darstellt.[258]

Auch *Williston* kritisiert diesen Ansatz, wobei er sich auf das US-amerikanische Recht bezieht.[259] Ihm zufolge ist die Regel künstlich.[260] Es sei nicht hinnehmbar, dass ein Opfer eine Nötigung zunächst aushalten müsse, um schließlich alternative Rechtsmittel zu gebrauchen.[261] Bei jeder Entscheidung müsse untersucht werden, inwiefern das alternative Mittel überhaupt sachdienlich sei.[262] Insbesondere wenn der rechtzeitige Gebrauch des Mittels nicht möglich gewesen sei, könne von einer existierenden Alternative kaum die Rede sein.[263]

C. Effektivität der Alternative

I. Würdigung der Effektivität

Welche konkrete Funktion das Erfordernis der fehlenden Alternative erfüllt, soll an dieser Stelle noch nicht geklärt werden. Es ist jedoch hervorzuheben,

---

254 *Mitchell/Mitchell/Watterson*, Goff & Jones: The Law of Unjust Enrichment, S. 321.

255 *Mitchell/Mitchell/Watterson*, Goff & Jones: The Law of Unjust Enrichment, S. 321.

256 *Mitchell/Mitchell/Watterson*, Goff & Jones: The Law of Unjust Enrichment, S. 321.

257 *Mitchell/Mitchell/Watterson*, Goff & Jones: The Law of Unjust Enrichment, S. 321; *Seddon*, Compulsion in Commercial Dealings, in: *Finn*, Essays on Restitution, S. 155.

258 *Mitchell/Mitchell/Watterson*, Goff & Jones: The Law of Unjust Enrichment, S. 321.

259 *Williston*, Contract, S. 1620.

260 *Williston*, Contract, S. 1620.

261 *Williston*, Contract, S. 1620.

262 *Williston*, Contract, S. 1620.

263 *Williston*, Contract, S. 1620: „*But though such statements are still repeated, the rule is artificial and, so far as it would require a person threatened with injury necessarily to endure the injure because the law provides a remedy for it, cannot be expected*".

dass die Effektivität der Alternative Beachtung finden muss. Entsprechend soll die Existenz einer Alternative nur der erste von zwei Prüfungsschritten sein. Der zweite Schritt betrifft die Frage, inwiefern die Alternative dem Opfer helfen konnte. Was nützt es dem Opfer eines Raubüberfalls schon, wenn es theoretisch die Polizei hätte rufen können, diese jedoch erst eine Stunde nach dem Übergriff erschienen wäre.

Bereits 1922 vertrat *Williston* die Ansicht, dass bei jeder Entscheidung zu prüfen sei, inwiefern alternative Handlungsmöglichkeiten des Opfers überhaupt sachdienlich sind.[264] Auch Lord Carman setzte sich 1980 im *Pao On*-Urteil mit der Effektivität des rechtlichen Mittels auseinander. Ihm reichte die bloße Existenz einer Alternative nicht aus, sie müsse auch adäquat sein.[265] In der Entscheidung *Hennessy v Craigmyle* des *Court of Appeal* von 1986 wurde ebenfalls auf die Erfolgsaussichten des Mittels Wert gelegt. Zwar wurde in dem speziellen Fall die Existenz einer Alternative zu Lasten des Bedrohten anerkannt, jedoch erfolgte dies erst nachdem der Richter festgestellt hatte, dass die Alternative nicht besonders attraktiv war.[266] Dies hatte zur Konsequenz, dass ein Vorliegen von *economic duress* abgelehnt wurde.[267] Hieraus kann geschlossen werden, dass der Richter das Potenzial des alternativen Mittels auf seine Erfolgsaussichten in der konkreten Zwangssituation untersucht hatte.

II. *Astley v Reynolds*

Ein alternatives Rechtsmittel wird dem Bedrohten kaum hilfreich sein, wenn er seine Güter dringend braucht und zunächst eine Beschlagnahmung dulden muss. Hierfür kann die *Astley v Reynolds*-Entscheidung[268] des *Court of Queen's Bench* angeführt werden.[269] Hier stand dem bedrohten Kläger das Rechtsmittel der *trover* zur Verfügung, so dass er nicht in die Forderung des Beklagten einwilligen musste.[270] Bei der *action of trover* handelt es sich um ein Rechtsmittel, welches auf die Herausgabe einer Sache gerichtet ist.[271] Sie kommt unter anderem

264 So beispielsweise *Williston*, der die Möglichkeit des rechtzeitigen Gebrauchs des alternativen Mittels betont, siehe *Williston*, Contract, section 1622.

265 *Pao On v Lau Yiu Long* [1980] AC 614, 635: „[...] *such as an adequate legal remedy*".

266 *Hennessy v Craigmyle & Co. Ltd.* [1986] ICR 461, 468.

267 *Hennessy v Craigmyle & Co. Ltd.* [1986] ICR 461, 470.

268 *Astley v Reynolds* (1731) 2 Str. 915, der Sachverhalt wurde oben auf S. 9 bereits dargestellt.

269 *Burrows*, The Law of Restitution, S. 272.

270 *Astley v Reynolds* (1731) 2 Str. 915, 916; *Burrows*, The Law of Restitution, S. 272.

271 *Greenberg/Millbrook*, Stroud's Judicial Dictionary, S. 2722.

dann zum Einsatz, wenn der Beklagte dem Kläger den Besitz einer Sache rechtswidrig entzogen hat.[272]

Trotzdem gab das Gericht dem Begehren des Klägers statt und hielt den Vertrag aufgrund von *duress of goods* für nichtig. Der Kläger obsiegte mit der bereicherungsrechtlichen *action for money paid and received*. Dass der Kläger von dem Rechtsmittel *trover* keinen Gebrauch machte, obwohl ihm dieses im Zeitpunkt des Rückgabeverlangens zur Verfügung stand, wurde gerichtlich nicht beanstandet.[273] Dies beruhte auf der Tatsache, dass das Mittel *trover* ihm nicht den Besitz seiner Sachen rechtzeitig verschafft hätte.[274] Eine *action for trover* muss gerichtlich geltend gemacht werden und ist somit zwangsläufig mit Wartezeit verbunden. Entsprechend seines unverzüglichen Bedarfs an Wiedereinräumung seines Besitzes blieb dem Kläger nichts anderes übrig, als die Forderungen der anderen Partei zunächst zu erfüllen.[275]

Hinsichtlich der allgemeinen *duress*-Lehre erscheint es somit konsequent und folgerichtig, wenn man die Effektivität des Mittels in die Untersuchung einbezieht. Ansonsten würden hier systematische Unterschiede zwischen der *economic duress* und der *duress of goods* auftreten.[276]

III. *Adam Opel v Mitras Automotive*

Ebenfalls wurde in der Entscheidung *Adam Opel v Mitras Automotive* die Effektivität der Alternative geprüft.[277] In dem Rechtsstreit hatte sich ein Zulieferer zur Lieferung von Stoßstangenhalterungen an einen Automobilhersteller verpflichtet. Als der Hersteller bekannt gab, in sechs Monaten keine weiteren Halterungen vom Zulieferer zu erwerben, verlangte der Zulieferer eine rückwirkende Erhöhung des Kaufpreises für die Halterungen. Dabei drohte er dem Hersteller damit, dass er bei fehlender Zustimmung die Lieferungen sofort einstellen werde. Für den Fall eines solchen Lieferungsstopps standen dem Hersteller

---

272 *Greenberg/Millbrook*, Stroud's Judicial Dictionary, S. 2722.

273 *Astley v Reynolds* (1731) 2 Str. 915, 916.

274 *Astley v Reynolds* (1731) 2 Str. 915, 916: „*We think also, that this is a payment by compulsion; the plaintiff might have such an immediate want of his goods, that an action of trover would not do his business: where the rule violenti non fit injuria is applied, it must be where the party had his freedom of exercising his will, which this man had not: we take it he paid the money relying on his legal remedy to get it back again*".

275 *Astley v Reynolds* (1731) 2 Str. 915, 916.

276 *Burrows*, The Law of Restitution, S. 272.

277 *Adam Opel GmbH, Renault S.A. v Mitras Automotive (UK) Limited* [2007] EWHC 3481 (QB).

Reserven für höchstens 48 Stunden zur Verfügung. Danach hätte die Produktion stillgestanden. Für den Hersteller hätte dies sowohl schwere wirtschaftliche Folgen ausgelöst, als auch ein logistisches Chaos bedeutet.[278] Entsprechend ließ er sich auf die Erhöhung ein und forderte später unter Berufung auf *economic duress* die Differenz zurück.

Der Zulieferer erhob vor Gericht den Einwand, dass der Hersteller alternative Mittel zur Verfügung standen, wie beispielsweise die Beantragung einer einstweiligen Verfügung.[279] Demnach fehle es an einer *economic duress*. Hiervon zeigte sich das Gericht allerdings nicht überzeugt. Master Mash führte aus, dass die Alternative der einstweiligen Verfügung zwar bestand, sie jedoch hinsichtlich des erzeugten Drucks seitens des Zulieferers nicht adäquat gewesen sei.[280] Dabei ging er auch auf die Gefahren ein, welche bei einer gerichtlichen Alternative für den bedrohten Hersteller bestanden hätten.[281]

In der Tat erscheint die einfache Existenz einer Alternative nicht allein entscheidend zu sein. Deshalb sollte sie aus der Perspektive des Opfers unter Berücksichtigung verschiedenster Faktoren auf ihre Wirkung hin untersucht werden. Es bietet sich daher die oben dargestellte zweiteilige Prüfung an, nach der zunächst die Existenz einer Alternative festzustellen ist und im Anschluss geprüft wird, ob sie dem Opfer geholfen hätte.

D. Sinn und Zweck des Erfordernisses

I. Übersicht

Obwohl bei allen Urteilen und Schriften zur *economic duress* von dem Fehlen einer vernünftigen Alternative die Rede ist, gibt es unterschiedliche Auffassungen über die Funktion dieser Regelung. Dabei stehen drei potentielle Funktionen im Mittelpunkt der Diskussion.[282]

---

278 *Adam Opel GmbH, Renault S.A. v Mitras Automotive (UK) Limited* [2007] EWHC 3481 (QB) Rn. 29.

279 *Adam Opel GmbH, Renault S.A. v Mitras Automotive (UK) Limited* [2007] EWHC 3481 (QB) Rn. 32.

280 *Adam Opel GmbH, Renault S.A. v Mitras Automotive (UK) Limited* [2007] EWHC 3481 (QB) Rn. 33: „*Given GMR's legitimate concern to ensure security of supply, I do not in these circumstances consider that the injunction route was an alternative adequate to nullify the pressure created by Mitras' threat*".

281 *Adam Opel GmbH, Renault S.A. v Mitras Automotive (UK) Limited* [2007] EWHC 3481 (QB) Rn. 33.

282 *Beatson*, Unjust Enrichment, S. 122.

Zunächst könnte die Frage nach der fehlenden Alternative einer Indizfunktion dienen.[283] Wenn sich ein Gericht mit der Frage auseinandersetzt, inwiefern eine Nötigung des Opfers stattfand, können fehlende alternative Handlungsmöglichkeiten ein Indikator für das Vorliegen einer Drucksituation sein.[284] Wenn eine Person keine Möglichkeiten hatte, um der vermeintlichen Situation auszuweichen, dann muss der Druck stark gewesen sein.[285] Dass einer Person alternative Handlungsmöglichkeiten gefehlt haben, kann anhand verschiedener Anzeichen festgestellt werden, wie beispielsweise durch die Suche nach unabhängigem Rat oder die Äußerung von Protest.[286]

Des Weiteren kann aber auch eine Voraussetzung für das Vorliegen von *economic duress* angenommen werden.[287] Viele Entscheidungen deuten darauf hin, dass gerichtlicher Schutz dann versagt wird, wenn der Bedrohte sich anderweitig hätte helfen können.[288] Somit wäre es eine entscheidende Voraussetzung, ohne die ein Fall von *economic duress* nicht zustande käme.[289]

Zuletzt kommt auch eine Messfunktion in Betracht.[290] Anhand der Alternativen, welche die bedrohte Person hatte bzw. nutzte, lässt sich die Vernunft ihrer Handlungen messen. Die fehlende Alternative bietet somit einen Gradmesser bei der Beurteilung der Reaktion des Opfers.[291]

II. Indizfunktion

Die erste Funktion des Prüfungspunkts einer fehlenden Alternative betrifft die Beweisführung im Prozess. In einem Verfahren kann die fehlende Nutzung einer anderweitigen Handlungsmöglichkeit eine gewisse Indizwirkung hinsichtlich

---

283 *Beatson*, Unjust Enrichment, S. 122.
284 *Beatson*, Unjust Enrichment, S. 122.
285 *Beatson*, Unjust Enrichment, S. 122.
286 *Beatson*, Unjust Enrichment, S. 122.
287 *Beatson*, Unjust Enrichment, S. 122–124; *Chen-Wishart*, Contract Law, S. 320; *Beale*, Duress and Undue Influence, in: *Beale*, Chitty on Contracts, S. 685; *Mitchell/Mitchell/Watterson*, Goff & Jones: The Law of Unjust Enrichment, S. 322.
288 *Beatson*, Unjust Enrichment, S. 122–124; *Chen-Wishart*, Contract Law, S. 320; *Beale*, Duress and Undue Influence, in: *Beale*, Chitty on Contracts, S. 685; *Mitchell/Mitchell/Watterson*, Goff & Jones: The Law of Unjust Enrichment, S. 322.
289 *Beatson*, Unjust Enrichment, S. 122–124; *Chen-Wishart*, Contract Law, S. 320; *Beale*, Duress and Undue Influence, in: *Beale*, Chitty on Contracts, S. 685; *Mitchell/Mitchell/Watterson*, Goff & Jones: The Law of Unjust Enrichment, S. 322.
290 *Beatson*, Unjust Enrichment, S. 122.
291 *Beatson*, Unjust Enrichment, S. 122.

des Drucks entfalten (*evidential*). Auf diese Weise kann sich das Gericht einen Eindruck von der Nötigung verschaffen und feststellen, ob das Opfer tatsächlich vom Zwang überwältigt wurde.[292] Die Funktion beruht auf folgendem Gedankengang: Wenn ein Opfer von Drohung ein alternatives Mittel nicht nutzte, obwohl es ein solches zur Verfügung hatte, so spricht dies dafür, dass es keinem starken und im Ergebnis überwältigenden Druck ausgesetzt war.[293] Somit liefert die fehlende Alternative Hinweise auf das Vorliegen von Kausalität.[294]

1. *Pao On v Lau Yiu Long*

Insbesondere Lord Scarman vertrat in der Entscheidung *Pao On* die Position, dass der fehlenden Alternative eine Indizfunktion zukomme. In dem Zusammenhang stellte er vier Punkte auf, die häufig auch als *Pao On*-Test oder -Richtlinien bezeichnet werden.[295] Aus den Richtlinien von Lord Scarman lässt sich entnehmen, dass er die alternative Handlungsmöglichkeit bzw. deren Fehlen als Indiz für das Vorliegen von *duress* ansah. Das Erfordernis erfährt eine normative Prägung, da Lord Scarman als Beispiel für eine Handlungsalternative ein adäquates rechtliches Mittel forderte.[296]

2. Adäquanz des Rechtsmittels

Die Forderung nach einem adäquaten rechtlichen Mittel ist nicht unproblematisch. Der geschilderte *Pao On*-Test betrifft schließlich in erster Linie die Frage, ob eine Überwältigung des Willens vorlag (*coercion of will*). Im Rahmen dieser Prüfung taucht dann die Frage auf, ob dem Genötigten eine zumutbare Alternative zur Verfügung stand.[297]

Die Beurteilung dieser Frage ist im Gegensatz zu den anderen Kriterien des *Pao On*-Tests – Protest der genötigten Partei, Einholung von unabhängigem Rat

---

292 Siehe die Aussage von Lord Scarman, der ebenfalls die Indizwirkung der alternativen Möglichkeit annahm, in *Pao On v Lau Yiu Long* [1980] AC 614, 636: „*American judges pay great attention to such evidential matters as the effectiveness of the alternative remedy available, the fact or absence of protest, the availability of independent advice, the benefit received, and the speed with which the victim has sought to avoid the contract*"; siehe auch *Beatson*, Unjust Enrichment, S. 123; *Peel*, Treitel on the Law of Contract, S. 445 f.

293 *Burrows*, The Law of Restitution, S. 271.

294 *Schindler*, Rechtsgeschäftliche Entscheidungsfreiheit und Drohung, S. 102 f.

295 *Phang*, MLR 1990, 107, 110.

296 *Pao On v Lau Yiu Long* [1980] AC 614, 635.

297 *Beatson*, Unjust Enrichment, S. 123.

und das Ergreifen von Maßnahmen um den Vertrag zu beseitigen – schwierig, da ein Gericht diese Kriterien anhand der Tatsachen eines Rechtsstreits leicht überprüfen kann. Die Beurteilung, ob ein Rechtsmittel adäquat war, ist dagegen wesentlich diffiziler.[298]

Eine solche Prüfung erfolgt zwar auf einer objektiven Grundlage, allerdings werden die subjektiven Komponenten der jeweiligen Situation möglicherweise ausgeblendet. Um die Tauglichkeit eines alternativen rechtlichen Mittels zu bestimmen, sollte auch die wirtschaftliche, rechtliche und psychische Situation des Opfers Beachtung finden. Für einen Richter mag die Einschätzung der Situation des Genötigten beispielsweise weniger aussichtslos erscheinen, als sie es für den Betroffenen tatsächlich war. Gerade bei harten wirtschaftlichen Verhandlungen, in denen Marktstellung, Reputation und vor allem Arbeitsplätze auf dem Spiel stehen, kann die subjektiv empfundene Aussichtslosigkeit eines Individuums für einen externen Beobachter schwer nachvollziehbar sein. Dies ist insbesondere dann der Fall, wenn dem zuständigen Richter der harte Umgang der freien Wirtschaft unvertraut ist.[299]

3. Widerlegbare Vermutung

Zugleich gilt es zu beachten, dass die Frage der Alternative nur ein Indiz ist. Sollte jemand keinen Gebrauch von alternativen Möglichkeiten gemacht haben, obwohl diese der Person im Zeitpunkt der Drohung zur Verfügung standen, so führt dies nicht zwangsläufig dazu, dass ein Fall von *economic duress* abgelehnt wird. In solch einem Fall muss der Bedrohte allerdings überzeugend darlegen, dass er aufgrund des Drucks zum Vertragsschluss bzw. zur Vertragsmodifizierung gezwungen war.[300]

Das Vorliegen einer Alternative kommt somit einer Vermutung gleich, die gegen das Vorliegen von *economic duress* spricht. Entsprechend müsste diese Vermutung dann widerlegt werden. Wenn hingegen keine Alternative existiert, gilt

---

298 *Beatson*, Unjust Enrichment, S. 123.

299 Hierzu Kirby P in der australischen Entscheidung *Equiticorp Finance Ltd v Bank of New Zealand* (1993) 32 NSWLR 50, 107: „*The doctrine* [economic duress] *renders the law uncertain and in an area where certainty is highly desirable.* [...] *It invites judges (and lawyers advising clients) to substitute their opinions and decisions for those of commercial people who, almost always, will have a better grasp of detail of their relationships and a better appreciation of the economic forces which are at work*".

300 *Beatson*, Unjust Enrichment, S. 122.

die Vermutung zugunsten des Genötigten für einen Fall von *economic duress*.[301] Ob die Vermutung widerlegbar ist, ist umstritten. Häufig wird angeführt, dass es eine reine Vermutung ist und diese in ihrer Wirkung nicht abschließend ist. Dies betrifft vor allem Autoren, die auch eine Indizwirkung ablehnen und von einer echten Tatbestandsvoraussetzung ausgehen.[302] *Tan* nimmt hingegen an, dass die Vermutung jederzeit widerlegt werden könne.[303]

III. Voraussetzung

Zum Teil wird auch vertreten, dass es sich bei alternativen Handlungsmöglichkeiten um eine dritte Voraussetzung der *economic duress* handelt, die neben den Merkmalen Kausalität und Rechtswidrigkeit vorliegen muss.[304] Nicht selten wird behauptet, dass es sich bei der Frage einer alternativen Handlungsmöglichkeit lediglich um eine andere Formulierung des Kausalitätserfordernisses handelt.[305] Dies wirft folglich die Frage auf, ob es sich überhaupt um eine eigenständige Voraussetzung handelt (*prerequisite*).[306]

1. Huyton v Cremer

Im Rahmen der *Huyton*-Entscheidung äußerte Mance J. zunächst klare Bedenken, ob es sich bei der Frage der Alternative um eine starre, dritte Prüfungskomponente

301 *Schindler*, Rechtsgeschäftliche Entscheidungsfreiheit und Drohung, S. 102 f.; siehe auch *Tan*, der die Frage der Kausalität dadurch klären will, ob der Genötigte eine vernünftige Alternative hatte. Seinen Ausführungen kann entnommen warden, dass das Erfordernis eine Indizwirkung entfaltet: „*One might object on the ground that lack of reasonable alternatives does not necessarily lead to the inference that the "choice" to contract was a result of the pressure*", *Tan*, Const.L. J. 2002, 87, 94.

302 *Beatson/Burrows/Cartwright*, Anson's Law of Contract, S. 354 f.; *Phang*, R.L.R. 1997, 53, 59; *Virgo*, Restitution, S. 210.

303 *Tan*, Const.L. J. 2002, 87, 94.

304 *Chen-Wishart*, Contract Law, S. 314; *Mitchell/Mitchell/Watterson*, Goff & Jones: The Law of Unjust Enrichment, S. 316.

305 *Beale, Duress and Undue Influence, in: Beale, Chitty on Contracts,* S. 686; *Tan* geht ebenfalls davon aus, dass die Frage der alternativen Möglichkeit der Kausalitätsfrage dient: „*Here, it is argued, the inquiry can sensibly be condensed into the question of whether there were any reasonable alternatives open to the party claiming economic duress but to submit to the pressure. The causative test of reasonable alternatives is clear and practical yet flexible enough to deal with the fact-dependent nature of the economic duress inquiry*", *Tan*, Const.L. J. 2002, 87, 95; *Wertheimer*, Coercion, S. 31 ff., 36.

306 *Virgo*, Restitution, S. 209.

der *economic duress* handele.[307] Zugleich merkte er aber auch an, dass es unangemessen wäre, wenn eine bedrohte Partei ein alternatives Rechtsmittel nicht nutze und sich anschließend wegen wirtschaftlichen Drucks vom Vertrag lösen wolle.[308] Dies sei insbesondere dann der Fall, wenn eine andere, vernünftige Person in der Situation von einem entsprechenden Mittel Gebrauch gemacht hätte.[309] Dasselbe gelte für die Fälle, in denen der Genötigte keine Bedenken geäußert habe.[310] Aus einem solchen Verhalten könne der Schluss gezogen werden, dass sich der Betroffene mit den neuen Bedingungen abgefunden habe, unabhängig davon, wie ungünstig sie für ihn waren.[311]

2. *Hennessy v Craigmyle & Co. Ltd.*

Für die Interpretation als Voraussetzung spricht auch die *Court of Appeal*-Entscheidung *Hennessy v Craigmyle & Co. Ltd* aus dem Jahr 1986.[312] In dieser hatte der Kläger zwar ein alternatives rechtliches Mittel zur Verfügung, allerdings machte er von diesem keinen Gebrauch.[313]

Gegenstand der Entscheidung war die Kündigung eines Arbeitsverhältnisses. Die Geschäftsführung ging davon aus, dass gute Gründe für eine fristlose Kündigung bestanden, tatsächlich war dies aber nicht der Fall. Sie drohte dem Angestellten mit einer fristlosen Kündigung, wenn er nicht einvernehmlich den Vertrag aufhebe. Für den Angestellten war dies ein Dilemma. Die einvernehmliche Vertragsaufhebung sah eine einmalige Zahlung von 3.810 GBP vor. Zudem durfte er für einige Monate weiterhin seinen Firmenwagen nutzen und die Kosten seiner privaten Zahnschutzversicherung wurden übernommen werden.

---

307 *Huyton SA v Peter Cremer GmbH & Co.* [1999] 1 Lloyd's Rep. 620, 638: „*It is not necessary to go so far as to say that it is an inflexible third essential ingredient of economic duress that there should be no or no practical alternative course open to the innocent party*".

308 *Huyton SA v Peter Cremer GmbH & Co.* [1999] 1 Lloyd's Rep. 620, 638.

309 *Huyton SA v Peter Cremer GmbH & Co.* [1999] 1 Lloyd's Rep. 620, 638.

310 *Huyton SA v Peter Cremer GmbH & Co.* [1999] 1 Lloyd's Rep. 620, 638.

311 *Huyton SA v Peter Cremer GmbH & Co.* [1999] 1 Lloyd's Rep. 620, 638: „*But it seems* [...] *self-evident that relief may not be appropriate, if an innocent party decides* [...] *not to pursue an alternative remedy which any and possibly some other reasonable persons in his circumstances would have pursued*".

312 *Hennessy v Craigmyle & Co. Ltd.* [1986] ICR 461.

313 *Beatson*, Unjust Enrichment, S. 124; *Hennessy v Craigmyle & Co. Ltd.* [1986] ICR 461.

Hingegen sollte er im Falle einer fristlosen Kündigung keine Entschädigung, Firmenwagen oder Kostenübernahme der Zahnschutzversicherung erhalten.[314]

Entsprechend erscheint es wenig überraschend, dass der Angestellte sich einvernehmlich vom Unternehmen trennte. Ausschlaggebend für seine Entscheidung war insbesondere die Tatsache, dass laut seines Anwalts ein Klageverfahren gegen eine fristlose Kündigung mindestens drei Monate gedauert hätte. Zudem ging der Kläger irrtümlicherweise davon aus, dass ihm für die Zeit keine Sozialleistungen zustanden. Dementsprechend erschien ihm die Gesamtlage sehr bedrohlich. Später wandte er sich dennoch an ein Arbeitsgericht und begehrte die Feststellung, dass der Aufhebungsvertrag aufgrund von *economic duress* nichtig war.[315]

Das Gericht gab dem Begehren des Klägers nicht statt; es hielt die einvernehmliche Kündigung für wirksam. Als Grund für die Ablehnung von *economic duress* in dem konkreten Fall nannte Richter Donaldson M.R. die existierende Alternative des Klägers.[316] Zwar gab das Gericht dem Betroffenen Recht, dass seine Alternative nicht sehr attraktiv war, trotzdem stellte er zugleich fest, dass sie trotzdem eine echte Alternative war.[317]

IV. Messfunktion hinsichtlich der Vernunft des Bedrohten

Zuletzt kann das Erfordernis als ein Indikator dafür gelten, inwiefern die bedrohte Person sich vernünftig verhielt. Ob eine Person einen alternativen Weg einschlug oder nicht, kann Hinweise darauf geben, inwiefern sie besonnen auf den ausgeübten Druck reagierte (*reasonability of the victim's response*).[318] Durch die Frage der Vernunft des Genötigten kommt ein objektives Element zum Vorschein.[319] Wenn das Gericht der Auffassung ist, dass die bedrohte Person sich

314 *Hennessy v Craigmyle & Co. Ltd.* [1986] ICR 461, 464.

315 In dem Rechtsstreit wurde auch die Verletzung des Employment Protection (Consolidation) Act 1978 (c.44) geltend gemacht. Hinsichtlich des Themas der Arbeit steht allerdings nur die Berufung auf Zwang im Vordergrund.

316 *Hennessy v Craigmyle & Co. Ltd.* [1986] ICR 461, 468.

317 *Hennessy v Craigmyle & Co. Ltd.* [1986] ICR 461, 468: „*As is the norm when that phrase is used, in fact there was a very clear alternative, namely, to complain to an industrial tribunal and to draw social security meanwhile. It may have been a highly unattractive alternative, but nevertheless it was a real alternative. Economic duress can only provide a basis for avoiding a contract if there was no real alternative*".

318 *Beatson*, Unjust Enrichment, S. 122 ff.

319 *Beatson*, Unjust Enrichment, S. 122; *Mitchell/Mitchell/Watterson*, Goff & Jones: The Law of Unjust Enrichment, S. 320; *Virgo*, Restitution, S. 211.

unvernünftig verhielt, dürfte eine Berufung auf *economic duress* nicht in Betracht kommen.[320] Damit wäre die Vereinbarung weiterhin wirksam.

1. Der *reasonable test*

Die Messfunktion geht auf das englische Recht aus dem 13. Jahrhundert zurück.[321] Der früheren Literatur zufolge konnte eine Partei sich nur dann vom Vertrag lösen, wenn sie einem Druck unterlag, dem eine Person mit durchschnittlichem Mut auch unterlegen wäre (sog. *reasonable test*).[322] Diese Rechtsfigur, die einen durchschnittlichen Mut oder eine übliche Standhaftigkeit vom Empfänger des Zwangs erfordert, entstammte einer Glosse von *Azo* und wurde durch *Bracton* in das englische Recht überliefert.[323] Demnach durfte der Bedrohte kein schüchterner Mann sein; er musste sich durch Entschlossenheit auszeichnen.[324] Im Verlaufe des 19. Jahrhunderts fand die Rechtsfigur Eingang in die modernen englischen Schriften.[325]

Ein objektiver Test birgt aber zugleich Gefahren. Für den externen Betrachter mag es oft zweifelhaft sein, ob sich die bedrängte Person tatsächlich vernünftig

---

320 *Beatson*, Unjust Enrichment, S. 122 ff.

321 *Bracton*, De Legibus et Consuetudinibus Angliae, S. 296; vgl. auch *Beatson*, Unjust Enrichment, S. 122 Fn. 152.

322 *Bracton*, De Legibus et Consuetudinibus Angliae, S. 296; *Blackstone*, Laws of England, Vol. I, S. 130; *Beatson*, Unjust Enrichment, S. 122 Fn. 152; *Mitchell/Mitchell/Watterson*, Goff & Jones: The Law of Unjust Enrichment, S. 320.

323 *Dawson*, Mich. L. Rev. 1947, 253, 255.

324 *Bracton*, De Legibus et Consuetudinibus Angliae, S. 296: „*ACTIO quod metus causa datur ei qui probabili metu coactus rem suam tradidit, vendidit, vel promisit, versus eum qui metum intulit. Et dicitur metus probabilis qui in virum constantem cadere posset et non in hominem meticulosum. Actio de dolo competit ei contra quem dolus-committitur*". Eine Übersetzung ins englische kann der Harvard Law School Library entnommen werden: „*The action quod metus cousa lies for one who has transferred, sold or promised his property when under reasonable apprehension of harm, and lies against him who induced such apprehension. It is called reasonable apprehension because it must be such as might occur in a resolute, not in a timid man*", http://bracton.law.harvard.edu/Framed/mframe.htm, abgerufen am 5. Juli 2012 um 11:13 Uhr.

325 *Dawson*, Mich. L. Rev. 1947, 253, 255. Nach *Dawson* wurde Blackstone auf die ältere, vorherrschende Ansicht aufmerksam und bezog sich daher direkt auf *Bracton*: „*And this fear must be upon sufficient reasón; „non" as Bracton expresses it, „suspicio cujuslibet vani et meticulosi hominis, sed talis qui possit cadere in virum constantem; talis enim debet esse metus, qui in se contineat vitae periculum, aut corporis cruciatum*", in *Blackstone*, Laws of England, Vol. I, S. 130.

verhalten hat. Dies resultiert daraus, dass ein Beobachter nicht in derselben Zwangslage war. Daher wird vertreten, dass die Anforderungen an die Vernunft des Opfers nicht zu hoch gesetzt werden sollen.[326]

2. *Banco de Portugal v Waterlow & Sons*

Exemplarisch für die Frage der Vernunft des Bedrohten ist das Urteil *Banco de Portugal v Waterlow & Sons*[327], welches eine Konsequenz der portugiesischen Banknotenkrise von 1925 ist. Die beklagte Druckerei wurde von der portugiesischen Nationalbank mit dem Druck von 600.000 Geldscheinen im Wert von jeweils 500 Escudo beauftragt. Obwohl es vertraglich verboten war, belieferte die Druckerei eine Privatperson mit 580.000 Exemplaren der gleichen Geldscheine. Die Privatperson entpuppte sich als Kopf einer kriminellen Bande, welche das Falschgeld in Portugal zirkulieren ließ. Als Konsequenz musste die portugiesische Nationalbank alle Noten aus dem Geldverkehr ziehen. Dies führte zu großen Schäden: einerseits erhielten andere Banken, die die Noten angenommen hatten, den vollständigen Wert ersetzt und andererseits mussten neue Noten gedruckt werden.

Die Bank verlangte von der Druckerei den Ersatz des kompletten Schadens, der durch die Zirkulation entstanden war. Hiergegen wendete die Druckerei ein, dass die Bank den Schaden hätte begrenzen können, wenn sie anders gehandelt hätte. In der Tat hatte die Bank nicht sofort eine öffentliche Erklärung an alle Banken gegeben, dass sie die entsprechenden Scheine nicht annehmen sollten, da sie Sorge hinsichtlich ihres Rufes hatte. Stattdessen wurde erst nach einiger Zeit ein Rückruf veranlasst. Dabei nahm die Bank alle Geldscheine, sowohl echte als auch gefälschte, wieder zurück. Auch dies kritisierte die Druckerei. Sie machten geltend, dass die Bank ein Verfahren zur Unterscheidung von echten und unechten Noten hätte erstellen müssen. Somit hätte man nur die Scheine aus dem Geldverkehr gezogen, die auf widerrechtliche Art und Weise in diesen hineingelangt waren. Dies hätte letztendlich zu einem geringeren Schaden für die Druckerei geführt.

Tatsächlich hätte solch ein Verfahren zur Verfügung gestanden, jedoch hätte es einen zu großen Aufwand verursacht. In seinen Entscheidungsgründen kam Lord MacMillan zu der Ansicht, dass der Bank ein entsprechender Aufwand nicht hätte zugemutet werden können. Demnach sei es immer einfach, nach Beendigung der Notsituation alternative und weniger eingreifende Handlungsmöglichkeiten aufzuzeigen. Dem Schadensersatzanspruch der Bank stand der Einwand der

---

326 *Beatson*, Unjust Enrichment, S. 122 f.

327 *Banco de Portugal v Waterlow* [1932] AC 452.

Druckerei daher nicht entgegen.[328] Im Ergebnis musste die Druckerei Waterlow & Sons voll umfänglich für den Schaden der Bank aufkommen. Dies hatte zur Folge, dass sie Konkurs anmelden musste und die portugiesische Nationalbank einen heftigen Ansehensverlust erlitt. Bis heute ist die Affäre der größte Fall von Geldfälschung, in den eine staatliche Bank jemals verwickelt war.[329]

Aus dem Urteil sind wertvolle Lehren für die vorliegende Untersuchung zu ziehen. Bei der Frage, ob ein Opfer von Drohung vernünftig handelte, sollte das Gericht bei der Beurteilung insbesondere die Art des Zwangs berücksichtigen. Auch müssen dabei die Risiken eines Prozesses einfließen, wie unter anderem die Dauer, Kosten oder die Ungewissheit des Ausgangs.[330] Zudem sollte in zweifelhaften Fällen zugunsten des Bedrohten entschieden werden.[331]

3. Die *distress*-Doktrin

Gegen die Annahme, dass die Vernunft des Opfers Berücksichtigung finden soll, gibt es auch Kritik, die sich auf die sog. *distress*-Doktrin stützt.[332] Im englischen Recht ist es in bestimmten Konstellationen üblich, dass ein Individuum keinen Schutz erhält, wenn es ein Rechtsmittel hätte nutzen können.[333] Unter anderem ist dies bei der *distress* der Fall.[334] Bei der *law of distress* handelt es sich um ein altes Sicherungsmittel,[335] welches von Vermietern dazu genutzt wurde, fehlende

328 *Banco de Portugal v Waterlow* [1932] AC 452, 506: „*Where the sufferer from a breach of contract finds himself in consequence of that breach placed in a position of embarrassment the measures which he may be driven to adopt in order to extricate himself ought not to be weighed in nice scales at the instance of the party whose breach of contract has occasioned the difficulty. It is often easy after an emergency has passed to criticize the steps which have been taken to meet it, but such criticism does not come well from those who have themselves created the emergency. The Law is satisfied if the party placed in a difficult situation by reason of the breach of a duty owed to him has acted reasonably in the adoption of remedial measures, and he will not be held disentitled to recover the cost of such measures merely because the party in breach can suggest that other measures less burdensome to him might have been taken*".

329 *Wigan*, The Effects of the 1925 Portuguese Bank Note Crisis, S. 4.

330 *Beatson*, Unjust Enrichment, S. 123; *Burrows*, The Law of Restitution, S. 272.

331 *Beatson*, Unjust Enrichment, S. 123.

332 *Mitchell/Mitchell/Watterson*, Goff & Jones: The Law of Unjust Enrichment, S. 321.

333 *Mitchell/Mitchell/Watterson*, Goff & Jones: The Law of Unjust Enrichment, S. 321.

334 *Mitchell/Mitchell/Watterson*, Goff & Jones: The Law of Unjust Enrichment, S. 321.

335 Die distress wird im Schrifttum häufig als ein *ancient remedy* bezeichnet, vgl. *MacKenzie/Phillips*, Land Law, S. 225 f. sowie *Megarry/Wade/Harper*, Law of Real Property, S. 891; *Goo* bezeichnet sie auch als *archaic*, siehe *Goo*, Land Law, S. 468.

Mieteinnahmen zu erlangen.[336] Hierzu wurden Gegenstände des Mieters zur Eintreibung von ausstehenden Schulden beschlagnahmt.[337] Der Akt der Wegnahme und auch das Hilfsmittel im Allgemeinen werden als *distress* beschrieben.[338]

Zu der *law of distress* finden sich in älteren Entscheidungen Aussagen, nach denen ein Kläger keinen bereicherungsrechtlichen Anspruch auf Rückzahlung von Geld hat, wenn er im Zeitpunkt der Zahlung an den Beklagten diese durch eine Einwendung hätte vermeiden können.[339] Der Grund solcher Ablehnungen von Rückforderungen bei *distress*-Fällen liegt darin, dass der Beklagte bei einem Prozess nicht durch einen Bereicherungsanspruch des Klägers (*action for money paid and received*) überrascht werden sollte.[340] Er würde vor der mündlichen Verhandlung nicht wissen, welches Rechtsmittel der Kläger für sich in Anspruch nimmt, womit seine Verteidigungsmöglichkeiten stark eingeschränkt wären.[341]

Die Übertragung dieser Regel aus der *distress*-Lehre auf *duress* vermag jedoch nicht zu überzeugen. Zunächst existiert die Gefahr, dass der Kläger in seiner Verteidigung beschränkt ist, auch bei anderen Klagemitteln, insofern besteht für die Übertragung der Regel keine Notwendigkeit.[342] Im Übrigen wird der Gefahr auch dadurch Rechnung getragen, dass der Beklagte Auskunft über die

---

336 *Goo*, Land Law, S. 467; *MacKenzie/Phillips*, Land Law, S. 225; *Megarry/Wade/Harper*, Law of Real Property, S. 891.

337 *Goo*, Land Law, S. 467; *MacKenzie/Phillips*, Land Law, S. 225; *Megarry/Wade/Harper*, Law of Real Property, S. 891.

338 *Goo*, Land Law, S. 467; *MacKenzie/Phillips*, Land Law, S. 225; *Megarry/Wade/Harper*, Law of Real Property, S. 891.

339 Siehe *Mitchell/Mitchell/Watterson*, Goff & Jones: The Law of Unjust Enrichment, S. 321. Hiernach sind die Entscheidungen *Lindon v Hooper* (1776) 1 Cowp. 414, 418 und *Anscomb v Shore* (1808) 1 Camp. 285 exemplarisch. In der Entscheidung *Lindon v Hooper* (1776) 1 Cowp. 414 wurden die Rinder des Klägers unrechtmäßig eingesperrt. Um die Freigabe des Viehs zu erlangen, zahlte der Kläger ein Entgelt an den Beklagten, obwohl ihm dieses nicht zustand. Später verlangte er den Betrag zurück und stützte seinen Anspruch auf das Bereicherungsrecht. Richter Mansfield lehnte das Begehren des Klägers mit der Begründung ab, dass der Eigentümer im Zeitpunkt der noch andauernden Wegnahme, sein Eigentum mittels Klage (*replevin* oder *tresspass*) zurückverlangen konnte. Diese wären die richtigen Klagemittel gewesen. Ein späterer Anspruch aus Bereicherung (*action for money paid and received*) sei dagegen fehlplaziert. Folglich wurde das Begehren des Klägers abgelehnt.

340 *Mitchell/Mitchell/Watterson*, Goff & Jones: The Law of Unjust Enrichment, S. 321.

341 *Mitchell/Mitchell/Watterson*, Goff & Jones: The Law of Unjust Enrichment, S. 321; *Lindon v Hooper* (1776) 1 Cowp. 414, 418.

342 *Mitchell/Mitchell/Watterson*, Goff & Jones: The Law of Unjust Enrichment, S. 321.

Einzelheiten der Klage beantragen kann.[343] Hier bietet die englische Zivilprozessordnung Abhilfe (*CPR - Civil Procedure Rules*).[344] Gem. *rule* 7.4 CPR muss der Kläger bei bzw. nach Einreichung einer Klage auch die Klagebegründung (*particulars of claim*) beifügen.[345] Die *particlars of claim* müssen die anspruchsbegründenden Tatsachen enthalten, sowie weitere Angaben, wie zum Beispiel die geforderten Zinsen.[346] Aufgrund dieses Erfordernisses besteht kein Bedürfnis Bereicherungsansprüche zu sperren. Der Beklagte kann nicht mehr bei der Gerichtsverhandlung überrascht werden, da er durch die *particulars* vorgewarnt ist. Bei einer Klage, die sich auf *duress* stützt, müsste der Kläger folglich zuvor den Beklagten über die Tatsachengrundlage des Einwands informieren. Damit wäre eine Waffengleichheit hergestellt. Dies spricht entscheidend gegen eine Anwendung der veralteten Regel aus der *distress*-Lehre.

E. Schwere der Drohung

Es dürfte einleuchtend sein, dass nicht jede Drohung zur Vertragsauflösung führen darf. Entsprechend muss auch das Gewicht der Drohung Beachtung finden (*gravity of threat*), es darf sich nicht um eine Drohung von *leichtfertiger* Natur handeln.[347]

Das Kriterium der Schwere der Drohung dient der Rechtssicherheit. Nicht selten stellt eine Partei nach dem Vertragsschluss fest, dass sie den Vertrag nicht hätte abschließen sollen. Ausschlaggebend können beispielsweise negative finanzielle Entwicklungen sein. Wenn jedoch jedes in Aussicht gestellte Übel, unabhängig davon wie gering es ist, zur Berufung auf *economic duress* führen könnte, wäre die Rechtssicherheit stark gefährdet.

---

343 *Mitchell/Mitchell/Watterson*, Goff & Jones: The Law of Unjust Enrichment, S. 321.

344 Im Gegensatz zum materiellen Recht gibt es in England ein kodifiziertes Verfahrensrecht. Der CPR trat 1999 in Kraft und regelt einheitlich das Prozessrecht in Zivilsachen für England und Wales. Zuvor gab es zwei verschiedene Regelwerke. Zum einen die RSC (*Rules of the Supreme Court*) und zum anderen die CCR (*County Courts' Rules*), siehe *Andrews*, English Civil Procedure, S. 4.

345 *Plant*, Blackstone's Guide to the Civil Procedure Rules, S. 65; *Andrews*, English Civil Procedure, S. 251.

346 Rule 16.4 CPR.

347 *Beale, Duress and Undue Influence, in: Beale, Chitty on Contracts,* S. 686.

I. *Pao On v Lau Yiu Long*

Ein entsprechende Berücksichtigung der Schwere der Drohung lässt sich aus der *Pao On*-Entscheidung herleiten.[348] Aus dem Wortlaut der 4 Prüfungspunkte des *Pao On*-Tests lässt sich zwar explizit nichts zur Schwere der Drohung entnehmen,[349] allerdings impliziert der Test von Lord Scarman, dass die Drohung ein bedrohliches Maß erreicht haben muss.[350] Schließlich würde eine Partei sich nicht beschweren, wenn der ausgeübte Zwang kaum spürbar war. Im Fall von *leichtfertigen* Drohungen, die den Empfänger kaum berühren, wird dieser auch nicht nach alternativen Handlungsmöglichkeiten suchen.

II. *Scott v Sebright*

Problematisch gestaltet sich die Beurteilung der Schwere der Drohung. Eine pauschale Einschätzung erscheint kaum möglich. Ganz im Gegenteil, bei jeder Überprüfung wird Einfühlungsvermögen sowie Verständnis für alle Umstände der Situation erforderlich sein. Dabei müssen Faktoren beachtet werden, wie z.B. der physische oder mentale Zustand des bedrohten Opfers.[351] Auch intellektuelle Schwächen oder sogar Furcht können hierbei eine Rolle spielen.[352] Ebenfalls sollte bei der Schwere der Drohung beachtet werden, ob die Gedanken, Hoffnungen oder Ängste des Opfers vernünftig waren oder nicht.[353]

Hilfreich für die Entwicklung von Kriterien zur Beurteilung der Schwere der Drohung ist die Entscheidung *Scott v Sebright*.[354] In dieser wurde die Klägerin, eine junge Frau namens Lena Mary Scott, durch Drohung und Täuschung zur Eheschließung mit dem Beklagten Arthur Edward Sebright gezwungen. Der Beklagte hatte sie zuvor durch eine Täuschung dazu gebracht, seine Schulden zu übernehmen. Als die Gläubiger sie in Regress nehmen wollten, geriet sie in große

---

348 *Pao On v Lau Yiu Long* [1980] AC 614; *Beale, Duress and Undue Influence, in: Beale, Chitty on Contracts,* S. 686.

349 Die vier Indikatoren des *Pao On*-Tests sehen vor, dass die Person, die unter Zwang stand, 1) protestierte bzw. nicht protestierte, 2) eine alternative Handlungsmöglichkeit hatte bzw. nicht hatte, wie beispielsweise ein adäquates rechtliches Mittel, 3) unabhängigen Rat hatte oder 4) nach Abschluss des Vertrags Schritte unternahm, um den Vertrag zu vermeiden, siehe *Pao On v Lau Yiu Long* [1980] AC 614, 635.

350 *Beale, Duress and Undue Influence, in: Beale, Chitty on Contracts,* S. 686.

351 *Beale, Duress and Undue Influence, in: Beale, Chitty on Contracts,* S. 686.

352 Vgl. *Beale, Duress and Undue Influence, in: Beale, Chitty on Contracts,* S. 686 mit Verweis auf *Scott v Sebright* (1866) 12 P.D. 21.

353 *Beale, Duress and Undue Influence, in: Beale, Chitty on Contracts,* S. 686.

354 *Scott v Sebright* (1866) 12 P.D. 21.

Verzweiflung, was der Beklagte ausnutzte, um sie zur Eheschließung zu zwingen. Nach dem Eingehen der Ehe versprach er ihr, die Schulden zu begleichen und sie somit aus ihrer prekären Lage zu retten. Anschließend begehrte sie die Annullierung der Ehe, welche ihr auf Grundlage der Drohung gewährt wurde.

Interessant ist im Rahmen der Entscheidung, dass der Richter Butt die Schwierigkeiten nicht in der rechtlichen Würdigung sah, sondern bei den faktischen Umständen. Für ihn war es eindeutig, dass die Eheschließung ein Vertrag ist, der aus freien Stücken geschlossen wird. Im Mittelpunkt der Urteilsfindung stand daher die Frage, ob die Klägerin im Zeitpunkt der Eheschließung freiwillig gehandelt hatte. Butt bezog sich kurz auf den *ordinary courage test*, den er jedoch für wenig hilfreich erachtete und verwarf.[355] Für Butt J. war es von zentraler Bedeutung, ob die bedrohte Person aufgrund ihrer intellektuellen Schwäche oder Furcht überhaupt in der Lage war, dem Druck zu widerstehen. Wenn dies nicht der Fall war, so wäre der Vertrag als nichtig zu erachten.[356]

Bemerkenswert an der Entwicklung ist insbesondere, dass Butt sich von dem objektiven Maßstab des *ordinary courage tests* distanziert und eine subjektivierte Sicht verwendet. Indem der psychische und physische Zustand des Opfers Beachtung findet, wird auf die spezifische Lage des Opfers Wert gelegt. Im vorliegenden Fall spielten nach Ansicht des Richters beispielsweise das Alter und die Erfahrenheit der Klägerin eine Rolle. Erstmals in ihrem Leben sah sie sich durch die Übernahme der Schulden verschiedener Klagen und einer möglichen Privatinsolvenz ausgesetzt.[357] Ein gesetzter Rechtsanwalt oder Geschäftsmann mag solche Situationen gelassener aufnehmen. Für eine junge Frau, die zum ersten Mal im Leben am Geschäftsverkehr teilnimmt, können solche Umstände Panik auslösen. Vor allem der psychische und physische Zustand des Opfers dienten dem Gericht als Beweis dafür, dass die Klägerin durch die Umstände stark mitgenommen wurde.[358]

---

355 *Scott v Sebright* (1866) 12 P.D. 21, 24: „*It has sometimes been said that in order to avoid a contract entered into through fear, the fear must be such as would impel a person of ordinary courage and resolution to yield to it. I do not think that is an accurate statement of the law*".

356 *Scott v Sebright* (1866) 12 P.D. 21, 24: „*Whenever from natural weakness of intellect or from fear - whether reasonably entertained or not - either party is actually in a state of mental incompetence to resist pressure improperly brought to bear, there is no more consent than in the case of a person of stronger intellect and more robust courage yielding to a more serious danger*".

357 *Scott v Sebright* (1866) 12 P.D. 21, 25.

358 *Scott v Sebright* (1866) 12 P.D. 21, 25 ff.

III. Stellungnahme

Insgesamt gilt es bei der Schwere der Drohung zu beachten, dass eine subjektive Sicht erforderlich ist, um interessensgerechte Entscheidungen treffen zu können. Indizien für die subjektive Sicht des Opfers können der mentale und körperliche Zustand des Opfers sein sowie sein Intellekt und seine Sorgen. Zugleich ist es irrelevant, ob die Sorgen vernünftig erscheinen oder nicht.[359]

F. Zwischenergebnis zum Fehlen einer vernünftigen Alternative

Zuletzt stellt sich die Frage, wie das Erfordernis nach einer vernünftigen Alternative im Gesamtkontext der *economic duress* einzuordnen ist. Es sprechen gute Argumente für die verschiedenen Funktionen des Merkmals, so dass die Bestimmung einer alleinigen Funktion schwierig ist. *Beatson* ist der Ansicht, dass eine Festlegung nicht zwingend nötig sei.[360]

Dem ist zuzustimmen. Sollte dem Genötigten im Zeitpunkt der Drohung ein alternatives Mittel zur Verfügung gestanden haben und er sich dennoch dem Druck gebeugt habe, so führt dies nach den verschiedenen Funktionen in der Regel zum gleichen Ergebnis:

- Gemäß der **Indizfunktion** wird ein starkes Indiz dafür vorliegen, dass der Bedrohte nicht wegen des Zwanges handelte.[361] Schließlich war der Zwang nur dann überwältigend, wenn der Empfänger keine gleichwertige Handlungsoption hätte. In dem Fall ist die Annahme von *economic duress* unwahrscheinlich.
- Wenn eine **Voraussetzung** angenommen wird, so wird eine Nichtigkeit wegen der Drohung ebenfalls ausscheiden, da der Bedrohte ein alternatives Mittel zur Verfügung hatte. Somit fehlt eine entscheidende Komponente der *economic duress*.
- Zuletzt führt die **Messfunktion hinsichtlich der Vernunft des Opfers** dazu, dass kein Fall von *economic duress* vorliegt, denn eine bedrohte Person handelt nicht vernünftig, wenn sie zwar eine rettende Möglichkeit zur Verfügung hat, diese jedoch nicht nutzt und sich dem Druck hingibt.[362]

359 *Scott v Sebright* (1866) 12 P.D. 21, 24; *Beale, Duress and Undue Influence, in: Beale, Chitty on Contracts,* S. 686.

360 *Beatson*, Unjust Enrichment, S. 122.

361 *Beatson*, Unjust Enrichment, S. 122.

362 *Beatson*, Unjust Enrichment, S. 122.

Zusammenfassend ist es den meisten Fällen daher egal, welchen Zweck man der Frage nach einem alternativen Rettungsmittel beimisst.

Unabhängig hiervon hat die Rechtsprechung in neueren Entscheidungen das Fehlen einer alternativen Handlungsmöglichkeit als dritte Voraussetzung festgehalten.[363] Damit handelt es sich bei der fehlenden Alternative um eine Voraussetzung der *economic duress*-Doktrin. Inzwischen schlägt sich dieser Ansatz auch zunehmend in dem Schrifttum nieder.[364]

Allerdings erscheint es sachgemäß, dass bei der Frage nach einer alternativen Handlungsmöglichkeit ein Schwerpunkt auf die Effektivität der Alternative gelegt wird. Schließlich hat der Empfänger einer Drohung immer eine Alternative.

In dem Kontext ist auf das Beispiel von *Atiyah* zu verweisen: Wer sich der Androhung des Stichwaffengebrauchs ausgesetzt sieht, falls er dem Täter nicht seine Geldbörse überreicht, hat immer noch die Wahl zwischen Leben und Tod.[365] Das letzteres weniger attraktiv erscheint, liegt auf der Hand. Trotzdem verbleibt dem Opfer eine echte Wahl.[366] Entsprechend sollte daher nicht allein auf die Existenz von alternativen Handlungsoptionen Wert gelegt werden, sondern auf die Effektivität der zur Verfügung stehenden Möglichkeiten.[367] Dies ist überzeugend.

---

363 *DSND Subsea Limited v Petroleum Geo Services Asa* [2000] EWHC 185 (TCC) Rn. 131; *Carillion Construction Ltd v Felix (UK) Ltd* [2000] ADR.L.R. 11/06 Rn. 25; *Adam Opel GmbH, Renault S.A. v Mitras Automotive (UK) Limited* [2007] EWHC 3481 (QB) Rn. 32–33; *Bank of Scotland PLC v Cohen* (2013) HC12A02041 Rn. 32.

364 *Beale, Duress and Undue Influence, in: Beale, Chitty on Contracts,* S. 685; *Chen-Wishart,* Contract Law, S. 314; *Mitchell/Mitchell/Watterson,* Goff & Jones: The Law of Unjust Enrichment, S. 315 f.

365 *Atiyah*, L.Q.R. 1982, 197, 201.

366 *Atiyah*, L.Q.R. 1982, 197, 201.

367 *Atiyah*, L.Q.R. 1982, 197, 201.

5. Abschnitt: Rechtswidrigkeit

A. Einleitung

Soll die Nichtigkeit eines Vertrags oder einer Vertragsanpassung auf der Grundlage von *economic duress* herbeigeführt werden, so ist es von Nöten, dass die Drohung rechtswidrig war (*illegitimacy of threat*). Dies ist die dritte und wichtigste Voraussetzung der *economic duress*. Hinter dieser Voraussetzung verbirgt sich der Gedanke, dass die Drohung verwerflich ist. Ein Vertragsschluss, der auf einer solchen Drohung beruht, soll seine rechtliche Bindungswirkung verlieren. Dies ist einleuchtend.

I. Sinn und Zweck des Erfordernisses

Der Prüfungspunkt wird sowohl im Schrifttum, als auch in der Rechtsprechung gefordert. Durch das Merkmal der Rechtswidrigkeit wird ein objektiver Gesichtspunkt in die Prüfung eingebettet.[368] Im Rahmen dieser Frage werden qualitative Anforderungen an das Drohungsmittel gestellt.[369] Weitaus schwieriger gestaltet sich jedoch die Beurteilung, ab wann eine solche Rechtswidrigkeit vorliegt.[370]

II. Die *illegitimacy* als Oberbegriff

Das englische *common law* verlangt im Rahmen der *duress* eine Rechtswidrigkeit der Drohung *(illegitimacy of threat)* um eine Nichtigkeit des Vertrags zu begründen.[371] Dabei unterteilt man die Drohungen in *unlawful* und *lawful*. *Unlawful threats* sind Drohungen, welche rechtswidrig sind, da sie gegen das *common law* oder *statutory law* verstoßen, wie beispielsweise strafbares oder deliktisches

---

368 *Burrows*, The Law of Restitution, S. 255.

369 *Burrows*, The Law of Restitution, S. 255.

370 *Carty/Evans*, JBL 1983, 218, 222 f.; vgl. auch *Phang*, R.L.R. 1997, 53, 57, der die hauptsächliche Schwierigkeit von *economic duress* darin, wie zwischen rechtswidrigem Druck einerseits und harten, aber zulässigen Verhandlungen andererseits zu differenzieren ist.

371 *Beale, Duress and Undue Influence, in: Beale, Chitty on Contracts,* S. 688; *Beatson/Burrows/Cartwright*, Anson's Law of Contract, S. 350; *Beatson*, Unjust Enrichment, S. 112; *Smith*, C.L.J. 1997, 343, 345.

Verhalten.[372] Dagegen erfassen *lawful threats* auch Handlungen, welche zwar grundsätzlich rechtlich zulässig sind, jedoch aufgrund ihrer Verbindung mit einer Forderung ausnahmsweise eine Rechtswidrigkeit begründen.[373] Beide Formen der Drohungen, *unlawful* und *lawful*, können daher eine Rechtswidrigkeit begründen.

III. Fallgruppen

Im Rahmen der Rechtswidrigkeitsvoraussetzung haben sich verschiedene Fallgruppen etabliert. In der *Universe Tankships*-Entscheidung hielt Lord Scarman fest, dass die Frage der Rechtswidrigkeit an zwei Punkte angeknüpft werden kann.[374] Zunächst kann die Form der Drohung rechtswidrig sein.[375] Des Weiteren kann aber auch der Zweck der Drohung eine Rechtswidrigkeit begründen.[376]

Der erste Punkt dürfte kaum für Schwierigkeiten sorgen. Verursacht der Drohende durch das Aussprechen der Drohung eine Straftat, wie beispielsweise eine Erpressung, so kann man zunächst problemlos von einer Rechtswidrigkeit der Drohung ausgehen.[377] Diese Drohungen werden im englischen Recht als *unlawful threats* kategorisiert.

Fehlt es an einer rechtswidrigen Form der Drohung, so kann weiterhin eine Rechtswidrigkeit an dem Zweck der Drohung ausfindig gemacht werden. Nach der Rechtsprechung können auch nicht rechtswidrige Drohungen *illegitimate* sein.[378] Es handelt sich hierbei um *lawful threats*. Hierzu haben sich verschiedene

---

372 *Universe Tankships of Monrovia v International Transport Workers Federation* [1983] AC 366, 401; *Beatson/Burrows/Cartwright*, Anson's Law of Contract, S. 350.

373 *Beatson/Burrows/Cartwright*, Anson's Law of Contract, S. 351.

374 *Universe Tankships of Monrovia v International Transport Workers Federation* [1983] AC 366, 401: „*In determining what is legitimate two matters may have to be considered. The first is as to the nature of the pressure. In many cases this will be decisive, though not in every case. And so the second question may have to be considered, namely, the nature of the demand which the pressure is applied to support*".

375 *Universe Tankships of Monrovia v International Transport Workers Federation* [1983] AC 366, 401.

376 *Universe Tankships of Monrovia v International Transport Workers Federation* [1983] AC 366, 401.

377 *Beale, Duress and Undue Influence, in: Beale, Chitty on Contracts,* S. 688.

378 *CTN Cash and Carry Ltd v Gallaher Ltd* [1994] 4 All ER 714, 718; *Progress Bulk Carriers v Tube City IMS LLC.* [2012] 1 CLC 365, 378; *Beale, Duress and Undue Influence, in: Beale, Chitty on Contracts,* S. 693; *Beatson/Burrows/Cartwright*, Anson's Law of Contract, S. 356 f.; *Clark, Vitiating Factors, in: Furmston, The Law of Contract,* S. 948 f.; *Mitchell/Mitchell/Watterson*, Goff & Jones: The Law of Unjust Enrichment, S. 316 ff.

Fallgruppen etabliert. Eine interessante Fallgruppe betrifft die Drohung, künftig keinen Vertrag mit dem Bedrohten schließen zu wollen.[379] Solch eine Drohung ist keine Straftat, allerdings gibt es hierzu inzwischen Entscheidungen, welche darin eine Rechtswidrigkeit sehen. Beispiele hierzu gibt es unter anderem im Seerecht.[380] Ebenfalls zu den *lawful threats* zählt die Drohung mit einem Vertragsbruch.[381] Bei Parteien, die sich bereits vertraglich geeinigt haben, treten ganz andere Drucksituationen auf. Zudem muss hier auch der Frage nachgegangen werden, ob eine Partei tatsächlich den Vertragsbruch androht oder lediglich eine Neuverhandlung des Vertrags sucht.[382] Des Weiteren sollte auch nicht vergessen werden, dass es einer Partei unter Umständen freistehen muss, einen Vertrag vorsätzlich nicht zu erfüllen, zum Beispiel wenn sich dies aus wirtschaftlichen Gründen gebietet.[383]

B. *Unlawful threats*

I. Straftat

Dass eine Drohung, welche eine Straftat darstellt, rechtswidrig sein muss, ist mehr als evident. Daher überrascht es wenig, dass in der Literatur und Rechtsprechung keine Passagen zu finden sind, die diese Erkenntnis explizit belegen. Die Hinweise der Vertreter im Schrifttum verlauten lediglich, dass strafbares

---

379 Vgl. beispielsweise die von *Beale* zitierten Entscheidungen in *Beale, Duress and Undue Influence, in: Beale, Chitty on Contracts,* S. 695 Fn. 196: *Akerblom v Price* (1881) 7 QBD 129, *The Rialto* [1891] P. 175 oder *The Port Caledonia and the Anna* [1903] P. 184.

380 *Beale, Duress and Undue Influence, in: Beale, Chitty on Contracts,* S. 695. *Beale* verweist insbesondere auf die sog. Rettungsfälle, in denen sich Schiffe in Not befinden und sich den (teilweise sittenwidrigen) Forderungen der Rettungsschiffe unterwerfen. Zu beachten ist hier laut *Beale* aber auch, dass es im Seerecht die vermeintliche Pflicht für Seefahrer gibt, andere Seefahrer in Not zu retten.

381 *Mitchell/Mitchell/Watterson*, Goff & Jones: The Law of Unjust Enrichment, S. 317; *Clark, Vitiating Factors, in: Furmston, The Law of Contract,* S. 948 f.; *Beatson/Burrows/Cartwright*, Anson's Law of Contract, S. 353; *Beale,* Duress and Undue Influence, in: *Beale,* Chitty on Contracts, S. 688.

382 *Clark, Vitiating Factors, in: Furmston, The Law of Contract,* S. 949. *Clark* spricht in entsprechenden Situationen vom sog. „*adaptive behaviour*".

383 So hält *Beatson* beispielsweise ein entsprechendes Recht für gegeben, wenn einer Partei beim festhalten am Vertrag noch größere wirtschaftliche Verluste drohen, *Beatson/Burrows/Cartwright*, Anson's Law of Contract, S. 355: „*It must be recalled that, save for specifically enforceable contracts, it is open for a party to a contract to be in deliberate breach of contract in order to cut its losses commercially*".

Verhalten immer rechtswidrig ist, wobei häufig die Androhung physischer Gewalt als Beispiel angeführt wird.[384] Dies dürfte auch damit zusammenhängen, dass die *economic duress* ihren Ursprung in der *duress of the person* hatte, nach der eine Nichtigkeit nur bei Gewalt gegen eine natürliche Person bzw. deren Androhung eintreten konnte.

Trotz des Mangels an expliziten Fundstellen kann allerdings festgehalten werden, dass immer dann rechtswidriger Druck vorliegen wird, wenn das Verhalten der Person eine Strafbarkeit nach dem Gesetz begründen würde. Eine strafbare Handlung sollte auch im Vertragsrecht als rechtswidrig eingestuft werden.[385] Ansonsten würde es zu eklatanten Wertungsunterschieden zwischen Straf- und Zivilrecht kommen.

II. Delikt

Ebenfalls rechtswidrig ist die Drohung dann, wenn das Verhalten deliktisch ist. Hierzu gibt es ebenfalls wenig ausdrückliche Belege im Schrifttum, die Hinweise sind vielmehr von beiläufiger Natur.[386] Auch in der Rechtsprechung wird die Rechtswidrigkeit eher am Rande erwähnt.[387]

Allerdings beschäftigte sich Lord Diplock in dem Urteil *Universe Tankships v I.T.F.* zum Teil mit deliktischem Handeln als Drohung.[388] Gegenstand seiner Ausführungen waren die Handlungen der Gewerkschaft I.T.F. Sie hatte durch einen spontanen Streik ein Schiff an der Abreise gehindert, um so Vorteile für

---

384 *Peel*, Treitel on the Law of Contract, S. 442: „*threatened physical violence*"; *Clark, Vitiating Factors, in: Furmston, The Law of Contract,* S. 951: „*physical duress*"; *Mitchell/Mitchell/Watterson*, Goff & Jones: The Law of Unjust Enrichment, S. 316 f.: „*criminal*"; *Beale, Duress and Undue Influence, in: Beale, Chitty on Contracts,* S. 688: „*threat to commit a crime*"; *Dawson*, Mich. L. Rev. 1947, 253, 287; *Burrows*, The Law of Restitution, S. 263; *Ogilvie*, Can. Bus. L.J. 2001, 194, 228.

385 *Smith*, C.L.J. 1997, 343, 351.

386 *Mitchell/Mitchell/Watterson*, Goff & Jones: The Law of Unjust Enrichment, S. 317: „*"Action" is manifestly unlawful if it is* [...] *tortious* [...]"; siehe auch *Beale, Duress and Undue Influence, in: Beale, Chitty on Contracts,* S. 688 mit Hinweis auf das US-amerikanische Recht; *Cornish*, MLR 1966, 428, 429; *Ogilvie*, Can. Bus. L.J. 2001, 194, 228; *Smith*, C.L.J. 1997, 343, 351.

387 Siehe Judge Rich QC in *ALF Vaughan & Co Ltd (in administrative receivership) v Royscott Trust plc* [1999] 1 All E.R. (Comm) 856, 863: „[...] *it is essential that the threat must, if not tortious in itself, at least be immoral or unconscionable*".

388 *Universe Tankships of Monrovia v International Transport Workers Federation* [1983] AC 366.

die Gewerkschaft und der Mannschaft des Schiffes auszuhandeln. Das Handeln der Gewerkschaft hatte Lord Diplock zufolge eine deliktische Qualität.[389]

Die Frage der Rechtswidrigkeit wurde in der Entscheidung nur oberflächlich erörtert, da die Zulässigkeit des Streiks nach dem *Trade Disputes Act* im Vordergrund stand. Es erscheint daher höchst wahrscheinlich, dass diese schwierige Frage aufgrund der Streikimmunitäts-Problematik außer Acht blieb.[390] Lord Diplock führte aus, dass sofern das Zwangsmittel im Rahmen der *economic duress* ein Delikt sei, dürfe die bedrohte Partei im Rahmen des Bereicherungsrechts Gelder oder Sachen zurückverlangen.[391] Zwar spricht Lord Diplock in *Universe Tankships* die Rechtswidrigkeit nicht explizit an, jedoch ist unverkennbar, dass er sich mit dieser Frage beschäftigte. Entsprechend liegt bei einem Verhalten, welches einen deliktischen Tatbestand erfüllt, immer eine Rechtswidrigkeit vor.

III. Zwischenergebnis zu *unlawful threats*

Wenn das Mittel, mit dem ein Vertragspartner die andere Partei zum Vertragsschluss zwingt, zugleich eine Strafbarkeit begründet, so kann stets von einer Rechtswidrigkeit ausgegangen werden. Gleiches gilt für die Verwirklichung eines deliktischen Tatbestands, wobei im Kontext von *economic duress* auch auf eine eventuelle Streikimmunität zu achten ist. Dies ergibt sich daraus, dass *economic duress* häufig in kollektiv-arbeitsrechtlichen Auseinandersetzungen eine Rolle spielt.

C. *Lawful threats*

Ein Fall von *economic duress* erfordert nicht zwangsläufig, dass ein Drohungsmittel von rechtswidriger Natur ist. Sollte der Vertragspartner damit drohen, etwas zu tun, wozu er aufgrund der Rechtsordnung berechtigt ist, so kann dennoch eine Rechtswidrigkeit gegeben sein. In solchen Fällen ist von einer rechtmäßigen Drohung (*lawful threat*) die Rede.[392] Dabei sind verschiedene Fallgruppen denkbar.

---

389 *Universe Tankships of Monrovia v International Transport Workers Federation* [1983] AC 366.

390 *Beatson*, Unjust Enrichment, S. 131.

391 *Universe Tankships of Monrovia v International Transport Workers Federation* [1983] AC 366, 385: „[...] *but where the particular form taken by the economic duress used is itself a tort, the restitutional remedy for money had and received by the defendant to the plaintiff's use is one which the plaintiff is entitled to pursue as an alternative remedy to an action for damages in tort*".

392 *Beatson/Burrows/Cartwright*, Anson's Law of Contract, S. 351.

Zunächst kommt die Verweigerung eines Vertragsschlusses in Betracht. Ferner ist auch möglich, dass die angedrohte Ausübung eines Herausgabeanspruchs eine Rechtswidrigkeit begründet. Im Übrigen kann ein angedrohter Vertragsbruch zu einer Rechtswidrigkeit führen.

I. Verweigerung des Vertragsschlusses

Prinzipiell scheint eine Verweigerung des Vertragsschlusses durch eine Partei kein Verhalten zu sein, welches eine Rechtswidrigkeit begründen kann.[393] Schließlich obliegt es jedem selbst, einen Vertrag zu schließen oder nicht. Dies ist unmittelbarer Ausdruck der Privatautonomie und der damit zusammenhängenden Vertragsfreiheit. Es ist auch nicht untypisch für die Vertragsfreiheit, dass die stärkere Partei begünstigt wird.[394] Zu dieser Thematik spielt die Entscheidung *CTN Cash and Carry Ltd v Gallaher Ltd*[395] eine wichtige Rolle. Des Weiteren gibt es auch einschlägige Entscheidungen auf den Gebieten des Wettbewerbsrechts sowie des maritimen Rechts.[396]

1. CTN Cash and Carry Ltd v Gallaher Ltd

Die Frage, ob eine Drohung, künftig keinen Vertrag abschließen zu wollen, überhaupt eine Rechtswidrigkeit begründen kann, taucht erstmals 1994 in der *Court of Appeal*-Entscheidung *CTN Cash and Carry Ltd* v *Gallaher Ltd*[397] auf. Beim Kläger handelte es sich um einen Großhändler, der unter anderem Tabakwaren von sechs Standorten aus verkaufte. Vom Beklagten hatte der Kläger regelmäßig Tabakwaren erworben, wobei dem Kläger die Möglichkeit eingeräumt wurde, die Waren auf Kredit zu erwerben. Im November 1986 erwarb der Kläger Zigaretten im Wert von 17.000 GBP, die bestellte Ware wurde jedoch an das falsche Warenhaus des Klägers geliefert. Zwar wurde vereinbart, dass die Zigaretten an das korrekte Warenhaus geliefert werden sollten, allerdings wurde die Ware in der Zwischenzeit vom Grundstück des Klägers gestohlen. Der Beklagte forderten weiterhin die Zahlung des Kaufpreises. Für den Fall, dass der Kläger sich hierauf nicht einlasse, drohte der Beklagte damit, ihm künftig keinen Kauf auf

---

393 *Beale, Duress and Undue Influence, in: Beale, Chitty on Contracts,* S. 695.

394 *Atiyah*, The Rise and Fall of Freedom of Contract, S. 648: „*Freedom of contract naturally suits the strong, and it is disadvantageous to the weak.*"

395 *CTN Cash and Carry Ltd v Gallaher Ltd* [1994] 4 All ER 714.

396 *Beale, Duress and Undue Influence, in: Beale, Chitty on Contracts,* S. 695.

397 *CTN Cash and Carry Ltd v Gallaher Ltd* [1994] 4 All ER 714.

Kredit mehr zu gewähren. Der Kläger zahlte daher den Kaufpreis für die gestohlene Ware, forderten diesen später allerdings zurück.

Gestützt wurde die Klage auf *economic duress*. Dabei machte der Kläger die Schwere der Drohung geltend. Hätte man ihm die Möglichkeit eines Kreditkaufs genommen, so wären seine Geschäfte in ernsthafter Gefahr gewesen.[398] Alleine deshalb habe man den Kaufpreis gezahlt, obwohl dieser dem Beklagten nicht zugestanden habe. Dies entsprach auch der rechtlichen Lage, da das Eigentum an den Zigaretten noch nicht auf den Kläger übergegangen war.[399] Insgesamt deuten diese Umstände auf eine Zwangslage, in welcher sich der Kläger aufgrund der Drohung des Beklagten befand.

Dennoch lehnte Steyn LJ einen Fall von *economic duress* ab. Zu keinem Zeitpunkt war die Drohung des Beklagten rechtswidrig.[400] Es handelte sich weder um einen Vertragsbruch noch um die Erfüllung eines *torts*.[401] Die Ankündigung, künftig keinen Kauf auf Kredit mehr zu vereinbaren, war sein gutes Recht.[402]

Allerdings zeigte sich Steyn LJ hinsichtlich einer Rechtswidrigkeit nicht gänzlich ablehnend.[403] So setzte er sich mit den Stellungnahmen des Schrifttums und der Rechtsprechung auseinander, nach denen eine rechtlich zulässige Handlung zur Nichtigkeit aufgrund von *economic duress* führen könne.[404] Zugleich lehnte er eine Rechtswidrigkeit im vorliegenden Fall allerdings ab, da ansonsten ein hohes Maß an Unsicherheit Eingang in den Verhandlungsprozess finde.[405]

---

398 *CTN Cash and Carry Ltd v Gallaher Ltd* [1994] 4 All ER 714, 717.

399 Vgl. *CTN Cash and Carry Ltd v Gallaher Ltd* [1994] 4 All ER 714, 716. Nach section 17 (1) des Sales of Goods Act 1979 richtet sich die Übereignung des Eigentums danach, was die Parteien vereinbart haben: „*Where there is a contract for the sale of specific or ascertained goods the property in them is transferred to the buyer at such time as the parties to the contract intend it to be transferred.*" Entsprechend hätten die Kläger erst dann Eigentum an der Sache erlangt, als die Zigaretten im korrekten Warenhaus angekommen wären. Vgl. auch *Guest*, Passing Property, in: *Guest*, Benjamin's Sale of Goods, S. 211 ff.

400 *CTN Cash and Carry Ltd v Gallaher Ltd* [1994] 4 All ER 714, 718.

401 *CTN Cash and Carry Ltd v Gallaher Ltd* [1994] 4 All ER 714, 718.

402 *CTN Cash and Carry Ltd v Gallaher Ltd* [1994] 4 All ER 714, 718: „[…] *the defendants were in law entitled to refuse to enter into any future contracts with the plaintiffs for any reason whatever or for no reason at all*".

403 *Tamblyn*, Sing. J. Legal Stud. 2010, 400, 405.

404 *CTN Cash and Carry Ltd v Gallaher Ltd* [1994] 4 All ER 714, 718.

405 *CTN Cash and Carry Ltd v Gallaher Ltd* [1994] 4 All ER 714, 719: „[…] *but it seems to me that an extension capable of covering the present case, involving 'lawful act duress' in a commercial context in pursuit of a bona fide claim, would be a radical one with*

Obwohl zugleich anerkannt wurde, dass es Aufgabe des Wirtschaftsrechts ist, die Parteien zu einem gerechten Verhandeln zu ermutigen („*to encourage fair dealing between parties*“[406]), ist es Steyn zufolge eher selten der Fall, dass *economic duress* aufgrund von *lawful threats* vorliege. Seine Aussagen schränkte er zwar mit dem Hinweis ein, dass es sich hier um ein Rechtsgebiet handele, welches sich ständig verändere, zugleich stellte er aber fest, dass gegenwärtig die erforderliche Qualität der Handlung für den Drohungsbegriff nicht ausreiche.[407]

Neben der Frage, ob die Drohung des Beklagten eine Rechtswidrigkeit entfaltet, gibt es auch einen weiteren Aspekt, welcher von Interesse ist, nämlich die Frage der Gutgläubigkeit des Beklagten hinsichtlich der Forderung. Dieser war davon ausgegangen, dass die Preisgefahr im Zeitpunkt der (falschen) Lieferung bereits übergegangen war und er somit einen Anspruch auf den Kaufpreis hatte.[408] Beachtenswert ist daran, dass sich Steyn LJ hier dem Bösgläubigkeitstest zuwandte und sich dabei auf das Schrifttum bezog.[409] Die Entscheidungsgründe enthalten an verschiedenen Stellen Hinweise auf die Gutgläubigkeit des Beklagten.[410] Folglich könnte daraus der Schluss gezogen werden, dass Steyn den Bösgläubigkeitstest befürwortet.[411] Der Bösgläubigkeitstest ist ein der wichtigsten Tests im Rahmen der Fallgruppe Vertragsbruch und wird an späterer Stelle dieser Arbeit behandelt.

2. Monopole

Vereinzelt wird im Schrifttum angeführt, dass eine Drohung, durch welche der Vertragsschluss verweigert wird, rechtswidrig ist, wenn der Drohende ein Monopol inne hat.[412] Dies ist insbesondere bei der Grundversorgung mit Wasser,

---

far-reaching implications. It would introduce a substantial and undesirable element of uncertainty in the commercial bargaining process“.

406 *CTN Cash and Carry Ltd v Gallaher Ltd* [1994] 4 All ER 714, 719.

407 *CTN Cash and Carry Ltd v Gallaher Ltd* [1994] 4 All ER 714, 719: „*In this complex changing branch of law I deliberately refrain from saying 'never'. But as the law stands, I am satisfied that the defendants' conduct in this case did not amount to duress*".

408 *CTN Cash and Carry Ltd v Gallaher Ltd* [1994] 4 All ER 714, 718.

409 Steyn verweis auf das Werk '*An Introduction to the Law of Restitution*' von *Peter Birks*, vgl. *CTN Cash and Carry Ltd v Gallaher Ltd* [1994] 4 All ER 714, 718.

410 *CTN Cash and Carry Ltd v Gallaher Ltd* [1994] 4 All ER 714, 718, 719.

411 *Mitchell/Mitchell/Watterson*, Goff & Jones: The Law of Unjust Enrichment, S. 333; vgl. hierzu auch *Tamblyn*, Sing. J. Legal Stud. 2010, 400, 405 f., der es für denkbar hält, dass es sich um einen anderen Test handelt, nach dem eine Drohung immer dann illegitim ist, wenn der Drohende seine wirtschaftlichen Interessen nicht auf ehrliche Art und Weise verfolgt („*honest pursuit*“).

412 *Beale, Duress and Undue Influence, in: Beale, Chitty on Contracts,* S. 695.

Elektrizität oder Gas denkbar. Oftmals zielt die Drohung in diesen Fällen auf die Erhöhung der Tarife ab. Zugleich lässt sich diese Auffassung nicht mit den Präjudizien stützen.

a) *Smith v William Charlick Ltd.*

In der australischen Entscheidung *Smith v William Charlick Ltd*[413] aus dem Jahr 1924 verlangte ein Müller vom Weizenlieferanten Rückzahlung des erhöhten Kaufpreises. Der Getreidelieferant war der einzige Verkäufer und hatte somit ein Monopol. Nachdem sich die Weizenpreise erhöht hatten, verlangte der Weizenlieferant rückwirkend die Zahlung des Mehrbetrags einer bereits erfolgten Lieferung. Zugleich wies der Lieferant darauf hin, dass er den Müller in Zukunft nur dann weiter beliefern werde, wenn dieser der Forderung zustimme. Für den Müller war dies katastrophal. Obwohl er sich bewusst war, dass der Lieferant keinen Anspruch auf die Zahlung hatte, erfüllte er dessen Forderung, um die Lieferung von Weizen aufrechtzuerhalten. Später verlangte er den Betrag zurück und stützte seine Klage auf den ausgeübten Druck.

Obwohl der Kläger in der ersten Instanz obsiegte, wurde sein Anspruch auf Rückzahlung in der Berufung abgelehnt. Von den fünf Richtern sprachen sich vier gegen eine Rechtswidrigkeit aus. Zwar wurde allgemein anerkannt, dass der Müller auf keinen Fall zur Zahlung der Differenz verpflichtet war, jedoch lag ihrer Ansicht nach keine Form von *duress* vor.[414] Im Rahmen ihrer Begründungen setzten sie sich mit den Präjudizien auseinander, die zwar in der ersten Instanz zunächst als ausschlaggebend betrachtet, in der Berufung aber im Rahmen der *distinguishing* als nicht einschlägig erachtet wurden.[415] Lediglich Richter Higgins gab ein Sondervotum ab, in dem er sich klar für eine Rechtswidrigkeit der Drohung aussprach.[416]

---

413 *Smith v William Charlick Ltd.* (1924) 34 C.L.R. 38.

414 In der Entscheidung lehnten die Richter Knox (S. 51), Isaacs (S. 56 f.), Starke (S. 69) und Rich (S. 51) das Vorliegen einer Drohung ab.

415 *Smith v William Charlick Ltd. (1924)* 34 C.L.R. 38, 52. Dabei handelt es sich um die folgenden Entscheidungen: *Hills v Street* (1828) 2 Moo. & P. 96, *Kendal v Wood* (1871) L.R. 6 Ex. 243 und *Melbourne Tramway and Omnibus Co. v Melbourne City Corporation* (1903) 28 V.L.R. 647.

416 *Smith v William Charlick Ltd. (1924)* 34 C.L.R. 38, 66: „*Was the pressure legitimate or illegitimate? In my opinion, the pressure was clearly illegitimate. The Wheat Board had no right or power to refuse to sell to the company in the future, whatever the circumstances should be, or to insist upon payment of the additional price as a condition of making future sale.*" Weiterführend sind auch die Aussagen auf S. 67: „*Under these*

Bei den Aussagen von Higgins muss man zugleich Vorsicht walten lassen. Zwar hielt er die Drohung des Lieferanten für rechtswidrig, allerdings beschäftigen sich seine Ausführungen auch mit den *Wheat Harvest Acts* von 1915 bis 1918. Grund hierfür war die Tatsache, dass der Weizenlieferant (*the Wheat Board*) eine öffentliche Einrichtung war, welche durch ein Gesetz erschaffen wurde. Durch die *Wheat Harvest Acts* erhielt der Weizenlieferant überhaupt erst seine Befugnisse und laut Higgins umfassten diese gerade nicht die Macht, einem Kunden den Vertragsschluss zu verweigern. Allerdings setzte sich Higgins im Folgenden dezidiert mit den *Acts* sowie dem Entscheidungsspielraum des lokalen Ministers auseinander.[417] Entsprechend besteht der Verdacht, dass die Passagen, die eine Verweigerung des Vertragsschlusses als rechtswidrig bezeichne, nicht allein auf die Drohung gerichtet waren, sondern auch auf die Ausgestaltung der rechtlichen Befugnisse des Lieferanten. Somit sind die Ausführungen mit Vorsicht zu genießen. Letztendlich können Higgins Passagen dahingestellt bleiben, da Higgins lediglich ein Sondervotum abgab.

b) Morton Constr. Co. Ltd. v City of Hamilton

Ähnlich ist auch die kanadische Entscheidung *Morton Constr. Co. Ltd. v Corporation of City of Hamilton.*[418] Der Kläger war Bauunternehmer und hatte von der Gemeinde mehrere Aufträge zur Errichtung von Fußgängerwegen erhalten. Zudem wurden auch der Erhalt der Wege und die dazu notwendigen Reparaturmaßnahmen für einen Zeitraum von 12 Monaten ab Errichtung geschuldet. Allerdings forderte die Gemeinde vom Kläger die Reparatur von verschiedenen Wegen, unter anderem fielen darunter auch Objekte, die älter als 12 Monate waren. Der Kläger brachte der Gemeinde gegenüber zum Ausdruck, dass er gemäß der vertraglichen Vereinbarungen zu einer Reparatur der Wege nicht verpflichtet war. Als Reaktion drohte diese damit, dass künftig keine weiteren Aufträge an den Kläger erfolgen würden. Folglich ließ sich der Kläger auf das Begehren ein und sanierte die brüchigen Wege. Im Anschluss forderte er den Werklohn für die vorgenommenen Arbeiten.

Der *Ontario Court of Appeal* wies die Berufung zurück. Richter Gibson hielt eine Nötigung für nicht erwiesen. Entscheidend war die Willentlichkeit des

circumstances, my opinion is that the pressure which procured this payment was illegitimate, and that the money paid must be treated as money had and received by the Government for the use of the plaintiff company; and that the judgment for repayment should be affirmed".

417 *Smith v William Charlick Ltd. (1924)* 34 C.L.R. 38, 66 f.

418 *Morton Const. Co. v City of Hamilton* (1961) 31 D.L.R. (2d) 323.

Bauunternehmers, die Gibson hier für gegeben erachtete.[419] Schließlich war der Unternehmer nicht zu den Arbeiten verpflichtet, er tat dies aus freien Stücken. Auch hielt das Gericht die Drohung durch die Gemeinde für rechtlich unbedenklich – sie hatte ein Recht dazu, entsprechende Äußerungen von sich zu geben.[420] Leider beschäftigt sich Gibson nicht weiter mit diesem Punkt. Am Ende des Urteils deutet er lediglich an, dass er die Ausführungen des Klägers hinsichtlich des moralischen Fehlverhaltens der Gemeinde nicht kommentieren wolle, da diese für die rechtliche Würdigung des Sachverhalts keinerlei Bedeutung hätten.[421]

c) Stellungnahme zu Monopolen

Zusammenfassend sollten Fälle, in denen eine Partei, die eine marktbeherrschende Stellung innehat und den Vertragsschluss zu verweigern droht, keine Rechtswidrigkeit begründen. Es besteht hierfür kein Bedarf, da das englische Wettbewerbsrecht ausreichende Sanktionen für entsprechende Konstellationen bereithält, wie beispielsweise sec. 18 subsec. (2) des Competition Acts von 1998.[422] Darüber hinaus ist auch denkbar, dass Vorschriften des europäischen Wettbewerbsrechts einschlägig wären. Diese Annahme wird auch durch die Rechtsprechung in Form der beiden Entscheidungen *Smith v William Charlick Ltd* sowie *Morton Construction Co. Ltd.* gestützt. Zwar handelt es sich hierbei um australische und kanadische Entscheidungen, jedoch haben auch die englischen Gerichte bisher eine Rechtswidrigkeit bei Monopol-Konstellationen abgelehnt.[423] Im Übrigen stünden dem Opfer in dem Fall, dass wettbewerbsrechtliche

---

419 *Morton Const. Co. v City of Hamilton* (1961) 31 D.L.R. (2d) 323, 330.

420 *Morton Const. Co. v City of Hamilton* (1961) 31 D.L.R. (2d) 323, 330: „*The defendant was legally entitled to make a threat of that nature* […]".

421 *Morton Const. Co. v City of Hamilton* (1961) 31 D.L.R. (2d) 323, 331 f.: „[…] *I would only observe that the point raised has no relevance in the determination of the legal rights or obligations of the parties in the present case*".

422 *Sec. 18 - Abuse of dominant position: (2) Conduct may, in particular, constitute such an abuse if it consists in—(a) directly or indirectly imposing unfair purchase or selling prices or other unfair trading conditions; (b) limiting production, markets or technical development to the prejudice of consumers;(c) applying dissimilar conditions to equivalent transactions with other trading parties, thereby placing them at a competitive disadvantage; (d) making the conclusion of contracts subject to acceptance by the other parties of supplementary obligations which, by their nature or according to commercial usage, have no connection with the subject of the contracts.*

423 In *CTN Cash and Carry Ltd v Gallaher Ltd* [1994] 4 All ER 714 hielt das Gericht mehrfach fest, dass die drohende Partei ein Monopol innehatte. Trotzdem reichte

Vorschriften einschlägig sind, auch entsprechende alternative Rechtsmittel offen, womit auch das Erfordernis des Fehlens einer zumutbaren Handlungsalternative im Rahmen von *economic duress* nicht erfüllt wäre.

3. Maritimes Recht

Auch das maritime Recht kann Hinweise dafür liefern, ob die Verweigerung des Vertragsschlusses eine Rechtswidrigkeit begründen kann. Im Zusammenhang mit der *duress* werden häufig Beispiele aus dem Seerecht angeführt, welche die Rettung von havarierten Schiffen zum Gegenstand haben (*salvage cases*).[424]

a) *Salvage*

Befindet sich ein Schiff in Not und ist nicht in der Lage ist, sich selbst zu helfen, benötigt es externe Hilfe. Eine solche kann durch Unterstützung bei der Navigation gewährleistet werden, wenn der Schiffsführer beispielsweise desorientiert ist und das Schiff auf eine Sandbank zusteuert.[425] Auch ist denkbar, dass ein angelegtes Schiff weg vom Steg treibt und nur durch ein Schleppboot gerettet werden kann.[426] Die entsprechende Rettung eines Schiffes fällt im englischen Recht unter den Begriff *salvage*.

Wenn ein Schiff gerettet wird, so schuldet der Gerettete dem Retter einen Verdienst. Dies beruht auf verschiedenen Gründen: Zum einen soll das altruistische Handeln des Retters belohnt werden. Zum anderen soll aber auch die Gefahr gewürdigt werden, die der Retter auf sich genommen hat. Schließlich begibt sich der Retter häufig in die gleiche Gefahrenlage wie die, in der sich das gefährdete Schiff befindet.[427] Ein weiterer Grund für die Belohnung ist künftig dafür zu sorgen, dass menschliches Leben auf hoher See gesichert ist. Ohne eine solche Absicherung würden sich weitaus weniger Personen an wirtschaftlichen Unterfangen auf den Meeren beteiligen.[428]

---

dies nicht aus, um eine Illegitimität der Drohung anzunehmen, siehe S. 716 („*The defendants were apparently the sole distributors in England …*“) und 717 („*The fact that the defendants were in a monopoly position cannot therefore by itself convert what is not otherwise duress into duress.*“).

424 *Brice*, Maritime Law of Salvage, S. 358; *Beale, Duress and Undue Influence, in: Beale, Chitty on Contracts*, S. 695.

425 *Akerblom v Price, Potter, Walker & Co.* (1881) 7 Q.B.D. 129.

426 Siehe hierzu *The Port Caledonia and The Anna* [1903] P. 184.

427 *Hill*, Maritime Law, S. 313.

428 *Hill*, Maritime Law, S. 313.

Am Ende des 19. Jahrhunderts und zu Beginn des 20. Jahrhunderts tauchen verstärkt Entscheidungen auf, in denen Rettungskräfte in akuten Notfällen vorab eine hohe Entschädigung verlangten.[429] Falls diese nicht gezahlt werden sollte, drohten sie häufig damit, keine Hilfe zu leisten.[430] In all diesen Fällen haben die Gerichte die Zahlung der Entschädigung als rechtswidrig beurteilt.[431] Im Kern geht es in den Fällen um die Drohung einer Partei, den Vertragsschluss mit der anderen Partei nicht einzugehen. Da die Gerichte dies als rechtswidrig eingestuft haben, könnte man hiervon generell eine Rechtswidrigkeit für alle Androhungen einer künftigen Verweigerung des Vertragsschlusses ableiten.

b) Rechtliche Einordnung

Die rechtliche Einordnung von *salvage* ist schwierig. Viele sprechen von *salvage contracts* oder *salvage agreements*, was auf einen ausdrücklichen Vertrag hinweist.[432] Zugleich sind andere der Meinung, dass es sich lediglich um eine Abmachung handelt, die einem Vertrag sehr ähnlich kommt.[433] Bei *salvage*-Fällen ist insbesondere zwischen der Rettung im Notfall und der anschließenden Bergung zu unterscheiden.

Sollte ein Schiff auf Grund laufen und die Besatzung sicher an Land gehen können, so wird die Bergung des Schiffes häufig erst in den nächsten Tagen oder Wochen erfolgen. Dies erfolgt dann im Auftrag des Eigentümers und in der Regel durch Verwendung eines vorformulierten Mustervertrags. In solchen Fällen spricht man von einer vertraglichen Bergung.[434] Im Gegensatz hierzu gibt es die Bergung im Zeitpunkt der Not. Bei diesen Fällen geht man nicht von einem ausdrücklichen Vertrag aus, sondern von einer stillschweigenden Vereinbarung dahingehend, dass ein Retter für seine Tat entschädigt werde.[435]

---

429 Siehe *Beale*, Chitty on Contracts, Vol. I, S. 695, Fn. 196, welcher auf mehrere Entscheidungen im maritimen Recht verweist: *Akerblom v Price, Potter, Walker & Co.* (1881) 7 Q.B.D. 129; *The Rialto* [1891] P. 175; *The Port Caledonia and the Anna* [1903] P. 184; *The Crusader* [1907] P. 196.

430 *Beale*, Chitty on Contracts, Vol. I, S. 695, Fn. 196.

431 *Beale, Duress and Undue Influence, in: Beale, Chitty on Contracts*, S. 695.

432 *Brice*, Maritime Law of Salvage, S. 360.

433 *Hill*, Maritime Law, S. 313.

434 Häufig wird dabei das Standardformular LOF von Lloyd verwendet (Lloyds Standard Form of Salvage Agreement, neueste Version LOF 2011). Durch die Standardformulare werden auch wichtige Punkte für einen potentiellen Rechtsstreit geklärt, wie beispielsweise der Gerichtsstand (England) oder das zuständige Schiedsgericht, *Hill*, Maritime Law, S. 322 ff.

435 *Hill*, Maritime Law, S. 322.

c) Internationales Bergungsabkommen

Nicht nur auf nationaler Ebene finden sich Hinweise zur Nichtigkeit von überhöhten Forderungen in Rettungsfällen. Das Internationale Bergungsabkommen vom 28. April 1989 (*International Convention of Salvage*) regelt unter Art. 7, dass ungerechte Vertragsbedingungen oder überhöhte Zahlungen unwirksam sind bzw. angepasst werden.[436] Das Übereinkommen wurde durch Großbritannien ratifiziert und findet durch den *Merchant Shipping Act 1995* Anwendung im nationalen Recht. Art. 224 des *Merchant Shipping Act* verweist auf die Vorschriften des Internationalen Bergungsübereinkommens.[437]

d) Stellungnahme zum maritimen Recht

Unabhängig von den Präjudizien und internationalen Abkommen ist stets darauf zu achten, dass es sich beim Seerecht um ein sehr spezielles Rechtsgebiet handelt.[438] Die genannten Entscheidungen haben allesamt gemeinsam, dass die Rettung menschlichen Lebens auf hoher See im Mittelpunkt steht.[439] Dem haftet die Besonderheit an, dass im Seeverkehr einem potentiellen Retter die Pflicht aufgetragen wird, eine andere Person zu retten.[440] Diese Pflicht resultiert aus internationalem Recht.[441]

Eine Übertragung dieses Gedankens von einem sehr speziellen Rechtsgebiet auf das allgemeine Vertragsrecht ist nicht angezeigt. In Notsituationen auf dem Meer fehlt es an der Parität zwischen den Parteien, die üblicherweise in schuldrechtlichen Beziehungen an der Tagesordnung ist. Wer sich in ein Geschäft begibt, um einen Alltagsgegenstand zu erwerben und den erwünschten Artikel zu einem überhöhten Preis entdeckt, muss diesen schließlich nicht erwerben. Er kann sich in ein anderes Geschäft begeben, bis er hinsichtlich des ersehnten

---

436 Vgl. *Beale*, Chitty on Contracts, Vol. I, S. 695, Fn. 196.

437 Article 7 Merchant Shipping Act - Annulment and modification of contracts: A contract or any terms thereof may be annulled or modified if: (a) the contract has been entered into under undue influence or the influence of danger and its terms are inequitable; or (b) the payment under the contract is in an excessive degree too large or too small for the services actually rendered.

438 *Beale, Duress and Undue Influence, in: Beale, Chitty on Contracts,* S. 695.

439 *Beale, Duress and Undue Influence, in: Beale, Chitty on Contracts,* S. 695.

440 *Beale, Duress and Undue Influence, in: Beale, Chitty on Contracts,* S. 695.

441 *Parent, Annual Survey of International & Comparative Law, 2006, Vol. 12, Issue 1, Article 6, 91; Clark, Sea Law Volume 4, 1995, abgerufen am 20.12.2014 um 10:00 Uhr von http://www.navlaw.com/articles/v4/shipowners-timecharterers-assess-rescue-costs.htm.*

Preises fündig wird. Auch steht es dem Verkäufer frei, ob er mit der Person kontrahieren möchte oder nicht. Dies gebietet die Privatautonomie. Wenn aber, wie in Fällen von havarierten Schiffen, es an der gleichwertigen Verhandlungsbasis fehlt, so kann die Verweigerung des Vertragsschlusses eine Rechtswidrigkeit begründen.[442] Es handelt sich hierbei jedoch um die Ausnahme und nicht um eine generelle Regel der *duress*.

4. Zwischenergebnis zur Verweigerung des Vertragsschlusses

Wenn Personen miteinander Verträge eingehen, handeln sie aufgrund ihrer Entscheidungsfreiheit. Dabei stehen je nach Situation unterschiedliche Interessen im Vordergrund. Möglicherweise handelt eine Partei aus wirtschaftlichen Gründen. Vielleicht spielen emotionale Beweggründe eine Rolle. Unter Umständen sind andere Motive entscheidend. In solchen Fällen soll die Androhung einer Partei, mit der anderen Partei keinen Vertrag schließen zu wollen, keine Rechtswidrigkeit im Rahmen der *duress* begründen, da es ansonsten zu einer Aushöhlung der Privatautonomie führen würde.

Ausnahmsweise ist dies nicht der Fall, wenn es sich um einen Rettungsfall auf hoher See handelt. Diese Ausnahme ist damit zu begründen, dass in solch einer Situation die Privatautonomie aufgrund der Intensität der Disparität der Vertragsparteien gestört ist. Diese Störung entsteht dann, wenn ein Ausgleich der Parteiinteressen miteinander nicht mehr erreicht werden kann, was zur Folge hat, dass eine Partei ihre Interessen einseitig verfolgen kann, während die andere Partei ihre Interessen nicht umsetzen kann.[443] Die Maßstäbe, ab wann in Rettungsfällen die Disparität zwischen den Vertragsparteien eine Intensität erreicht hat, nach der die Vertragsautonomie gestört ist, dürfen nicht zu hoch gesetzt werden. Es dürfte hierfür bereits ausreichen, wenn aus Sicht der havarierten Person eine anderweitige Rettung ungewiss ist. In jedem Fall dürfte die Schwelle aber erreicht sein, wenn sich die betroffene Partei in akuter Lebensgefahr befindet. Die Rettungsfälle auf See bleiben aber die Ausnahme. Letztendlich ist daher die Drohung, keinen Vertrag abzuschließen, grundsätzlich rechtmäßig.

---

442 Hierzu Brett L.J. in *Akerblom v Price, Potter, Walker & Co.* (1881) 7 Q.B.D. 129, 132: „*The fundamental rule of administration of maritime law in all courts of maritime jurisdiction is that* [...] *claims arising* [...] *are generally so urgent a character that the parties cannot be truly said to be on equal terms as to any agreement they make with regard to them*".

443 *Wagenknecht*, System der rechtlichen Kontrolle von Eheverträgen, S. 100.

II. Herausgabeansprüche

Eine weitere Fallgruppe betrifft Situationen, in denen eine Partei einen Vertragsschluss dadurch erzwingen möchte, dass sie der anderen Vertragspartei damit droht, einen bestehenden und wirksamen Anspruch auf Herausgabe einer Sache ihr gegenüber geltend zu machen.

1. *Alf Vaughan & Co Ltd v Royscott Trust plc*

In der *High Court*-Entscheidung *Alf Vaughan & Co Ltd v Royscott Trust plc*[444] aus dem Jahr 1999 hatte der Kläger durch Leasing- und Mietkaufverträge Besitz an verschiedenen Fahrzeugen erlangt, die im Eigentum des Beklagten standen. Der Kläger geriet in finanzielle Schwierigkeiten und wurde zahlungsunfähig. Nach Eröffnung des Insolvenzverfahrens arrangierte der Insolvenzverwalter den Verkauf des Unternehmens an einen Dritten. Da die Fahrzeuge des Beklagten für den Dritten von Interesse waren, kontaktierte der Zwangsverwalter den Beklagten und teilte ihm mit, dass sich der Kläger in der Insolvenz befinde. Dabei bat er auch um Aufstellung der ausstehenden Raten hinsichtlich der Fahrzeuge und machte dabei deutlich, dass die Fahrzeuge im Falle eines Unternehmenskaufs ebenfalls an den potentiellen Käufer übergehen sollten. Der Beklagte machten den Insolvenzverwalter auf den Umstand aufmerksam, dass seine Verträge mit dem Kläger aufgrund der Insolvenz nichtig waren und er daher grundsätzlich einen Anspruch auf Herausgabe der Fahrzeuge hatte. Dies war tatsächlich der Fall. Allerdings bot der Beklagte an, dass er das Eigentum an den Fahrzeugen gegen Zahlung von 82.000 GBP übereignen würde.

Einen Tag nach Unterbreitung dieses Angebots erschienen Angestellte des Beklagten auf dem Betriebsgelände des Klägers, um die Fahrzeuge wieder in Besitz zu nehmen. Dies führte zu sofortigen Verhandlungen zwischen dem Kläger sowie dem Insolvenzverwalter einerseits und dem Beklagten andererseits. Im Laufe der Verhandlungen bot der Kläger dem Beklagten die Zahlung von 34.386,05 GBP an. Der Betrag entsprach den Raten, welche nach den bestehenden Leasing- und Mietkaufverträgen noch ausstanden. Hiermit war der Beklagte jedoch nicht einverstanden. Erst nach dem sich der Kläger zur Zahlung von 82.000 GBP verpflichtet hatte, zog der Beklagte seine Angestellten vom Betriebsgelände zurück. Der Beklagte erhielt kurze Zeit später den Betrag und der Unternehmenskauf wurde erfolgreich durchgeführt. Im Anschluss forderte jedoch der

444 *ALF Vaughan & Co Ltd (in administrative receivership) v Royscott Trust plc* [1999] 1 All ER (Comm) 856.

Insolvenzverwalter im Namen des Klägers die Rückzahlung von 47.613,95 GBP und berief sich dabei auf *duress*.

Im Rahmen der Entscheidungsgründe lies das Gericht keinen Zweifel daran erkennen, dass es die Androhung der gerichtlichen Durchsetzung des Anspruchs für die Zahlungsverpflichtung in Höhe von 82.000 GBP für kausal erachtete.[445] Streitentscheidend war somit die Frage, ob die Androhung der Inbesitznahme der Fahrzeuge rechtswidrig war.[446] Dies wurde von Judge Rich QC abgelehnt. Begründet wurde die Ablehnung einer Rechtswidrigkeit damit, dass der Beklagte dazu berechtigt war, sein Eigentum wieder in Besitz zu nehmen.[447] Das Gericht verkannte dabei nicht, dass hier ein starker Druck durch den Beklagten auf den Kläger ausgeübt wurde. Zugleich fehlte es aber an der Qualität für eine Rechtswidrigkeit und damit einen Fall von *duress*.[448]

Auf die rechtspolitischen Argumente des Klägers ging das Gericht nicht ein. Dieser hatte sich im Prozess unter anderem darauf berufen, dass die Duldung bzw. fehlende Rechtswidrigkeit von Drohungen, wie sie in dem Fall sich ereigneten, die Arbeit von Insolvenzverwaltern künftig erschweren dürfte. Hierzu merkte Judge Rich QC lediglich an, dass es nicht die Aufgabe der Gerichte sei, Lösungswege für solche Probleme aufzuzeigen.[449]

---

445 *ALF Vaughan & Co Ltd (in administrative receivership) v Royscott Trust plc* [1999] 1 All ER (Comm) 856, 860: „*I have no doubt that the defendant's threat to recover the vehicles was a significant cause*".

446 *ALF Vaughan & Co Ltd (in administrative receivership) v Royscott Trust plc [1999] 1 All ER* (Comm) 856, 862: „*It seems to me, therefore, that the plaintiff's claim depends upon the question whether* […] *the plaintiff's right to apply for relief from forfeiture* […] *is such an interest in the vehicles as to render illegitimate the defendant's threat to retake their own goods from the possession of the plaintiffs*".

447 *ALF Vaughan & Co Ltd (in administrative receivership) v Royscott Trust plc* [1999] 1 All ER (Comm) 856, 863: „*The defendant coming to take the vehicles is merely coming to take its own property in respect of which it is entitled to possession*".

448 *ALF Vaughan & Co Ltd (in administrative receivership) v Royscott Trust plc* [1999] 1 All ER (Comm) 856, 863.

449 *ALF Vaughan & Co Ltd (in administrative receivership) v Royscott Trust plc* [1999] 1 All ER (Comm) 856, 863.

2. Stellungnahme zum angedrohten Herausgabeanspruch

Die ALF Vaughan-Entscheidung ist zu begrüßen, da sie klar macht, dass eine Drohung mit einem Anspruch auf Herausgabe einer Sache, der einer Partei von der Rechtsordnung her eindeutig zusteht, nicht rechtswidrig sein kann.[450]

III. Vertragsbruch

Schließlich gibt es noch eine gesonderte Fallgruppe der Rechtswidrigkeit – den Vertragsbruch. Häufig verändern sich nach Vertragsschluss die wirtschaftlichen Umstände, auf deren Basis die Parteien den Vertrag geschlossen haben. So treten Währungsschwankungen auf, die Belegschaft eines Unternehmens tritt in den Arbeitskampf ein oder Rohstofflieferungen unterliegen Versorgungsengpässen. Während einer Partei der Vertrag ursprünglich noch günstig erschien, erweist er sich im Nachhinein oft als nachteilig. Häufig wird eine Partei nun versuchen, den Vertrag zu modifizieren, um die auftretenden Nachteile zu beseitigen. Dieses Verlangen ist zunächst durchaus rechtmäßig. Problematisch werden diese Situationen jedoch dann, wenn die begehrte Modifizierung damit erzielt werden soll, dass eine Partei damit droht, den Vertrag nicht zu erfüllen. Ob die Drohung mit dem Vertragsbruch eine rechtswidrige Handlung ist, kann nicht pauschal beantwortet werden. Die Frage ist facettenreich und muss unter verschiedenen Aspekten erörtert werden.

1. Das Spannungsverhältnis

Für das Verständnis der aufgeworfenen Frage ist es von großer Bedeutung, sich zunächst über die maßgeblichen Interessen zwischen den Parteien im Klaren zu sein. In einem synallagmatischen Verhältnis stehen sich die Interessen der Parteien diametral entgegen.[451] Nimmt man einen Kaufvertrag als Beispiel, so wird ein Verkäufer stets einen hohen Kaufpreis fordern, wohingegen der Käufer einen möglichst niedrigen erzielen möchte.[452] Dieser Interessenkonflikt kann dann zu Schwierigkeiten führen, wenn eine Vertragsänderung begehrt wird. Unter Umständen beruht dieses Begehren auf Veränderungen der vertragsrelevanten Gegebenheiten, schließlich können die Parteien im Zeitpunkt des Vertragsschlusses

---

450 So auch *Beale, Duress and Undue Influence, in: Beale, Chitty on Contracts*, S. 694 Fn. 193.

451 *Brox*, BGB AT, S. 40.

452 *Brox*, BGB AT, S. 40.

nicht alle Einzelfragen und potentiellen Probleme identifizieren.[453] Folglich besteht ein echtes Bedürfnis nach vertraglicher Flexibilität.

Schwierigkeiten entstehen jedoch dann, wenn eine Partei die Schwäche der anderen Partei ausnutzen will.[454] Aus einer wirtschaftlichen Betrachtung ist dieses Begehren unbegründet, da die stärkere Partei aufgrund der neuen Verhandlungen zusätzlich Zeit und Energie aufbringt, ohne dass sie dabei mehr leisten muss: die Leistung der stärkeren Partei bleibt dieselbe wie vorher, lediglich steigt die Gegenleistung.[455] Daher ist die Forderung wirtschaftlich eine Verschwendung und die Vertragsmodifikation erfolgt aus opportunistischen Beweggründen.[456]

Somit gelangt man zum entscheidenden Spannungsfeld einer Vertragsmodifikation, die sich zwischen dem legitimen Bedürfnis nach vertraglicher Flexibilität einerseits, und dem opportunistischen Verhalten einer Partei andererseits bewegt.[457] Die Herausforderung für das Recht liegt darin, klare Regeln zu schaffen, anhand derer man zwischen den beiden Motiven differenzieren kann.[458]

2. Differenzierungstests zum Vertragsbruch

Um zu unterscheiden, wann ein angedrohter Vertragsbruch rechtswidrig ist und wann nicht, haben sich verschiedene Differenzierungstests im Rahmen der *economic duress*-Lehre etabliert. Diese bieten eine erste Orientierung an, wobei die Grenzen zwischen den verschiedenen Tests nicht immer klar sind und diese häufig ineinander übergehen.[459] Demnach liegt dann keine Rechtswidrigkeit vor, wenn die Vertragsmodifikation nicht zur Ausbeutung der Situation des Schwächeren dient (*opportunistic behaviour*).[460] Auch soll eine Forderung rechtmäßig sein, wenn der Handelnde lediglich die Wahrheit hinsichtlich problematischer Umstände ausspricht (*stating the truth*)[461], nicht Treu und Glauben zuwider handelt (*no bad faith*)[462] oder eine angemessene Leistung fordert (*demanding*

453 *Halson*, L.Q.R. 1991, 649, 649.
454 *Halson*, L.Q.R. 1991, 649, 650.
455 *Halson*, L.Q.R. 1991, 649, 651.
456 *Halson*, L.Q.R. 1991, 649, 651.
457 *Halson*, L.Q.R. 1991, 649, 651.
458 *Halson*, L.Q.R. 1991, 649, 651.
459 *Burrows*, The Law of Restitution, S. 273.
460 *Halson*, L.Q.R. 1991, 649, 649 ff.
461 *Birks*, Law of Restitution, S. 183.
462 *Birks*, Law of Restitution, S. 183.

what is fair).[463] Insbesondere die letzten drei Differenzierungstests werden im Schrifttum am häufigsten zur Prüfung der Rechtswidrigkeit angeführt.[464] Weitere Abgrenzungstheorien werden im Rahmen dieser Arbeit nicht erörtert, da sie weitaus weniger Bedeutung haben.[465]

a) Erklärung von Tatsachen

Der erste Differenzierungstest knüpft daran an, ob eine Partei durch ihre zusätzliche Forderung überhaupt eine Drohung abgegeben hat oder lediglich auf tatsächliche Umstände hingewiesen hat (*stating the inevitable*).[466] Häufig wird der Test auch als Abgrenzung zwischen einer rechtmäßigen Warnung und einer rechtswidrigen Drohung beschrieben.[467]

Ausgangspunkt dieses Differenzierungstests für eine rechtswidrige Handlung ist der folgende Gedanke: Eine Partei hat sich zur Erbringung einer Leistung verpflichtet und verlangt im Nachhinein eine Ergänzung der Gegenleistung. Rechtlich steht ihr diese Forderung häufig nicht zu. Denkbar sind jedoch Situationen, in denen eine Partei einen Zuschlag fordert, da sie ansonsten nicht in der Lage sein wird, die vertraglich geschuldete Leistung zu bewirken. Die Forderung nach einer Vertragsmodifikation ist somit notwendig, um das Vertragsziel noch erreichen zu können. Damit droht die fordernde Partei der anderen nicht, sondern

---

463 Vgl. *Burrows*, The Law of Restitution, S. 273 f.; *Beale, Duress and Undue Influence, in: Beale, Chitty on Contracts*, S. 689 ff.; *Enonchong*, Duress, Undue Influence and Unconscionable Dealing, S. 14.

464 *Burrows*, The Law of Restitution, S. 274.

465 Für eine Übersicht über die weiteren Differenzierungstests, siehe *Bigwood*, Exploitative Contracts, S. 334. *Bigwood* selbst ist der Ansicht, dass jede Androhung mit Vertragsbruch rechtswidrig sein soll, S. 340 ff. Dabei betrachtet er die Diskussion um die Rechtswidrigkeit einer Drohung als falschen Standort für die Diskussion, stattdessen sollen die verschiedenen Theorien im Rahmen des Vertragsbruchs (*breach of contract*) eine Rolle spielen.

466 *Birks*, Law of Restitution, S. 183; *Enonchong*, Duress, Undue Influence and Unconscionable Dealing, S. 14; *Burrows*, The Law of Restitution, S. 274; *Beatson/Burrows/Cartwright*, Anson's Law of Contract, S. 355; *Seddon*, Compulsion in Commercial Dealings, in: *Finn*, Essays on Restitution, S. 152; *Bigwood*, Exploitative Contracts, S. 298 ff.; *Smith*, C.L.J. 1997, 343, 346 ff.

467 *Bigwood*, Exploitative Contracts, S. 298; *Birks*, Law of Restitution, S. 183; *Virgo*, Restitution, S. 191; *Smith*, C.L.J. 1997, 343, 346; *Beatson*, Unjust Enrichment, S. 118.

spricht lediglich Tatsachen aus.[468] Dieser Ansatz geht auf *Birks* zurück.[469] Im Kern geht es bei der Methode darum, zwischen der Veränderung äußerer (rechtmäßig) und innerer Umstände (rechtswidrig) zu differenzieren.[470]

Das oben beschriebene Beispiel dürfte laut *Birks* typischerweise bei Preisvoranschlägen auftreten.[471] So ist es keine Seltenheit, dass die voraussichtlichen Kosten für ein Bauvorhaben während der Ausführung stark ansteigen. Begehrt beispielsweise der Bauunternehmer vom Besteller eine Erhöhung der Gegenleistung um 3 %, so kann hierin der ernsthafte Wunsch des Unternehmers gesehen werden, das Projekt erfolgreich zu Ende zu führen. Die Forderung nach mehr Geld in solchen Fällen entspricht einer realistischen Haltung und soll keine Drohwirkung entfalten. Sie ist als konstruktive Handlung zu sehen. Zudem droht dem Unternehmer in den entsprechenden Fällen oft die Insolvenz. Durch die Mitteilung, dass man ohne Vertragsmodifikation den Vertrag nicht erfüllen kann, macht die Partei lediglich auf den Druck aufmerksam, welcher auf ihr selbst lastet; die fordernde Partei entfaltet keinen Druck auf den Vertragspartner.[472] Wenn eine Partei ohne Vertragsanpassung bzw. Erhöhung der Gegenleistung nicht in der Lage ist, das Geschuldete zu erbringen, so hat sie auch keine Kontrolle über das Übel, welches der anderen Partei bevorsteht.[473] Es fehlt damit an einer entscheidenden Komponente für eine Drohung, nämlich der Fähigkeit, eine unangenehme Folge für den Vertragspartner zu bewirken oder zu vermeiden.[474] Steht der Konkurs bevor und kann dies nur durch eine Zuzahlung abgewendet werden, so kann nicht von einer Drohung ausgegangen werden. Der Forderung haftet daher keine Rechtswidrigkeit an, da sie durch äußere Umstände hervorgerufen wurde.[475] Bei äußeren Umständen handelt es sich um Ereignisse, welche außerhalb der Kontrolle der fordernden Partei liegen.[476] Dagegen

---

468 *Birks*, Law of Restitution, S. 183; *Beale, Duress and Undue Influence, in: Beale, Chitty on Contracts,* S. 689; *Enonchong*, Duress, Undue Influence and Unconscionable Dealing, S. 14; *Burrows*, The Law of Restitution, S. 274; *Beatson/Burrows/Cartwright*, Anson's Law of Contract, S. 355.

469 *Birks*, Law of Restitution, S. 183.

470 *Burrows*, The Law of Restitution, S. 274.

471 *Birks*, Law of Restitution, S. 183: „[...] *cutting tenders too close to the bone*".

472 *Birks*, Law of Restitution, S. 183.

473 *Beale, Duress and Undue Influence, in: Beale, Chitty on Contracts,* S. 689 f.

474 *Smith*, C.L.J. 1997, 343, 346: „[...] *the speaker's lack of control over the unwelcome consequence that he is predicting may occur and thus his inability to "bring about" the unwelcome consequence*"; *Beatson*, Unjust Enrichment, S. 118 ff.

475 *Birks*, Law of Restitution, S. 183.

476 *Birks*, Law of Restitution, S. 183.

liegt eine Rechtswidrigkeit vor, wenn die Forderung auf eine Veränderung der inneren Umstände des Fordernden zurückzuführen ist.[477]

aa) Rechtsprechung

Die Anwendung des Differenzierungstests durch die Rechtsprechung kann zum Teil mit der *Williams v Roffey*-Entscheidung begründet werden.[478] In der Entscheidung des *Court of Appeal* aus dem Jahr 1991 hatte sich ein Zimmermann zu Renovierungsarbeiten an mehreren Wohnungen verpflichtet, allerdings war der Vertrag für ihn aus wirtschaftlicher Sicht ungünstig, und die rechtzeitige Fertigstellung der Arbeiten, welche für den Auftraggeber von zentraler Bedeutung war, erschien kaum möglich. Nachdem der Zimmermann darauf verwies, dass er nicht in der Lage sei, die Leistung rechtzeitig zu erbringen, wurde der Werklohn erhöht. Das Angebot der Werklohnerhöhung kam vom Auftraggeber; der Zimmermann hatte hingegen keine Zusatzvergütung gefordert. Später berief sich der Auftraggeber auf die Unwirksamkeit der Vertragsmodifikation.

Zwar wurde in der Entscheidung kein Fall von *economic duress* angenommen, da der Fall mittels der *consideration*-Lehre gelöst wurde, allerdings sind dem Urteil Andeutungen zu entnehmen, dass der Kläger in dem Kostenvoranschlag einen viel zu niedrigen Preis nannte.[479] Demnach sprach der Zimmermann, als er auf die Gefährdung der rechtzeitigen Fertigstellung der Arbeiten hinwies, lediglich die Wahrheit aus und drohte seinem Auftraggeber nicht. Wäre der Fall unter dem Aspekt der *duress* gelöst worden, dürfte es diesem Ansatz nach an einer Rechtswidrigkeit gefehlt haben, da der beauftragte Unternehmer nicht in der Lage war, die geschuldete Leistung ohne eine Zuzahlung zu erbringen.

bb) Schwächen des Tests

Schwächen zeigt der Test in Konstellationen, in denen der Vertragspartner arglistig einen zu niedrigen Preis angibt, um später durch Nachverhandlungen eine Zusatzleistung zu fordern. Auch in dieser Situation würde er lediglich die Wahrheit äußern, zugleich hätte er aber von Anfang an einen Plan verfolgt, um später an ein erhöhtes Entgelt zu gelangen. Wer so planmäßig agiert, kann später einfach die Wahrheit sagen und seine Gegenleistung steigern, ohne das seine Forderung als rechtswidrig eingeordnet wird. Die Drohung wäre damit versteckt

---

477 *Birks*, Law of Restitution, S. 183.

478 *Williams v Roffey Bros & Nicholls (Contractors) Ltd.* [1991] 1 QB 1, 3, 10; *Beale, Duress and Undue Influence, in: Beale, Chitty on Contracts*, S. 689.

479 *Williams v Roffey Bros & Nicholls (Contractors) Ltd.* [1991] 1 QB 1, 3, 10.

und auf den ersten Blick nicht als Drohung wahrnehmbar.[480] In solchen Konstellationen vermag der Differenzierungstest hinsichtlich der Erklärung von Tatsachen nicht zu überzeugen, da ansonsten ein sanktionswürdiges Verhalten als rechtmäßig eingestuft würde.

Weiterhin dürfte es aus Sicht des Anspruchsinhabers egal sein, ob die andere Partei nicht in der Lage ist, die Leistung zu erbringen oder nicht leisten möchte.[481] Beide Formen stellen eine Verletzung der Leistungspflicht dar.[482]

Ein gewichtiger Kritikpunkt knüpft an den Anwendungsbereich an. So wird im Schrifttum vertreten, dass es nur sehr selten Umstände geben werde, aufgrund derer es einer Partei nicht möglich war, die ursprüngliche Vereinbarung einzuhalten.[483] Eine Person in wirtschaftlichen Schwierigkeiten wird häufig in der Lage sein, von alternativen Mitteln Gebrauch zu machen, wie beispielsweise einen Kredit aufzunehmen oder Angestellte zu entlassen. Entsprechend könnte für die bedrohte Partei der Nachweis schwer zu führen sein, dass ihr überhaupt keine alternativen Mittel zu Verfügung standen, um die ursprünglich geschuldete Leistung erbringen zu können.[484]

Zuletzt wird auch die von *Birks* vorgeschlagene Unterscheidung zwischen äußeren und inneren Umständen, welche sich verändern und für die Geltendmachung der Forderung ursächlich sind,[485] durch *Burrows* kritisiert.[486] So soll nach *Burrows* eine Forderung auch dann noch rechtmäßig sein, wenn sie auf innere Umstände, die sich verändert haben, beruht.[487] Hierbei wird auf das *Pao On*-Urteil verwiesen.[488] In der Entscheidung[489] machte die drohende Partei eine neue Forderung geltend, obwohl sie es war, die sich auf einen schlechten Ursprungsvertrag eingelassen hatte.[490] In der Entscheidung fehlte es daher an einer Veränderung von äußeren Umständen, so dass hier von einer Forderung aufgrund inneren

480 Dem englischen Recht ist die versteckte Drohung *(veiled threat)* nicht unbekannt, siehe *Biffin v Bignell* (1862) 7 H. & N. 877; *Williams v Bayley* (1866) L.R. 1 H.L. 200; *Beale, Duress and Undue Influence, in: Beale, Chitty on Contracts,* S. 689.

481 So *Bigwood*, Exploitative Contracts, S. 299, der keinen Unterschied zwischen der *unwilligness* und der *unableness* zur Vertragserfüllung sieht.

482 *Bigwood*, Exploitative Contracts, S. 299.

483 *Beale, Duress and Undue Influence, in: Beale, Chitty on Contracts,* S. 690.

484 *Beale, Duress and Undue Influence, in: Beale, Chitty on Contracts,* S. 690.

485 *Birks*, Law of Restitution, S. 183, siehe auch oben S. 88 f.

486 *Burrows*, The Law of Restitution, S. 274.

487 *Burrows*, The Law of Restitution, S. 274.

488 *Burrows*, The Law of Restitution, S. 274.

489 *Pao On v Lau Yiu Long* [1980] AC 614, siehe oben S. 16

490 *Burrows*, The Law of Restitution, S. 274.

Drucks auszugehen ist.[491] Nach dem Differenzierungstest (*stating the inevitable*) hätte somit eine Rechtswidrigkeit vorgelegen, mit der Folge, dass die spätere Vertragsmodifikation aufgrund von *economic duress* nichtig wäre. Zugleich wurde kein Fall von *economic duress* durch das Gericht festgestellt.[492] Entsprechend sei der Test abzulehnen.

Die Kritik von *Burrows* vermag aus verschiedenen Gründen nicht zu überzeugen. Zunächst spricht der Umstand dagegen, dass die *Pao On*-Entscheidung auf der Basis der *consideration* und nicht der *economic duress* gelöst wurde.[493] Des Weiteren ging die *Pao On*-Entscheidung der *vitiation of consent*-Frage nach, welche eher dem Prüfungsmerkmal der Kausalität zuzuordnen ist und nicht dem Merkmal der Rechtswidrigkeit.[494]

cc) Bewertung

Im Ergebnis ist festzuhalten, dass die Aussprache von Tatsachen nicht als rechtswidrige Drohung gewertet werden kann. Hilfreich dabei ist vor allem eine allgemeine Betrachtung. Bei der *economic duress* geht es im Kern um die Differenzierung zwischen harten, aber zugleich zulässigen Verhandlungen und unzulässigem Druck.[495] Wer lediglich die Wahrheit schildert, begehrt damit eine konstruktive Vertragsmodifikation. Aus dieser Ehrlichkeit lässt sich der Wunsch entnehmen, den Vertragszweck trotz bestehender Hindernisse zu erfüllen. Solch ein Verhalten ist nicht rechtswidrig, sondern logisch nachvollziehbar und adäquat.

Daher sollte es als rechtsmäßig gewertet werden, womit entsprechende Vertragsmodifikationen aufrechterhalten werden. Damit erweist sich dieser Ansatz als nützlicher Test bei der Prüfung der Rechtswidrigkeit einer Forderung. Der Test ist jedoch nicht frei von Schwächen, da er die Parteien schützt, welche anfangs arglistig einen niedrigen Erstpreis angeben, um diesen später nach einem Hinweis auf eine schwere Wirtschaftslage zu steigern.

---

491 *Burrows*, The Law of Restitution, S. 274.

492 *Burrows*, The Law of Restitution, S. 274.

493 *Pao On v Lau Yiu Long* [1980] AC 614, 629.

494 *Pao On v Lau Yiu Long* [1980] AC 614, 635 f.; zum *Pao On*-Urteil bzgl. der Kausalität siehe oben S. 42 f.

495 *Birks*, Law of Restitution, S. 174; *Fleming*, C.L.J. 1989, 362, 363; *Mitchell/Mitchell/Watterson*, Goff & Jones: The Law of Unjust Enrichment, S. 315 ff.; *Enonchong*, Duress, Undue Influence and Unconscionable Dealing, S. 1.; *Phang*, R.L.R. 1997, 53, 64; *Tan*, Const.L. J. 2002, 87, 89.

b) Bösgläubigkeit

Ein weiterer, weit verbreiteter Test stellt auf die Bösgläubigkeit der drohenden Partei ab (*bad faith*-Test).[496] So soll eine Forderung immer dann rechtswidrig sein, wenn der Drohende weiß, dass er keinen rechtlichen Anspruch auf die Leistung hat.[497]

Dieser Ansatz wird von *Birks* vertreten.[498] Ihm zufolge soll die Rückabwicklung einer Vertragsmodifizierung immer dann zulässig sein, wenn der angewandte Druck von bösgläubiger Natur ist.[499] Im Fokus des Tests steht somit der ausgeübte Druck selbst und nicht die Vorstellung desjenigen, von dem der Druck ausgeht. Die Bösgläubigkeit wird insbesondere dadurch gekennzeichnet, dass die Anpassung dazu dient, eine vertragliche Schwäche des Bedrohten auszunutzen und nicht um finanzielle Herausforderungen, die der Durchführung des Vertrags entgegenstehen, konstruktiv zu überwinden.[500]

Andere Stimmen befürworten ebenfalls den Bösgläubigkeitsansatz, allerdings setzen sie an einer anderen Stelle an. Demnach soll eine Rechtswidrigkeit gegeben sein, wenn die fordernde Partei davon ausgeht, dass sie kein entsprechendes Recht hierzu hat.[501] Ausgangspunkt ist damit nicht die Natur des Drucks selbst, sondern die Vorstellung der drohenden Vertragspartei. Als Begründung wird angeführt, dass bei Untersuchung des Drucks selbst, wie es *Birks* vorschlägt, die Gerichte zur detaillierten Prüfung von Verträgen gezwungen wären, welche möglicherweise sehr komplex wären.[502] Die Beschränkung der gerichtlichen Prüfung allein auf die Bösgläubigkeit des Drohenden könne somit eine akzeptable Lösung sein.[503]

---

496 *Birks*, Law of Restitution, S. 183.

497 *Birks*, Law of Restitution, S. 174; *Beale, Duress and Undue Influence, in: Beale, Chitty on Contracts,* S. 690 f.

498 Siehe *Birks*, Law of Restitution, S. 183, der sich auf die Entscheidung *D. & C. Builders Ltd. v Rees* beruft. *Birks* geht von zwei Wegen aus, um die Rechtswidrigkeit der Drohung festzustellen. Zum einen sieht er eine Lösung darin, dass auf die Bösgläubigkeit hinsichtlich der Forderung abgestellt wird, zum anderen führt er aber auch die Abgrenzung zwischen zulässiger Warnung und unzulässiger Drohung an.

499 *Birks*, Law of Restitution, S. 183.

500 *Birks*, Law of Restitution, S. 183.

501 *Palmer/Catchpole*, MLR 1985, 102, 107 f.; *Mitchell/Mitchell/Watterson*, Goff & Jones: The Law of Unjust Enrichment, S. 327.

502 *Palmer/Catchpole*, MLR 1985, 102, 108: „[...] *the court may become involved in highly complicated issues - one of which may be the question whether an exceptions clauses possesses a merely procedural character or is definitional in effect* [...]".

503 *Palmer/Catchpole*, MLR 1985, 102, 108.

Diese Betrachtungsweise ähnelt stark den Fällen, in denen sich die Parteien auf einen Vergleich einigen (*compromise settlement*).[504] Beim *compromise settlement* bestreitet eine Partei die Wirksamkeit eines Anspruchs, so dass sich beide Vertragsparteien auf einen Kompromiss einigen, der anschließend für beide wirksam ist.[505] Dies gilt selbst für den Fall, dass sich die ursprüngliche und umstrittene Forderung im Nachhinein als unwirksam erweist.[506] Allerdings liegt dies nicht vor, wenn die fordernde Partei hinsichtlich der Wirksamkeit des Anspruchs bösgläubig war.[507]

aa) *Occidental Worldwide Investment v Skibs A/S Avanti*

In der Rechtsprechung wurde ein Abgrenzungstest anhand der Bösgläubigkeit in Vertragsanpassungsfällen zunächst abgelehnt. In der Entscheidung *Occidental*[508] widmete sich Kerr J. kurz dem Thema. Hier hatte der Kläger geltend gemacht, eine Bösgläubigkeit liege vor, wenn eine Partei etwas fordere, was ihr nicht zustehe.[509] Kerr J. lehnte dies mit der Begründung ab, dass die Argumentation viel zu extensiv sei.[510]

Die Ablehnung des Abgrenzungstests durch Kerr J. in der *Occidental*-Entscheidung ist in diesem Kontext jedoch kritisch zu betrachten. Das hängt zum einen damit zusammen, dass das Urteil die erste Grundsatzentscheidung zur *economic duress* war. Weitere Urteile und Beiträge aus dem Schrifttum sollten erst noch folgen. Somit gab es im Zeitpunkt der Entscheidung noch keine etablierten Voraussetzungen, auf die Kerr J. hätte zurückgreifen können; er betrat quasi *terra incognita*. Zum anderen muss beachtet werden, dass Kerr J. in seiner Entscheidung die Schwerpunkte an zwei anderen Stellen setzte: einerseits auf die generelle Frage, ob *economic duress* überhaupt zur Nichtigkeit eines Vertrages

504 *Seddon*, Compulsion in Commercial Dealings, in: *Finn*, Essays on Restitution, S. 152; vgl. auch *Treitel*, Consideration, *in: Beale*, Chitty on Contracts, S. 325 f.

505 *Treitel, Consideration, in: Beale, Chitty on Contracts,* S. 325.

506 *Treitel, Consideration, in: Beale, Chitty on Contracts,* S. 325 f.

507 *Treitel, Consideration, in: Beale, Chitty on Contracts,* S. 325.

508 *Occidental Worldwide Investment Corp. v Skibs A/S Avanti* [1976] 1 Lloyd's Rep. 293.

509 *Occidental Worldwide Investment Corp. v Skibs A/S Avanti* [1976] 1 Lloyd's Rep. 293, 335.

510 *Occidental Worldwide Investment Corp. v Skibs A/S Avanti* [1976] 1 Lloyd's Rep. 293, 335: „*For good measure, though again I do not think that this makes any difference, he added that duress must a fortiori be a defence when the party threatening to break the contract is putting forward some justification for doing so without any bona fides. I think that this submission is much too wide*".

führen könne[511] und andererseits, ob in dem konkreten Fall eine Überwältigung des Willens[512] vorlag. Von der *Occidental*-Entscheidung ist daher in diesem Kontext Abstand zu nehmen.

bb) Weitere Entscheidungen

In der Rechtsprechung gibt es dennoch einige Anzeichen dafür, dass die Bösgläubigkeit das entscheidende Abgrenzungskriterium sein soll.[513] Insbesondere neuere Entscheidungen zur *economic duress* bedienen sich der Bösgläubigkeit als einschlägigem Test. So wurde in *Huyton v Cremer* eine mögliche Bösgläubigkeit des Klägers verstärkt erörtert, auch wenn sie im Ergebnis abgelehnt wurde.[514]

Ebenfalls wurde von Richter Dyson in *DSND Subsea Ltd. v Petroleu Geo Services ASA* die Bösgläubigkeit als ein Merkmal der Rechtswidrigkeit beschrieben.[515] Ähnliches kann *D. & C. Builders Ltd. v Rees*[516] entnommen werden, auch wenn die Entscheidung etwas älter ist.[517] Zuletzt taucht der *bad faith*-Test auch in dem Urteil *Carillion Construction Ltd. v Felix Ltd.*[518] auf, wobei hier nicht unerwähnt

---

511 *Occidental Worldwide Investment Corp. v Skibs A/S Avanti* [1976] 1 Lloyd's Rep. 293, 335 f.

512 *Occidental Worldwide Investment Corp. v Skibs A/S Avanti* [1976] 1 Lloyd's Rep. 293, 336.

513 Siehe *Beale*, Chitty on Contracts, Vol. I, S. 691 Fn. 167, mit Verweisen auf die folgenden Entscheidungen: *Huyton SA v Peter Cremer GmbH & Co.* [1999] 1 Lloyd's Rep. 620; *DSND Subsea Limited v Petroleum Geo Services ASA* [2000] EWHC 185 (TCC); *Carillion Construction Ltd v Felix* (UK) Ltd [2000] ADR.L.R. 11/06 1.

514 *Huyton SA v Peter Cremer GmbH & Co.* [1999] 1 Lloyd's Rep. 620, 637.

515 *DSND Subsea Ltd v Petroleum Geo Services ASA* [2000] EWHC 185 (TCC) 131.

516 *D. & C. Builders Ltd. v Rees* [1965] 2 Q.B. 617.

517 *D. & C. Builders Ltd. v Rees* [1965] 2 Q.B. 617, 625: „*The debtor's wife held the creditor to ransom. The creditor was in need of money, and she knew it.* […] *She was making a threat to break the contract (by paying nothing) and she was doing so as to compel the creditor to do what he was unwilling to do* […]"; siehe auch *Burrows*, The Law of Restitution, S. 273; *Virgo*, Restitution, S. 204., Fn. 87.

518 *Carillion Construction Ltd. v Felix (UK) Ltd.* [2000] ADR.L.R. 11/06, 5. Die Entscheidung betraf ein Bauunternehmen (*Carillion*), welches einen Vertrag mit Felix Ltd. zur Erstellung und Lieferung von Mantelteilen geschlossen hatte. Felix verlangte überraschend vor Lieferung ein erhöhtes Entgelt und drohte im Falle der Ablehnung damit, die Teile nicht an *Carillion* zu liefern. Da *Carillion* in dem Fall nicht im Stande gewesen wäre, rechtzeitig ein geschuldetes Bauwerk zu errichten und damit einhergehend sich schadensersatzpflichtig gemacht hätte, ließ sich das Unternehmen auf die Bedingungen von Felix ein. Später wurde die Vereinbarung aufgrund von *economic duress* für unwirksam erklärt.

bleiben darf, dass es sich um den gleichen Richter (Dyson) wie in der Entscheidung *DSND Subsea Ltd.* handelt. Im Rahmen der Entscheidungsgründe wird explizit auf die Bösgläubigkeit für die Prüfung der Rechtswidrigkeit verwiesen.[519] Des Weiteren taucht der Test auch in Entscheidungen auf, in denen damit gedroht wird, keinen Vertrag abschließen zu wollen.[520]

Gegen die Annahme, die Rechtsprechung habe den Bösgläubigkeitstest akzeptiert, spricht jedoch der Umstand, dass es nur ein einziges Urteil gibt, welches ausdrücklich den Bösgläubigkeitsansatz anwendet.[521] Zudem gibt es auch Argumente gegen die oben genannten Entscheidungen, welche für eine Verwendung des Ansatzes sprechen. So kann gegen *D. & C. Builders Ltd v Rees* angeführt werden, dass die Entscheidung inhaltlich eher dem Institut der Ausbeutung (*exploitation*) nahe steht und nicht der *duress*-Lehre.[522] Im Rahmen der Ausbeutung würde sich das Erfordernis der Bösgläubigkeit eher einfügen.[523]

cc) Schwächen des Tests

Unabhängig vom uneinheitlichen Bild der Judikative gibt es auch zahlreiche Vertreter im Schrifttum, die dem Erfordernis ablehnend gegenüberstehen. So wird dem Ansatz unter anderem vorgeworfen, dass er den traditionellen Wertungen des Vertragsrechts widerspricht.[524] Ausgangspunkt dieser Kritik ist der Umstand, dass die Bösgläubigkeit im Rahmen von Vertragsbrüchen traditionell keine Rolle spielt, da sie für die Bemessung des Schadens irrelevant ist.[525] Entsprechend wird das eigennützige Streben nach Profiten als akzeptables Verhalten angesehen, schließlich wird die vertragstreue Partei hierfür mittels Schadensersatz entschädigt.[526]

---

519 Siehe Dyson J. in *Carillion Construction Ltd. v Felix (UK) Ltd.* [2000] ADR.L.R. 11/06, 5: „[...] *whether the person allegedly exerting the pressure has acted in good or bad faith* [...]".

520 *CTN Cash and Carry Ltd v Gallaher Ltd* [1994] 4 All ER 714, 718 f., siehe auch die Ausführungen hierzu oben auf S. 95 f.

521 Siehe *Virgo*, Restitution, S. 205. Bei der Entscheidung handelt es sich um *CTN Cash and Carry Ltd v Gallaher Ltd* [1994] 4 All ER 714, 718 f., Ausführungen zur Entscheidung finden sich oben auf S. 64 ff.

522 *Virgo*, Restitution, S. 205 Fn. 87.

523 *Virgo*, Restitution, S. 205 Fn. 87, 273.

524 *Burrows*, The Law of Restitution, S. 273.

525 *Burrows*, The Law of Restitution, S. 273.

526 *Burrows*, The Law of Restitution, S. 273.

Auch können *consideration*-Erwägungen gegen den Bösgläubigkeitsansatz sprechen.[527] Ein Versprechen zu einer Gegenleistung entfaltet dann keine *consideration*, wenn das Leistungsversprechen unwirksam ist und die Vertragspartei dies weiß.[528] Dies ist in Fällen denkbar, in denen eine Partei ein Versprechen hinsichtlich einer wertlosen und nichtigen Leistung abgibt, um im Gegenzug eine Gegenleistung zu erhalten.[529] Die maßgebliche Präzedenzentscheidung ist *Wade v Simeon*.[530] Es sind jedoch Konstellationen denkbar, in denen sich anderweitig eine *consideration* ergibt, so dass dieser Hinweis isoliert nicht zur Ablehnung des Bösgläubigkeitsansatzes geeignet ist.[531]

Des Weiteren ist auch auf prozessuale Schwierigkeiten hinzuweisen.[532] Es dürfte sich für den Kläger schwer gestalten, im Rahmen eines gerichtlichen Verfahrens die Bösgläubigkeit des Drohenden zu beweisen.[533] So könnte sich die Partei, von der die Drohung ausgeht, sehr einfach exkulpieren.[534] Sie müsste im Prozess lediglich hervorbringen, dass sie an das Bestehen des Anspruchs glaubte.

Zuletzt wird auch eingewandt, dass der Bösgläubigkeitstest mit der Mehrheit der bereicherungsrechtlichen Ansprüche nicht vereinbar sei.[535] Üblicherweise stellen bereicherungsrechtliche Ansprüche auf die Sicht des Betroffenen ab, indem sie überprüfen, welche Wirkung die entsprechende Handlung auf ihn gehabt hat.[536] Dies entspricht auch der Herangehensweise der Irrtumslehre (*mistake*), bei der ebenfalls die Vorstellung des Opfers im Vordergrund steht und nicht die Frage, ob die andere Vertragspartei bösgläubig war.[537] Im Übrigen ist bei

---

527 *Beale*, Duress and Undue Influence, in: *Beale*, Chitty on Contracts, S. 690, mit Verweis auf *Huyton SA v Peter Cremer GmbH & Co.* [1999] 1 Lloyd's Rep. 620, 637.

528 *Treitel, Consideration, in: Beale, Chitty on Contracts,* S. 325.

529 *Treitel, Consideration, in: Beale, Chitty on Contracts,* S. 325.

530 *Wade v Simeon* (1846) 2 C.B. 548. In der Entscheidung begehrte der Kläger vom Beklagten die Zahlung eines Geldbetrags. Zugleich bot der Kläger die Rücknahme der Klage an, wenn sich der Beklagte zur Zahlung des Geldbetrags verpflichte. Allerdings hatte der Kläger keinen Anspruch auf Zahlung, sein Zahlungsanspruch war unbegründet und er war sich dessen bewusst. Entsprechend war der Kläger bösgläubig. Diese Bösgläubigkeit führte wiederum dazu, dass das abgegebene Zahlungsversprechen des Beklagten mangels *consideration* nichtig war.

531 *Beale, Duress and Undue Influence, in: Beale, Chitty on Contracts,* S. 690.

532 *Virgo*, Restitution, S. 204.

533 *Virgo*, Restitution, S. 204.

534 *Seddon*, Compulsion in Commercial Dealings, in: *Finn*, Essays on Restitution, S. 152.

535 *Virgo*, Restitution, S. 205.

536 *Virgo*, Restitution, S. 205.

537 *Virgo*, Restitution, S. 205.

den anderen Formen von *duress* – *duress of the person*[538] und *duress of goods*[539] – ebenfalls nur die Vorstellung des Opfers von Bedeutung.[540] Für die Annahme eines Bösgläubigkeitstests in Rahmen der *economic duress* besteht daher nach *Virgo* kein Bedarf.[541]

Der Hinweis auf eine nicht notwendige, unterschiedliche Behandlung zwischen *duress of the person* und *duress of goods* einerseits, und der *economic duress* andererseits, vermag hier jedoch nicht zu überzeugen, da die drei *duress*-Formen unterschiedliche Tatbestandsmerkmale voraussetzen und die Merkmale auch inhaltlich verschieden ausgestaltet sind. Letzteres wird beispielsweise beim Kausalitätserfordernis deutlich. Während bei der *duress of the person* lediglich eine einfache Kausalität benötigt wird, erfordert die *economic duress* einen wesentlich strengeren Kausalitätstest.[542] Daher dürfte das Abstellen auf die Vorstellung des Drohenden für die Frage der Bösgläubigkeit zulässig sein.

dd) Bewertung

Im Ergebnis wird der Bösgläubigkeitstest aufgrund seiner Schwächen nicht als alleiniger Differenzierungstest überzeugen können. Diese Aussage kann sowohl mit Rechtsprechung[543] als auch mit Stimmen im Schrifttum begründet werden[544]. Obwohl das Kriterium der Bösgläubigkeit nicht als einziges Differenzierungskriterium herangezogen werden sollte, ist es trotzdem denkbar, dass es zumindest eines von mehreren relevanten Merkmalen darstellt.[545]

---

538 Zur *duress of the person* siehe oben S. 8 f.

539 Zur *duress of goods* siehe oben S. 9 ff.

540 *Virgo*, Restitution, S. 205.

541 *Virgo*, Restitution, S. 204.

542 Zu den unterschiedlichen Kausalitätsanforderungen siehe oben S. 35 ff.

543 *Huyton SA v Peter Cremer GmbH & Co.* [1999] 1 Lloyd's Rep. 620, 637; *DSND Subsea Ltd v Petroleum Geo Services ASA* [2000] EWHC 185 (TCC) 131 f.

544 *Virgo*, Restitution, S. 204 f.; *Enonchong*, Duress, Undue Influence and Unconscionable Dealing, S. 14; *Burrows*, The Law of Restitution, S. 275, obwohl *Burrows* den *bad faith*-Test für das vorzugswürdigste Abgrenzungskriterium hält, lehnt er ihn als den alleinigen Test dennoch ab.

545 *DSND Subsea Ltd v Petroleum Geoservices ASA* [2000] EWHC 185, 131; *Carillion Construction Ltd. v Felix (UK) Ltd. [2000] ADR.L.R.* 11/06, 5; *Enonchong*, Duress, Undue Influence and Unconscionable Dealing, S. 14.

c) Billigkeit der Forderung

Eine weitere Fallgruppe stellt auf die Billigkeit der Forderung ab (*fairness of demand* oder *fairness*-Test).[546] Ausgangspunkt dieses Ansatzes ist der Gedanke, dass eine Drohung mit Vertragsbruch, durch welche die ursprünglich unbilligen Vertragsbedingungen neu ausgerichtet werden sollen, nicht rechtswidrig sein kann.[547] Damit steht die Beseitigung des vertraglichen Ungleichgewichts im Vordergrund.[548] Der Gedanke ist nicht neu, sondern entstammt laut *Burrows* den Rechtsfiguren der *undue influence* und *exploitation of weakness*.[549]

aa) *Atlas Express Ltd. v Kafco*

Gegen den *fairness*-Ansatz spricht die *High Court*-Entscheidung *Atlas Express Ltd. v Kafco* aus dem Jahr 1989.[550] Die Entscheidung betraf den Transport von Körben. Der Beklagte stellte Körbe her und hatte einen lukrativen Kaufvertrag mit einer Einzelhandelskette abgeschlossen, welcher die pünktliche Lieferung der Ware vorsah. Hierfür vereinbarte der Beklagte mit dem Kläger einen Beförderungsvertrag, nach dem die Waren an den Käufer zu liefern waren. Vor dem Abschluss des Vertrags begutachtete ein Angestellter des Klägers die Körbe und erstellte ein Angebot, allerdings irrte sich dieser bei seinen Berechnungen, so dass der Vertrag eine viel zu geringe Transportgebühr vorsah. Dies wurde dem Kläger auch bewusst, weshalb er im Nachhinein versuchte, den Preis zu erhöhen. Dem stimmte der Beklagte nicht zu, so dass der Kläger damit drohte, die Körbe nicht mehr für den Beklagten auszuliefern. Für den Beklagten wäre dies katastrophal gewesen, da der Käufer der Körbe Schadensersatzansprüche geltend gemacht hätte. Im Ergebnis stimmte er deshalb widerwillig der Vertragsmodifikation zu, nach Lieferung verweigerte er jedoch die Zahlung der neuen Gebühr.

Die Klage wurde abgewiesen, da das Gericht die Vereinbarung des höheren Lieferpreises wegen des Vorliegens von *economic duress* sowie des Fehlens von *consideration* für nichtig erachtete.[551] Außer der Frage, ob *economic duress* tatsächlich

---

546 *Burrows*, The Law of Restitution, S. 274; *Beale, Duress and Undue Influence, in: Beale, Chitty on Contracts*, S. 691; *Enonchong*, Duress, Undue Influence and Unconscionable Dealing, S. 14.

547 *Burrows*, The Law of Restitution, S. 274.

548 *Beale, Duress and Undue Influence, in: Beale, Chitty on Contracts*, S. 691.

549 *Burrows*, The Law of Restitution, S. 274.

550 *Atlas Express Ltd v Kafco (Importers and Distributors)* Ltd [1989] 1 Q.B. 833, *Beale*, Chitty on Contracts, Vol. I, S. 691.

551 *Atlas Express Ltd v Kafco (Importers and Distributors) Ltd* [1989] 1 Q.B. 833, 841. Die Abweisung der Klage wegen fehlender *consideration* spielte kaum eine Rolle. Dies

im englischen Recht existiere, widmete sich Richter Tucker in seinen Entscheidungsgründen hauptsächlich der Rechtswidrigkeit.[552] Er bezog sich dabei auf die Ausführungen von Eveleigh L.J. im Urteil *B. & S. Contracts and Design Ltd. v Victor Green Publications Ltd.*[553] Im Anschluss sah Tucker es als erwiesen an, dass die Drohung der Kläger rechtswidrig war.[554]

Mit *Atlas Express* liegt somit ein Fall zur *economic duress* vor, der nicht den *fairness*-Test beschreitet. Wäre Tucker J. dem Test gefolgt, so hätte er die Drohung des Klägers als rechtmäßig einstufen müssen, da die vertragliche Ausgangssituation für ihn nachteilhaft war und die Forderung nach einer höheren Vergütung zu einer gerechten Modifikation des Vertrags führen sollte. Dagegen machte Tucker J. mit seinem Urteil klar, dass eine Forderung, welche einen ungünstigen Vertrag korrigieren solle, keineswegs zur Rechtswidrigkeit der Drohung führe. Die Entscheidung spricht daher dezidiert gegen den *fairness*-Test.

bb) Schwächen des Tests

In der Praxis hätte der *fairness*-Test zur Folge, dass die Gerichte entscheiden müssten, ob die ursprünglichen Vertragsbestimmungen unbillig waren. Allerdings halten sich die englischen Gerichte üblicherweise wohlweislich von solchen Entscheidungen fern.[555] Hierin ist das erste Problem des Ansatzes zu sehen. Selbst wenn sich die Gerichte dieser Aufgabe annehmen, so ist nicht klar, wann genau etwas billig bzw. unbillig ist. Der Ansatz beinhaltet somit ein hohes Maß an Unsicherheit.[556] Auch ist zu befürchten, dass der *fairness*-Test zu einem sehr engen Anwendungsbereich der *economic duress* als Nichtigkeitsgrund im englischen

---

dürfte damit zusammenhängen, dass im Gegensatz zu Fällen wie *Williams v Roffey* oder *In RE Selectmove* es an einem praktischen Vorteil (*practical benefit)* fehlte, der jedoch für eine *consideration* erforderlich wäre.

552 *Atlas Express Ltd v Kafco (Importers and Distributors) Ltd* [1989] 1 Q.B. 833, 839 ff.

553 *Atlas Express Ltd v Kafco (Importers and Distributors) Ltd* [1989] 1 Q.B. 833, 841, Eveleigh L.J. in *B. & S. Contracts and Design Limited v Victor Green Publications Ltd.* [1984] I.C.R. 419, 423 f: „*For the purpose of this case it is sufficient to say that if the claimant has been influenced against his will to pay money under the threat of unlawful damage to his economic interest he will be entitled to claim that money back*".

554 *Atlas Express Ltd v Kafco (Importers and Distributors) Ltd* [1989] 1 Q.B. 833, 841: „*Reverting to the case before me, I find that the defendants' apparent consent to the agreement was induced by pressure which was illegitimate and I find that it was not approbated*".

555 *Burrows*, The Law of Restitution, S. 274; *Mitchell/Mitchell/Watterson*, Goff & Jones: The Law of Unjust Enrichment, S. 327.

556 *Virgo*, Restitution, S. 206.

Recht führt.[557] Es ist wahrscheinlich, dass eine Vertragsänderung selten als unbillig eingestuft werden wird.[558] So waren beispielsweise in vielen Entscheidungen der *economic duress* die geforderten Bedingungen verhältnismäßig.[559]

cc) Bewertung

Neben den bereits soeben genannten Schwächen spricht auch gegen den Test, dass Verträge, unabhängig davon wie ungünstig sie für den Vertragspartner sind, einzuhalten sind. Das Recht, über Inhalt und Vertragspartner frei zu verfügen, ist unmittelbarer Ausdruck der Privatautonomie. Damit gehen nicht nur Vorteile einher, sondern auch Nachteile. Wer sich auf einen ungünstigen Vertrag einlässt, muss mit den Konsequenzen seines Handelns umgehen können. Dazu gehören unter anderem Schadensersatzpflichten oder die Privatinsolvenz. Schließlich ist es nicht die Aufgabe von *common law* und *equity*, eine Vertragspartei von einem ungünstigen Vertrag zu befreien.[560] Zwar erkennt das *common law* Situationen an, in denen außerordentliche Umstände zur Aussetzung der Bindungswirkung führen, jedoch sind diese äußerst restriktiv zu handhaben.[561]

Sollte es an einem Gleichgewicht zwischen den Parteien fehlen, so bietet das Recht grundsätzlich eine Reihe von Mechanismen zum Ausgleich an: dies sind beispielsweise die Regeln zur Geschäftsfähigkeit, Irrtum, Verbraucherschutz, Störung der Geschäftsgrundlage, Wettbewerbsrecht oder Wucher. Wer allerdings kommerzielle Risiken eingeht, sollte später nicht die Möglichkeit erhalten, diese durch gerichtliche Unterstützung wieder auf die andere Partei zu verlagern.[562] Der *fairness*-Test ist daher für die Prüfung einer Rechtswidrigkeit abzulehnen.

---

557 *Burrows*, The Law of Restitution, S. 274.

558 *Burrows*, The Law of Restitution, S. 274.

559 *Burrows*, The Law of Restitution, S. 274.

560 *Bigwood*, Exploitative Contracts, S. 337 Fn. 311.

561 Vgl. Viscount Simonds in *Davis Contractors Ltd v Fareham Urban District Council* [1956] AC 696, 716: „*Equally, if, as is held by some, the true doctrine rests, not on an implied term of the contract between the parties, but on the impact of the law on a situation in which an unexpected event would make it unjust to hold parties to their bargain, I would emphasize that in this aspect the doctrine has been, and must be, kept within very narrow limits*", ähnlich auch Lord Radcliffe auf S. 727: „*Frustration is not to be lightly invoked as the dissolvent of a contract*". Der restriktive Anwendungsbereich wurde später durch Lord Roskill in *Pioneer Shipping Ltd v BTP Tioxide Ltd* [1982] AC 724, 752 ff. bestätigt, vgl. *Bigwood*, Exploitative Contracts, S. 337 Fn. 311.

562 *Beatson*, Unjust Enrichment, *S. 126; Mitchell/Mitchell/Watterson*, Goff & Jones: The Law of Unjust Enrichment, S. 317.

d) Opportunismus

Schließlich schlägt *Halson* eine wirtschaftliche Betrachtung für die Rechtswidrigkeitsprüfung vor.[563] Demnach ist eine Vertragsmodifikation immer dann rechtmäßig, wenn sich die vertraglichen Umstände wesentlich geändert haben und die Parteien mit ihrer Anpassung lediglich darauf reagiert haben.[564] Wenn sich die Umstände nicht verändert haben, so sollen vertragliche Anpassungen nicht wirksam werden, da hier ansonsten die Schwäche einer Partei durch die stärkere Partei ausgenutzt wird.[565] Der Test stuft damit ein opportunistisches Verhalten einer Partei als rechtswidrig ein. Aus wirtschaftlicher Sicht ist opportunistisches Verhalten verschwenderisch, da es zu einer Erhöhung der Leistung führt, ohne dass sich die Gegenleistung korrespondierend erhöht.[566]

Für die Rechtmäßigkeit der Drohung ist demnach entscheidend, dass die veränderten Umstände nicht von den Parteien vorhergesehen wurden.[567] Reagieren die Parteien mit der Vertragsmodifikation lediglich auf entsprechende Veränderungen, so soll die spätere Vereinbarung ihre Wirksamkeit bewahren. Ebenfalls könne hier eine Proportionalität zwischen den veränderten Umständen einerseits und den vertraglichen Änderungen andererseits verlangt werden.[568] Solange die Modifikation des Vertrags im Verhältnis zum eingetretenen Ereignis proportional ist, liege kein Fall von Opportunismus vor.[569]

Überzeugend an dieser Ansicht ist die Einbeziehung objektiver Faktoren. Demnach müssten die Gerichte lediglich den ursprünglichen Vertrag untersuchen und die Absprachen der Parteien sowie die Umstände berücksichtigen.[570] Zugleich kann man diesen Ansatz aber nur schwer von den etablierten Tests – Erklärung von Tatsachen, Bösgläubigkeit und Billigkeit der Forderung – unterscheiden. Wenn beide Vertragspartner einen sich ändernden Umstand nicht vorhergesehen haben und im Anschluss eine Partei eine Änderung dieses Umstands begehrt, so erklärt sie damit lediglich Tatsachen. Ähnliches gilt auch zum Unterscheidungsmerkmal der Bösgläubigkeit, da eine Partei, die lediglich auf veränderte Umstände reagiert und eine Anpassung fordert, nicht bösgläubig handelt. So spricht beispielsweise *Birks* zwar von einer Rechtswidrigkeit, wenn

---

563 *Halson*, L.Q.R. 1991, 649, 649 ff.
564 *Halson*, L.Q.R. 1991, 649, 662 f.
565 *Halson*, L.Q.R. 1991, 649, 649 ff.
566 *Halson*, L.Q.R. 1991, 649, 651.
567 *Halson*, L.Q.R. 1991, 649, 662 f.; *Smith*, C.L.J. 1997, 343, 348.
568 *Bigwood*, Exploitative Contracts, S. 339 f.
569 *Halson*, L.Q.R. 1991, 649, 663.
570 *Halson*, L.Q.R. 1991, 649, 652.

ein Vertragspartner die Schwäche der anderen Partei ausbeutet, zugleich knüpft er dabei aber an die Bösgläubigkeit der die Vertragsmodifikation begehrenden Partei an.[571] Zuletzt ist eine Forderung nach einer höheren Gegenleistung nicht unbillig (und damit rechtmäßig), wenn sich die Umstände verändert haben. Damit entspricht der opportunistische Test auch dem Test, der auf die Billigkeit der Forderung abstellt.

Im Ergebnis erscheint dieses Unterscheidungsmerkmal im Vergleich zu anderen nicht selbstständig zu sein. Es ist eher als Ausdruck der anderen, bereits geschilderten Tests zu verstehen.

3. Stellungnahme zum Vertragsbruch

Ein angedrohter Vertragsbruch kann einen Fall von *economic duress* auslösen, problematisch ist jedoch die Frage, ob die Androhung rechtswidrig ist. Die Entscheidungen zur Prüfung der Rechtswidrigkeit im Rahmen eines angedrohten Vertragsbruchs widersprechen sich hinsichtlich des einschlägigen Differenzierungstests. Insbesondere wird häufig angeführt, dass keine der verschiedenen Theorien für sich alleine überzeuge.[572]

Der Differenzierungstest, der darauf abstellt, ob eine Partei überhaupt eine Drohung abgegeben oder lediglich auf tatsächliche Umstände hingewiesen hat (*stating the inevitable*), findet zwar im *Williams v Roffey-Urteil* Anklang, zugleich bestehen gewichtige Argumente, die gegen eine Anwendung als alleiniges Unterscheidungsmerkmal sprechen. Neben einem engen Anwendungsbereich würde der Test verschleierte Drohungen (*veiled threats*) nicht erfassen. Auch der Bösgläubigkeitstest (*bad faith*) bietet Angriffsflächen. Zwar gibt es mehrere Entscheidungen, die auf ihn zurückgreifen, jedoch wurde er bisher nur in einem Urteil angewendet. Zudem steht er den traditionellen Wertungen des Vertrags- und Bereicherungsrechts entgegen.

Aus diesen Gründen scheint alleine eine Kombinationstheorie plausibel.[573] Letztendlich beschäftigen sich die Tests mit der Wertungsfrage, nach der die ungerechte Ausnutzung einer strategisch günstigen Vertragsposition rückgängig

---

571 *Birks*, Law of Restitution, S. 183: „*The simplest and most open course would be to restrict the right to restitution to the case in which the defendant sought, mala fide, to exploit the weakness of the plaintiff*".

572 *Burrows*, The Law of Restitution, S. 275; *Bigwood*, Exploitative Contracts, S. 301; *Enonchong*, Duress, Undue Influence and Unconscionable Dealing, S. 14.

573 *Enonchong*, Duress, Undue Influence and Unconscionable Dealing, S. 14; *Seddon*, Compulsion in Commercial Dealings, in: *Finn*, Essays on Restitution, S. 152 ff.

gemacht werden soll.[574] *Enonchong* und *Seddon* gehen daher von einer Kombination aller drei Tests aus.[575] Dabei werden die drei Differenzierungstests – Erklärung von Tatsachen, Bösgläubigkeit und Billigkeit der Forderung – verknüpft.[576]

Eine Kombination der verschiedenen Tests ist zu begrüßen. Allerdings sollte der Billigkeitstest (*fairness of demand*) aufgrund seiner Schwächen nicht mit in die Prüfung einfließen. Die Bedenken hinsichtlich der gerichtlichen Überprüfungen von Vertragsbestimmungen, welche zu einem begrenzten Anwendungsbereich führen, sprechen gegen den Test. Zudem würde die Partei, welche sich auf einen ungünstigen Vertrag eingelassen hat, zu Unrecht begünstigt werden, da nach dem Billigkeitstest eine Drohung rechtmäßig wäre. Ähnliches gilt auch für den Test hinsichtlich des opportunistischen Verhaltens. Hier bestehen ebenfalls erhebliche Zweifel, da es kaum möglich ist, den Test von den anderen Formeln abzugrenzen.

Es wird daher vorgeschlagen, dass eine Handlung dann als rechtswidrig einzustufen ist, wenn die Kernfaktoren der zwei Differenzierungstests vorliegen. Somit ist die Forderung nach einer Vertragsmodifikation stets rechtswidrig, wenn die fordernde Partei erstens bösgläubig ist und zweitens nicht die Wahrheit äußert.

D. Zwischenergebnis zur Rechtswidrigkeit

Die Frage der Rechtswidrigkeit, insbesondere unter dem Aspekt der Abgrenzung zu harten Vertragsverhandlungen, gestaltet sich schwierig bei der Prüfung von *economic duress*.[577] Die Einordnung, ob sich eine Partei rechtswidrig oder rechtmäßig verhält, ist weiterhin nicht abschließend geklärt.[578] Daraus kann die Gefahr abgeleitet werden, dass den Gerichten auf dem Gebiet unbeschränkte

574 *Bigwood* geht von weiteren Tests aus: „*All of this is recognized, more or less, by other commentators in the field, among whom there is a consensus that a contract will not be enforced if it is extracted in bad faith, or in a deliberately oppressive, extortionate, exploitative, opportunistic or unconscionable manner. We can take these various pejoratives to be synonymous in this context, for all describe essentially the law's basic concern with disentitling D from taking unfair strategic advantage of P's peculiar situation of vulnerability*", *Bigwood*, Exploitative Contracts, S. 334 f.

575 *Enonchong*, Duress, Undue Influence and Unconscionable Dealing, S. 14; *Seddon*, Compulsion in Commercial Dealings, in: *Finn*, Essays on Restitution, S. 152 ff.

576 *Enonchong*, Duress, Undue Influence and Unconscionable Dealing, S. 14; *Seddon*, Compulsion in Commercial Dealings, in: *Finn*, Essays on Restitution, S. 152 ff.

577 *Phang*, R.L.R. 1997, 53, 57.

578 *Carty/Evans*, JBL 1983, 218, 225.

Möglichkeiten zum Eingriff in Handels- und Industriestreitigkeiten verliehen werden.[579] Vermutlich ist diese Sorge etwas überspitzt und beruht auf der typischen Angewohnheit von englischen Juristen, Urteile lieber anhand der jeweiligen Tatsachen zu entscheiden und nicht aufgrund von übergeordneten, allgemeinen Prinzipien.[580] Als Indiz für diese Sorge kann die Aussage von Steyn LJ in der *CTN Cash and Carry*-Entscheidung herangezogen werden: „*Miss Heilbron cited a number of authorities which illustrate developments in this branch of the law* [Rechtswidrigkeit]. *While I found the exercise of interest, I was reminded of the famous aphorism of Oliver Wendell Holmes that general propositions do not solve concrete cases. It may only be a half-truth, but in my view the true part applies to this case.*“[581]

Aufgrund der bisherigen Ausführungen können die folgenden Ergebnisse festgehalten werden: strafrechtliche und deliktische Handlungen sind ohne größere Schwierigkeiten als rechtswidrig zu qualifizieren (*unlawful threats*). Schwierig ist dagegen die Differenzierung bei Drohungen, die rechtmäßig sind (*lawful threats*). Hier muss weiter zwischen den Fallgruppen unterschieden werden. Die Androhung gegenüber einer Person, dass man die Herausgabe des eigenen Eigentums ihr gegenüber verlangen werde, erfüllt nicht die Anforderungen für eine Rechtswidrigkeit. Ähnlich ist es auch bei der Ankündigung, künftig keinen Vertrag abschließen zu wollen. Dagegen kann der angedrohte Vertragsbruch durchaus als rechtswidrig eingestuft werden.

579 *Carty/Evans*, JBL 1983, 218, 225.

580 Hierzu siehe *Phang*, R.L.R. 1997, 53, 56 f.

581 *CTN Cash and Carry Ltd v Gallaher Ltd* [1994] 4 All ER 714, 717; *Phang*, R.L.R. 1997, 53, 56 f.; die Aussage von Holmes J entstammt der US-Amerikanischen Entscheidung *Lochner v. New York*, 198 U.S. 45 (1905).

6. Abschnitt: Konkurrenzen

A. Einleitung

Da die *economic duress* erst seit 1976 anerkannt ist,[582] gab es zunächst verschiedene Lösungsansätze, um die Rechtsstreitigkeiten zu lösen, in denen eine Partei wirtschaftlichen Druck auf die andere Partei ausgeübt hatte. Hierbei wurde insbesondere auf das Deliktsrecht (*tort*) und das Billigkeitsrecht (*equity*) zurückgegriffen. Es lag allerdings auf der Hand, dass diese alternativen Rückgriffe nur provisorischen Charakter hatten, um typische *economic duress*-Konstellationen zu lösen.[583] Vereinzelt wird auch vertreten, dass die *duress* im *common law* schon immer als Einwendung akzeptiert wurde, jedoch nicht zur Anwendung kam, aufgrund der Bereitwilligkeit der *equity*-Gerichte *duress*-Streitigkeiten im Rahmen der *equity* einzuordnen.[584] So wird häufig die Figur der *undue influence* in *economic duress*-Sachverhalten eine Rolle spielen. Des Weiteren ist die *consideration*-Doktrin bei Vertragsmodifikationen relevant. Entsprechend werden an dieser Stelle die Institute kurz dargestellt und ihr Verhältnis zur *economic duress* beleuchtet.

B. *Tort*

Eine Drohung gegenüber einer anderen Person kann unter Umständen auch ein deliktisches Verhalten darstellen. Entsprechend sind Überschneidungen zwischen dem *tort law* und dem *contract law* denkbar. Das englische Deliktsrecht enthält keine Generalklauseln, sondern lediglich einzelne Spezialtatbestände (*torts*) unter denen ein entsprechender Sachverhalt zu prüfen ist, wie beispielsweise *trespass*, *nuisance* oder *negligence*.[585] Rechtsstreitigkeiten, die heutzutage

---

582 *Occidental Worldwide Investment Cpn. v Skibs A/S Avanti* [1976] 1 Loyd's Rep. 293.

583 *Reiter*, Ox.J.L.S. 1981, 347, 360. *Reiter* spricht von mehreren Problembereichen, die dazu führten, dass man eine Lösung mittels der *equity* suchte, die zugleich aber auch die Privatautonomie gefährdete: „*Consider, for instance, the ‚law of' penalties, forfeitures, expectant heirs, or the various forms of duress (ranging from duress of the person, through duress colore officii, practical duress and economic duress). It is only by ignoring the existence of all these various 'pockets' of law that a theory devoid of a notion of limits to contract power should be constructed*".

584 *Waddams*, MLR 1976, 369, 384 f.

585 *Zweigert/Kötz*, Einführung in die Rechtsvergleichung, S. 607 ff.; für eine Übersicht über die verschiedensten *torts* siehe *von Bar*, Common European Law of Torts, S. 281–297.

mittels der Rechtsfigur der *economic duress* entschieden werden, unterlagen früher zum Teil dem Deliktsrecht, wobei die Streitigkeiten häufig durch den deliktischen Tatbestand der *intimidation* gelöst wurden.

I. *Intimidation*

Bei dem *tort of intimidation* handelt es sich um einen sog. *economic tort*. Die *economic torts* zeichnen sich dadurch aus, dass sie die wirtschaftlichen Interessen und Güter einer Partei schützen.[586] Parallel zu den *duress* Fällen nahm auch die Anwendung des *torts of intimidation* zu.[587] Der *tort of intimidation* liegt vor, wenn eine Person durch eine Drohung mit einer rechtswidrigen Handlung dazu bewegt werden soll, eine Handlung entweder zu begehen oder zu unterlassen.[588] Hieraus muss dem Bedrohten oder einem Dritten ein Schaden entstehen.[589] Insbesondere gilt auch zu beachten, dass der Drohende eine *intention* vorweisen, also vorsätzlich handeln muss.[590]

1. Rookes v Barnard

Ein bedeutendes Urteil zur *intimidation*, in dem ein angedrohter Vertragsbruch im Mittelpunkt steht, ist *Rookes v Barnard*[591]. Die Entscheidung des *House of Lords* aus dem Jahr 1964 betrifft eine gewerkschaftliche Auseinandersetzung, die dazu führte, dass der Kläger, der bei einer Fluggesellschaft beschäftigt war, aus seiner Gewerkschaft austrat. Dem stand jedoch eine Vereinbarung zwischen der Fluggesellschaft und der Gewerkschaft entgegen, nach der nur Mitglieder der Gewerkschaft für die Fluggesellschaft tätig sein durften (sog. *closed shop agreement*). Die Gewerkschaft drohte der Fluggesellschaft mit einem sofortigen Streik, falls der Kläger nicht entlassen werde, woraufhin er zunächst suspendiert und nach zwei Monaten aus dem Arbeitsverhältnis entlassen wurde. Der Kläger verlangte anschließend vom Vorsitzenden der Gewerkschaft sowie weiteren Führungsmitgliedern Schadensersatz. Sein Begehren stützte er auf den Vortrag,

586 *Deakin/Johnston/Markesinis*, Markesinis and Deakin's Tort Law, S. 571; *Simpson, Economic Torts, in: Dugdale/Jones, Clerk & Lindsell on Torts,* S. 1492.

587 *Wedderburn*, MLR 1982, 556, 557.

588 *McBride/Bagshaw*, Tort Law, S. 422; *Simpson, Economic Torts, in: Dugdale/Jones, Clerk & Lindsell on Torts,* S. 1554 ff.

589 *Simpson, Economic Torts, in: Dugdale/Jones, Clerk & Lindsell on Torts,* S. 1554 ff.

590 *Simpson, Economic Torts, in: Dugdale/Jones, Clerk & Lindsell on Torts,* S. 1555.

591 *Rookes v Barnard* [1964] AC 1129.

die Streikandrohung sei rechtswidrig gewesen, weshalb ein Fall von *intimidation* vorgelegen habe.

Das *House of Lords* hielt das Vorbringen des Klägers für begründet. Lord Reid nahm einen Fall von *intimidation* an und vertrat die Ansicht, dass hierunter nicht nur die Drohung einer kriminellen oder deliktischen Handlung falle, sondern auch die Androhung eines Vertragsbruchs.[592] Bezugspunkt für die Rechtswidrigkeit der Androhung war der Umstand, dass die Mitglieder der Gewerkschaft im konkreten Fall nicht zum Streik berechtigt waren, ihre Streikankündigung folglich unzulässig war. Da sie jedoch einen Streik in Aussicht gestellt hatten, war ihre Drohung unzulässig.[593] Die Entscheidung führte zu einer Neuausrichtung der *intimidation*-Lehre, da zuvor nur physische Androhungen oder Betrug die erforderliche Rechtswidrigkeit einer Drohung begründen konnten.[594]

2. *D. & C. Builders Ltd. v Rees*

Eine weitere Entscheidung zum *tort of intimidation* ist *D. & C. Builders Ltd v Rees*[595] aus dem Jahr 1965. Das Urteil des *Court of Appeal* ist von großer Bedeutung, vor allem im Hinblick auf die *consideration*-Doktrin, aber auch der *tort of intimidation* kam in der Entscheidung zur Anwendung.

Gegenstand des Rechtsstreits war der ausstehende Werklohn für Bauarbeiten, welche die Kläger am Haus der Beklagten durchgeführt hatten. Der vereinbarte Lohn für die Arbeiten betrug 732 GBP, allerdings hatte die Beklagte nach Abschluss der Arbeiten lediglich 250 GBP an die Kläger gezahlt, womit noch 482 GBP geschuldet wurden. Ein halbes Jahr, nachdem die Kläger die Zahlung des Werklohns verlangt hatten, unterbreitete die Beklagte ein Angebot, wonach sie nur noch zur Zahlung von 300 GBP bereit war. Damit hätte die Annahme des Angebots für das Unternehmen einen Verzicht auf 182 GBP des ausstehenden Werklohns bedeutet. Für die Kläger war dies problematisch, da ihre finanzielle Lage im Zeitpunkt des Angebots stark angespannt war und ihnen die Insolvenz drohte. Um dem zu entgehen, nahmen sie das Angebot an. Später klagten sie erfolgreich auf Zahlung des ausstehenden Betrags.

---

592 *Rookes v Barnard* [1964] AC 1129, 1168: „*I can see no difference in principle between a threat to break a contract and a threat to commit a tort*".

593 *Deakin/Johnston/Markesinis*, Markesinis and Deakin's Tort Law, S. 590.

594 *Deakin/Johnston/Markesinis*, Markesinis and Deakin's Tort Law, S. 590.

595 *D. & C. Builders Ltd. v Rees* [1965] 2 Q.B. 617.

Zu Recht erkannte Lord Denning, dass die Beklagten dem Unternehmen mit dem Vertragsbruch drohten, um so die Handwerker zur Zahlung zu zwingen.[596] Dabei hielt Denning knapp fest, dass solch ein Verhalten den *tort of intimidation* erfüllt.[597] Des Weiteren verwies er auf *Rookes v Barnard*.[598]

II. *Universe Tankships of Monrovia v International Transport Workers Federation*

Im Spannungsfeld zwischen *tort* und *duress* ist häufig von dem Urteil *Universe Tankships of Monrovia v International Transport Workers Federation* die Rede.[599] In der Entscheidung des *House of Lords* aus dem Jahr 1983 hatte die Gewerkschaft ITF (International Transport Worker's Federation), welche eine weltweite Streikkampagne gegen Reedereien führte, die vom *flags of convenience*-Prinzip[600] Gebrauch machten, ein Schiff durch Streikmaßnahmen an der Abfahrt gehindert, da dieses unter liberianischer Flagge fuhr. Konkret hatten dabei die Kapitäne der Schleppboote gestreikt, deren Einsatz für das Ablegen im Hafen zwingend erforderlich war. Die Aufhebung der Streikmaßnahmen wurde von der Erfüllung zweier Forderungen abhängig gemacht: einerseits einer rückwirkenden Zahlung von Gehaltserhöhungen an die Besatzungsmitglieder des Schiffs in Höhe von 80.000 USD und andererseits einer Zahlung von 6.480 USD in den Wohlfahrtsfond der Gewerkschaft.[601] Die Reederei kam den Forderungen nach, und das Schiff konnte abfahren, anschließend klagte die Reederei auf Rückzahlung.

Im Rahmen des Falles spielten Streikimmunitäten eine wichtige Rolle. Sie führten dazu, dass die Reederei ihre Klage dahingehend änderte, dass nur noch die Zahlung von 6.480 USD begehrt wurde. Grund hierfür war der *Trade Union and Labour Relations Act* (TULRA) von 1974, welcher der Rückzahlung der

---

596 *D. & C. Builders Ltd.* [1965] 2 Q.B. 617, 625: „[…] *she was putting undue pressure on the creditor. She was making a threat to break the contract (by paying nothing) and she was doing it so as to compel the creditor to what he was unwilling to do (to accept 300 in settlement): and she succeeded. He complied with her demand*".

597 *D. & C. Builders Ltd. v Rees* [1965] 2 Q.B. 617: „*That was on recent authority a case of intimidation*".

598 *D. & C. Builders Ltd. v Rees* [1965] 2 Q.B. 617, 625.

599 *Universe Tankships of Monrovia v International Transport Workers Federation* [1983] AC 366.

600 Zum flags of convenience-Prinzip bzw. Ausflaggung siehe oben S. 38 Fn. 190.

601 Die Zahlung in den Versorgungsfond sollte sich später als streitentscheidend erweisen, siehe hierzu Lord Scarman in *Universe Tankships of Monrovia v International Transport Workers Federation* [1983] AC 366, 401.

80.000 USD entgegenstand, da diese Forderung der Verbesserung der Löhne der Besatzungsmitglieder diente. Somit lag ein arbeitsrechtlicher Bezug vor, weshalb section 13 TULRA zur Anwendung kam. Nach der Vorschrift begründeten Streikhandlungen kein deliktisches Verhalten.[602] Die Reederei wich daher von ihrer ursprünglichen Forderung ab und verlangte nur noch die Rückzahlung der in den Versorgungsfond eingezahlt 6.480 USD.

Der Reederei wurde ein Anspruch auf Rückzahlung der 6.480 USD aufgrund von *duress* zugesprochen. Begründet wurde dies damit, dass die Gelder nicht unmittelbar den Arbeitern zugutekamen, sondern dem Wohlfahrtsfond der Gewerkschaft. Der Wohlfahrtsfond wurde allerdings nicht als ein *trust* eingestuft, der den Arbeitern zumindest mittelbar zugutegekommen wäre. Stattdessen handelte es sich um einen Fond, den die Gewerkschaft für ihre eigenen Aktionen und Ziele nutzen konnte. Damit fehlte es an einem *trade dispute* im Sinne von section 29 TULRA, so dass das Verhalten nicht von der Streikimmunität gem. section 13 TULRA erfasst wurde.[603]

---

602 Trade Union and Labour Relation Act 1974, 13.-(1) An act done by a person in contemplation or Acts in furtherance of a trade dispute shall not be actionable in tort contemplation on the ground only- or furtherance of trade
(a) that it induces another person to break a contract of employment; or
(b) that it consists in his threatening that a contract of employment (whether one to which he is a party or not) will be broken or that he will induce another person to break a contract of employment to which that other person is a party.

603 Trade Union and Labour Relation Act 1974, section 29.-(1) In this Act "trade dispute" means a dispute between employers and workers, or between workers and workers, which is connected with one or more of the following, that is to say-
(a) terms and conditions of employment, or the physical conditions in which any workers are required to work;
(b) engagement or non-engagement, or termination or suspension of employment or the duties of employment, of one or more workers;
(c) allocation of work or the duties of employment as between workers or groups of workers;
(d) matters of discipline;
(e) the membership or non-membership of a trade union on the part of a worker;
(f) facilities for officials of trade unions; and
(g) machinery for negotiation or consultation, and other procedures, relating to any of the foregoing matters, including the recognition by employers or employers' associations of the right of a trade union to represent workers in any such negotiation or consultation or in the carrying out of such procedures.

Aufgrund der Streikimmunitäten des TULRA für deliktisches Verhalten wurde die Frage eines *torts* im konkreten Fall nur beiläufig behandelt. Lord Scarman führte hierzu aus, dass seiner Ansicht nach *economic duress* einen *tort* darstellen könnte, allerdings vertiefte er die Frage nicht.[604] Dies mag sich insbesondere damit erklären, dass ein *tort* hier aufgrund des TULRA ausgeschlossen war und weitere Aussagen aus Sicht von Lord Scarman damit überflüssig waren.[605] Dagegen führte Lord Diplock beiläufig aus, dass eine *economic duress* per se kein *tort* sei, sondern lediglich die Form der Drohung könne auch ein deliktisches Verhalten darstellen.[606]

III. Verhältnis zur *economic duress*

Was das Verhältnis der *economic duress* zum *tort law* betrifft, so scheint die Anwendung der *economic duress* vorzugswürdig zu sein. Zunächst lässt sich dies damit begründen, dass die *economic duress* in kollektiv-arbeitsrechtlichen Streitigkeiten dem Gläubiger größere Freiheiten gewähren dürfte, da ihre Anwendung nicht durch Streikimmunitäten verhindert wird, wie es beispielsweise bei deliktischen Verhalten der Fall ist. Zugleich ist darauf hinzuweisen, dass der Schutz von kollektiv-arbeitsrechtlichen Maßnahmen im Vergleich zu früher schwächer ist.[607]

Ferner ist die Ausweitung der *economic torts* durch Schaffung eines *torts* der *economic duress*, wie es Lord Scarmann in der *Universe Tankships*-Entscheidung anführte,[608] abzulehnen, da dies zu einer drastischen und kaum überlegten

---

604 *Universe Tankships of Monrovia v International Transport Workers Federation* [1983] AC 366, 400: „[…] *and that duress* […] *is actionable as a tort, if it causes damage or loss* […]"; vgl. auch *Simpson, Economic Torts, in: Dugdale/Jones, Clerk & Lindsell on Torts,* S. 1642 Fn. 91.

605 *Universe Tankships of Monrovia v International Transport Workers Federation* [1983] AC 366, 401: „*The lawfulness or otherwise of the demand depends upon whether it was an act done in contemplation or furtherance of a trade dispute. If it was, it would not be actionable in tort: section 13 (1) of the Act*".

606 *Universe Tankships of Monrovia v International Transport Workers Federation* [1983] AC 366, 385: „*The use of economic duress to induce another person to part with property or money is not a tort per se; the form that the duress takes may, or may not, be tortious*". Siehe auch die Ausführungen zur Rechtswidrigkeit von deliktischen Handlungen oben, S. 72 f.

607 *Simpson, Economic Torts, in: Dugdale/Jones, Clerk & Lindsell on Torts,* S. 1642.

608 *Universe Tankships of Monrovia v International Transport Workers Federation* [1983] AC 366, 400.

Weiterentwicklung der *economic torts* führen würde.[609] Die *economic torts* haben alle gemeinsam, dass sie eine Schädigungsabsicht vom deliktisch Handelnden verlangen, während die *economic duress* eine solche nicht erfordert.[610] Im Übrigen sind die Anforderungen an den Druck bzw. die Handlung unterschiedlich, da die *economic torts* das Merkmal *unlawful means* erfordern, während *economic duress* eine *illegitimacy* (Rechtswidrigkeit) voraussetzt.[611] Letztes ist weiter zu verstehen, da die Androhung von rechtmäßigen Handlungen (*lawful means*) ebenfalls durch den Begriff *illegitimacy* erfasst wird. *Unlawful means* erfasst dagegen nur deliktisches und illegales Verhalten sowie den Vertragsbruch.[612] Bei der Annahme eines *torts* der *economic duress*, würde es daher zu systematischen Widersprüchen im Rahmen der *economic torts* kommen. Im Ergebnis genießt die *economic duress* deshalb gegenüber dem Deliktsrecht Vorrang.

C. *Undue influence*

Ein weiterer konkurrierender Rechtsbehelf für *economic duress*-Sachverhalte ist die *undue influence*, welche nicht zum *common law*, sondern zu der *equity*-Rechtsgrundsätzen zählt. Die *undue influence* stellt das Konkurrenzinstitut zur *duress* im *common law* dar.[613]

I. Die *equity*-Rechtsprechung

Bei der *equity* handelt es sich um eine Reihe von Regeln, Entscheidungen und Rechtsbehelfen, die durch den *High Court of Chancery* entwickelt und angewendet wurden[614] und das starre *common law* ergänzen.[615] Insbesondere die

609 *Carty/ Evans*, JBL 1983, 218, 224.
610 *Carty/ Evans*, JBL 1983, 218, 224.
611 *Carty/ Evans*, JBL 1983, 218, 224.
612 *Simpson, Economic Torts, in: Dugdale/Jones, Clerk & Lindsell on Torts*, S. 1559 ff.
613 *Enonchong*, Duress, Undue Influence and Unconscionable Dealing, S. 2.
614 *Hudson*, Equity & Trusts, S. 9; *Zweigert/Kötz*, Einführung in die Rechtsvergleichung, S. 185.
615 *Virgo*, Equity and Trusts, S. 5.

Kernprinzipien der *equity* sind von großer Bedeutung.[616] *Equity* im weiten Sinne bedeutet Gerechtigkeit, Moral und Ethik.[617]

Dementsprechend verfügt die *equity* über einen sehr engen Anwendungsbereich.[618] Dass sie im Vergleich zu den Rechtsinstituten des *common law* schneller zum Einsatz kommt, verdankt sie ihrer Entwicklung.

Im 13. Jahrhundert nahm der Einfluss des *common laws* stark zu, was zur Folge hatte, dass es dem Bürger aufgrund des *writ*-Systems nicht immer möglich war, sein Begehren gerichtlich durchzusetzen.[619] Insbesondere war das *common law* an verschiedenen Stellen fehlerhaft – unter anderem war das Recht unvollständig und gerichtliche Verfahren waren zu formalistisch gestaltet.[620] Als Folge entwickelte sich die Praxis, den König um Einschreiten zu bitten, da dieser seine außerordentliche gerichtliche Macht nutzen konnte, um dem Rechtsschutzsuchenden zu helfen.[621] Allerdings wurde diese Aufgabe nicht durch den König selbst wahrgenommen, sondern durch den *chancellor*.[622] Dessen Verantwortung für einschlägige Fälle wurde 1349 durch königlichen Befehl von Edward III bestätigt.[623] Schließlich bildete sich aus dieser Praxis eine eigene, unabhängige Gerichtsbarkeit, welche als *Court of Chancery* bezeichnet wurde.[624] Dies bedeutet jedoch nicht, dass die *equity* das *common law* gänzlich verdrängt. Im Gegenteil, eines der wichtigsten Prinzipien der *equity* besagt, dass grundsätzlich das *common law* Vorrang genießt und durch die *equity* nur komplementiert wird (*equity follows the law*).[625] Allerdings gilt diese Regel nicht, wenn die Anwendung des

---

616 *Hudson*, Equity & Trusts, S. 24 f.: "*Those principles are as follows: (a) Equity will not suffer a wrong to be without a remedy. (b) Equity follows the law. (c) Where there is equal equity, the law shall prevail. (d) Where the equities are equal, the first in time shall prevail. (e) Delay defeats equities (f) He who seeks equity must do equity (g) He who comes to equity must come with clean hands (h) Equality is equity (i) Equity looks to the intent rather than to the form. (j) Equity looks on as done that which ought to have been done. (k) Equity imputes an intention to fulfil an obligation. (l) Equity acts in personam*".

617 *McGhee*, Snell's Equity, S. 3.

618 *Virgo*, Equity and Trusts, S. 5.

619 *McGhee*, Snell's Equity, S. 6 f.

620 *Zweigert/Kötz*, Einführung in die Rechtsvergleichung, S. 184.

621 *Martin/Hanbury*, Modern Equity, S. 6.

622 *McGhee*, Snell's Equity, S. 7 ff.

623 *McGhee*, Snell's Equity, S. 7.

624 *Virgo*, Equity and Trusts, S. 6.; *Holdsworth/Burke*, A History of English Law, S. 400 ff.

625 *Hudson*, Equity & Trusts, S. 25 f.; *McGhee*, Snell's Equity, S. 95 f.

common law zu einem unbilligen Ergebnis führt.[626] In diesen Situationen ist die *equity* wiederum einschlägig.[627]

Der *Court of Chancery* wurde durch die *Judicature Acts* von 1873 und 1875 aufgehoben, so dass ab dem Zeitpunkt vor demselben Gericht *equity* und *common law* geltend gemacht werden können.[628] Trotzdem werden heute die *equity* und das *common law* als unabhängige Rechtsgebiete angesehen.

II. Voraussetzungen der *undue influence*

Ein Fall von *undue influence* liegt in der Regel dann vor, wenn eine Person durch ihren Einfluss oder ihre völlige Dominanz über eine andere Person diese zu einer Transaktion veranlasst.[629] In solchen Fällen kann der Vertrag durch *equity* aufgehoben werden. Ausschlaggebend hierfür ist nicht die Tatsache, dass der Betroffene über einen wesentlichen Punkt des Geschäfts getäuscht wurde, sondern der Umstand, dass das Urteilsvermögen des Betroffenen getrübt wurde, wodurch jener eine Entscheidung traf, die er unter gewöhnlichen Umständen nicht getroffen hätte.[630]

Im Rahmen der *undue influence* gilt es zu unterscheiden, ob der Einfluss vermutet wird (*presumed*) oder tatsächlich besteht (*actual*).[631] Der Unterschied zwischen beiden Formen liegt in der Beziehung zwischen den Parteien. Bei der *presumed undue influence* liegt ein besonderes Vertrauensverhältnis zwischen den Parteien vor, wie es beispielsweise zwischen Eltern und Kindern oder Ärzten und Patienten der Fall ist.[632] Fehlt es hingegen an solch einem Vertrauensverhältnis, so kommt eine tatsächliche Einflussnahme immer noch in Betracht (*actual undue influence*). In diesem Fall ist jedoch der Nachweis der tatsächlichen Einflussnahme zu erbringen.[633]

626 *Hudson*, Equity & Trusts, S. 26; *McGhee*, Snell's Equity, S. 95.

627 *Hudson*, Equity & Trusts, S. 26; *McGhee*, Snell's Equity, S. 95.

628 *Martin/Hanbury*, Modern Equity, S. 14 ff.

629 *Pettit*, Equity, S. 710 ff.; *McGhee*, Snell's Equity, S. 204; *Martin/Hanbury*, Modern Equity, S. 854 ff.; *Pollock*, Principles of Contract at Law and in Equity, S. 503 ff.

630 *Martin/Hanbury*, Modern Equity, S. 854.

631 *McGhee*, Snell's Equity, S. 208 ff.; *Martin/Hanbury*, Modern Equity, S. 855 ff.; *Pettit*, Equity, S. 711.

632 *Martin/Hanbury*, Modern Equity, S. 855 f.; *Pettit*, Equity, S. 711; *McGhee*, Snell's Equity, S. 209 f.

633 *Martin/Hanbury*, Modern Equity, S. 855 f.; *Pettit*, Equity, S. 711; *McGhee*, Snell's Equity, S. 209 f.

Nachfolgend sollen die Entscheidungen *Ormes v Beadel* sowie *Allcard v Skinner* dargestellt werden. Beide Sachverhalte verfügen über eine große Nähe zur *duress* im *common law* und wären unter Umständen heutzutage auf der Grundlage der *economic duress* entschieden worden. Allerdings war die *economic duress* in den Zeitpunkten der Entscheidungen – 1860 (*Ormed v Beadel*) und 1887 (*Allcard v Skinner*) – noch nicht entwickelt, so dass die *equity* aufgrund des *equity follows the law*-Prinzips nicht im Konflikt mit dem *common law* stand und hier zur Anwendung kam.

III. *Ormes v Beadel*

In der Entscheidung *Ormes v Beadel*[634] aus dem Jahr 1860 hatte der beklagte Architekt mit dem Kläger, einem Bauarbeiter, einen Werkvertrag über Arbeiten an einem Grundstück abgeschlossen. Nachdem der Kläger bereits zwei Monate an dem Grundstück gearbeitet hatte, verweigerte der Beklagte die weitere Bezahlung für die Arbeiten. Anschließend bewegte er den Kläger dazu, neue Vertragsbedingungen zu akzeptieren, welche vorsahen, dass der Werklohn wesentlich niedriger war als früher vereinbart. Zudem sollte der ursprüngliche Vertrag zwischen beiden aufgehoben werden und ein neuer Unternehmer die Arbeiten fortsetzen. Hiervon war der Handwerker wenig angetan, allerdings benötigte er den Lohn dringend, um die Gehälter seiner Angestellten zahlen zu können, was dem Architekten auch bewusst war.[635]

Eine Aufhebung des Vertrags unter dem *common law* war nicht möglich, da die *economic duress* 1860 noch nicht entwickelt war. Das Gericht sah es allerdings als erwiesen an, dass die vorliegende Abmachung auf unbillige Art und Weise erlangt worden war und hob den Vertrag aufgrund von *undue influence* auf.[636]

---

634 *Ormes v Beadel* (1860) Giff 166.

635 *Ormes v Beadel* (1860) Giff 166, 173 f.: „*As to the circumstances under which the Plaintiff signed the letter of the 11th of December, it is clearly proved that on the 11th of December, and for the previous fortnight, he was so much in want of money that he was unable to pay his workmen, and that the workmen complained that they were starving. Both the Defendants, Copland and Chancellor, well knew that the Plaintiff was under this grievous pressure*".

636 *Ormes v Beadel* (1860) Giff 166, 175: „*An agreement, exacted under such circumstances, is unfairly obtained, and should be set aside*".

IV. *Allcard v Skinner*

Bedeutsam für die *undue influence* ist auch das Urteil *Allcard v Skinner*[637] vom *Court of Appeal* 1887. Hier wurde eine Frau auf den Orden „St. Mary at the Cross" aufmerksam, der sich insbesondere der Bekämpfung von Armut und wohltätigen Zwecken widmete. Nachdem sie dem Orden im Jahre 1871 beitrat, musste sie sich den Tugenden Armut, Enthaltsamkeit und Gehorsam verschreiben. Die Tugenden waren wichtige Prinzipien im Orden und mussten strengstens eingehalten werden. Um diesen Prinzipien Folge zu leisten, vermachte die Klägerin dem Orden testamentarisch ihren gesamten Nachlass. In den Jahren 1872 und 1874 erbte die Klägerin größere Vermögenswerte und Eisenbahnaktien, welche sie sofort dem Orden übertrug. Nach ihrem Austritt aus dem Orden, widerrief sie ihr Testament und forderte ihr Vermögen mit der Begründung zurück, dass sie unter dem Einfluss des Ordens gestanden und nur darum ihr Vermögen an diesen veräußert hätte.

Lindley L.J. war der Ansicht, wenn auch nur sehr zurückhaltend, dass hier ein Fall von *undue influence* vorlag.[638] Das Gericht lehnte dennoch die Klage mit der Begründung ab, dass der Anspruch aufgrund der Verwirkung nicht mehr durchsetzbar war. Dies beruhte auf dem Umstand, dass die Klägerin den Orden bereits 1879 verlassen hatte, aber erst im Jahr 1885 die Herausgabe ihres Vermögens verlangte. Aufgrund dieses Verwirkung (*laches*) und der damit einhergehenden Duldung (*acquiescence*) sei der Anspruch nicht durchsetzbar.[639]

---

637 *Alcard v Skinner* (1887) 36 Ch.D. 145.

638 *Alcard v Skinner* (1887) 36 Ch.D. 145, 186: „*As I have already stated, I believe that in this case there was in fact no unfair or undue influence brought to bear upon the Plaintiff other than such as inevitably resulted from the training she had received, the promise she had made, the vows she had taken, and the rules to which she had submitted herself. But her gifts were in fact made under a pressure which, whilst it lasted, the Plaintiff could not resist, and were not, in my opinion, past recall when that pressure was removed*".

639 *Alcard v Skinner* (1887) 36 Ch.D. 145, 186: „*But this action very closely resembles an action for money had and received where laches and aquiescence are relied upon as a defence: and the question is whether that defence ought to prevail. In my opinion it ought*", siehe auch S. 187: „*She insisted on having her will back, but she never asked for her money until the end of five years or so after she left the sisterhood. In this state of things I can only come to the conclusion that she deliberately chose not to attempt to avoid her gifts but to acquiesce in them, or, if the expression be preferred, to ratify or confirm them*".

V. Verhältnis zur *economic duress*

Zwischen den Figuren der *undue influence* und *duress* gibt es viele Überschneidungen, wobei sich dies damit begründen lässt, dass die *undue influence* einerseits einen sehr weiten Anwendungsbereich hat und dass andererseits die *duress* sich erst später weiterentwickelt hat.[640] Schließlich wurde die *duress* anfangs nur sehr restriktiv angewandt.[641]

Trotz der extensiven Anwendung der *undue influence* dürfte sie bei den heutigen Fällen der *economic duress* eher selten zur Anwendung kommen, denn die beiden Rechtsinstitute sprechen in der Regel verschiedene Fallgruppen an. Die typischen Konstellationen der *economic duress* betreffen Streitigkeiten im Wirtschaftsverkehr. Daher wird selten bei den Vertragsparteien ein besonderes Vertrauensverhältnis bestehen, wie es beispielsweise zwischen Eltern und Kindern der Fall ist. Auch dürfte das Vorliegen einer tatsächlichen Einflussnahme seltener sein, da sich in *economic duress*-Fällen häufig internationale Unternehmen gegenüberstehen. Diese treffen ihre Entscheidungen nicht aufgrund der Einflussnahme des anderen Vertragspartners, sondern aufgrund externer Faktoren, wie beispielsweise volatiler Aktien- oder Währungskurse. Die *economic duress* wird in diesen Konstellationen mit ihren vielseitigen Abstufungen im Rahmen der Rechtswidrigkeit das feinere Korrekturinstrument sein.

D. *Inequality of bargaining power*

Eine Lösung, die sich langfristig nicht hat durchsetzen können, wurde in dem Prinzip der *inequality of bargaining power* gesehen. Erstmals wurde dieses Prinzip 1974 von Lord Denning in der *Court of Appeal*-Entscheidung *Lloyd's Bank v Bundy*[642] angesprochen. Demnach handelte es sich um ein selbstständiges Prinzip, welches auf der Verbindung der Grundsätze von *duress*, *undue influence* und *unconscionable transactions* beruhte.[643] Das Institut der *unconscionable bargain* entstammte der *equity*-Rechtsprechung und sollte dann vorliegen, wenn eine Vertragspartei sich dem Vertragsschluss zwar freiwillig unterzogen hat, dies jedoch zu solch harten oder skrupellosen Bedingungen tat, dass sie es vermutlich nicht getan hätte, wenn sie sich nicht einer Not- bzw. Drucksituation befunden

---

640 *McGhee*, Snell's Equity, S. 206; *Enonchong*, Duress, Undue Influence and Unconscionable Dealing, S. 2.

641 *Enonchong*, Duress, Undue Influence and Unconscionable Dealing, S. 2.

642 *Lloyds Bank Ltd. v Bundy* [1975] QB 326.

643 *Lloyds Bank Ltd. v Bundy* [1975] QB 339; *Schindler*, Rechtsgeschäftliche Entscheidungsfreiheit und Drohung, S. 77.

hätte.[644] Was den Anwendungsbereich der Rechtsfigur betrifft, so wurde dieser sehr weit gezogen, da ein missbräuchliches Verhältnis einer stärkeren Partei nicht notwendigerweise vorausgesetzt wurde.[645]

I. *Lloyd's Bank v Bundy*

Die ersten Ausführungen zur *inequality of bargaining power* stammten von Lord Denning aus dem Urteil *Lloyd's Bank v Bundy*.[646] Die Entscheidung des *Court of Appeal* aus dem Jahr 1975 betraf einen älteren Bauern, der seinem Sohn bei dessen unternehmerischen Aktivitäten durch Kreditsicherungsmittel helfen wollte. Hierzu sicherte der Vater den Kredit seines Sohnes mit seinem Grundstück ab, welches seit mehreren Generationen im Eigentum der Familie stand. Anfangs war der Kredit des Sohnes auf einen Betrag von 1.500 GBP gerichtet, jedoch erhöhte sich dieser zunächst auf 5.000 GBP und anschließend auf 6.000 GBP. Gegenüber der Bank brachte der Vater immer wieder sein Vertrauen in die Erfolgsaussichten seines Sohnes und dessen wirtschaftliche Tätigkeiten zum Ausdruck.[647] Der Rechtsanwalt des Bauern warnte ihn allerdings vor weiteren Absicherungen, da der Wert des Grundstückes nur 10.000 GBP betrug. Als der stellvertretende Leiter der Bank die Erweiterung der Sicherheit auf 11.000 GBP forderte und darauf hinwies, dass ohne solche Zusicherungen keine weiteren Gelder an das Unternehmen des Sohnes fließen würden, willigte der Bauer in die Erweiterung ein. Ein halbes Jahr später war das Unternehmen in Zahlungsverzug und die Bank beanspruchte das Grundstück.

Cairns L.J. und Sir Eric Sachs erklärten die Sicherungen auf der Grundlage von *undue influence* für unwirksam.[648] Begründet wurde dies damit, dass der Vater sich von der Bank hatte beraten lassen und ihr vertraut hatte.[649] Da die Bank jedoch gleichzeitig die Erweiterung der Sicherheit auf 11.000 GBP begehrte, war sie nicht zu einer unabhängigen Beratung imstande.[650] Daraus folgte die Pflicht der Bank, den Vater aufzufordern, sich durch unabhängige Quellen über die Zusicherung

---

644 *Beale, Duress and Undue Influence, in: Beale, Chitty on Contracts,* S. 742 ff.

645 Lord Denning in *Lloyds Bank Ltd. v Bundy* [1975] QB 326, 339: *„When I use the word "undue" I do not mean to suggest that the principle depends on proof of any wrongdoing"*; siehe auch *Furmston*, Cheshire, Fifoot and Furmston's Law of Contract, S. 396.

646 *Lloyds Bank Ltd. v Bundy* [1975] QB 326.

647 *Lloyds Bank Ltd. v Bundy* [1975] QB 326, 335: *„On hearing the proposal, the father said that Michael was his only son and that he was 100 per cent behind him"*.

648 *Lloyds Bank Ltd. v Bundy* [1975] QB 326, 340 ff.

649 *Lloyds Bank Ltd. v Bundy* [1975] QB 326, 339.

650 *Lloyds Bank Ltd. v Bundy* [1975] QB 326, 340.

und die Verhältnisse des Unternehmens zu unterrichten.[651] Letztendlich verblieb das Grundstück damit beim Vater.

Auch Lord Denning war der Ansicht, dass hier ein Fall von *undue influence* vorlag[652], allerdings ging er gleichzeitig davon aus, dass hier ein neues Prinzip der *equity* vorlag, welches er *inequality of bargaining power* taufte.[653] Die erforderlichen Voraussetzungen der *inequality of bargaining power* lassen sich aus seinen Aussagen ableiten. Demnach muss ein Vertrag abgeschlossen werden, ohne dass der Zustimmende unabhängigen Rat erhält; die Vertragsbedingungen müssen grob unangemessen sein und es ist ein Ungleichgewicht bei den Verhandlungen erforderlich; abschließend muss sich die andere Vertragspartei durch Ausübung von Druck oder Einfluss einen Vorteil verschafft haben.[654]

II. Erste Resonanzen

Die Entscheidung *Lloyd's Bank v Bundy* gilt als ausschlaggebend für den Beginn der *inequality of bargaining power*, und dem Prinzip wurde anfangs das Potential für eine große Zukunft zugesprochen.[655] Insbesondere die Voraussetzung, dass ein Ungleichgewicht der Verhandlungspositionen vorliegen muss, macht die *inequality of bargaining power* so interessant.[656]

Trotz der Tatsache, dass dieses junge Prinzip vom einflussreichen Lord Denning stammte, fand das Prinzip in der Entscheidung *Lloyd's Bank v Bundy* durch die anderen Richter wenig Anerkennung – sie gingen kaum auf die Ausführungen von Lord Denning ein.[657] Grund hierfür muss aber nicht eine ablehnende

651 *Lloyds Bank Ltd. v Bundy* [1975] QB 326, 340.

652 *Lloyds Bank Ltd. v Bundy* [1975] QB 326, 340.

653 *Lloyds Bank Ltd. v Bundy* [1975] QB 326, 339: „*Gathering all together, I would suggest that through all these instances there runs a single thread. They rest on "inequality of bargaining power"*".

654 *Lloyds Bank Ltd. v Bundy* [1975] QB 326, 339: „*By virtue of it, the English law gives relief to one who, without independent advice, enters into a contract upon terms which are very unfair or transfers property for a consideration which is grossly inadequate, when his bargaining power is grievously impaired by reason of his own needs or desires, or by his own ignorance or infirmity, coupled with undue influences or pressures brought to bear on him by or for the benefit of the other*".

655 *Carr*, MLR 1975, 463, 466: „*If we accept, with Lord Denning, that the guiding principle is to afford protection where there is inequality of bargaining power, we may be witnessing the spawning of a benevolent giant*".

656 *Peden*, The Law of Unjust Contracts, S. 26.

657 *Peden*, The Law of Unjust Contracts, S. 347: „*As regards the wider areas covered in masterly survey in the judgment of Lord Denning M.R., but not raised arguendo, I do*

Haltung gegenüber dem Prinzip sein. Es kann auch dem Umstand geschuldet sein, dass sie im konkreten Fall die *undue influence* für gegeben hielten und somit keine Notwendigkeit für die Erörterung neuer Rechtsfiguren sahen. Im Übrigen gab es auch Stimmen im Schrifttum, die der Ansicht waren, Lord Dennings Aussagen würden in unzulässiger Weise aus dem Kontext gehoben und es bestehe die Gefahr, dass sie auf weitere Fälle angewendet würden, die inhaltlich anders ausgerichtet seien.[658]

III. *National Westminster Bank Plc. v Morgan*

Die *House of Lords*-Entscheidung *National Westminster Bank Plc. v Morgan*[659] aus dem Jahr 1985 setzte sich mit Dennings Ausführungen zur *inequality of bargaining power* auseinander.[660] Hier hatten die beklagten Eheleute verschiedene Kredite von der klagenden Bank erhalten, welche allesamt durch eine Hypothek am Grundstück der Eheleute abgesichert waren. Einer der gezahlten Kredite betraf das Unternehmen des Ehemannes, welches kaum erfolgreich war. Da die Beklagten in Zahlungsschwierigkeiten geraten waren, erhielten sie von der Bank ein Angebot zum Abschluss eines Brückenkredits. Bei den 20-minütigen Verhandlungen für den Brückenkredit befand sich ein Angestellter des Klägers im Heim der Beklagten, wobei er mit der Ehefrau für fünf Minuten alleine war. Bei dieser alleinigen Unterhaltung erklärte der Angestellte verschiedene Einschränkungen zu dem Kredit, welche jedoch nicht der Wahrheit entsprachen. Die Ehefrau teilte dem Bankangestellten mit, dass sie kein Vertrauen in die unternehmerischen Fähigkeiten ihres Mannes habe und dass sie keinem weiteren Risiko ausgesetzt sein wollte, woraufhin der Bankangestellte erwiderte, dass die Risiken so beschränkt seien, wie er es zuvor mitgeteilt hatte. Er empfahl ihr nicht, sich unabhängigen und objektiven Rat anderweitig einzuholen. Im Ergebnis wurde der Brückenkredit trotz der Bedenken der Ehefrau durch die Eheleute in Anspruch genommen. Nach dem sich die finanzielle Lage des Ehepaares nicht verbesserte, beantragte die Bank die Räumung des Grundstücks. Daraufhin machte die Ehefrau geltend,

---

not venture to express an opinion - though having some sympathy with the views that the courts should be able to give relief to a party who has been subject to undue pressure as defined in the concluding passage of his judgment on that point".

658 *Sealy*, C.L.J. 1975, 21, 24.

659 *National Westminster Bank Plc. v Morgan* [1985] 2 WLR 588.

660 *McGhee*, Snell's Equity, S. 227; *Beale*, Duress and Undue Influence, in: *Beale*, Chitty on Contracts, S. 750 f.; *Schindler*, Rechtsgeschäftliche Entscheidungsfreiheit und Drohung, S. 78.

dass der Bankangestellte *undue influence* auf sie ausgeübt hätte und die Vereinbarung unwirksam sei.

Die Richter kamen zu dem Ergebnis, dass kein Fall der *undue influence* vorgelegen habe. Nach ihrer Ansicht hatte die Ehefrau keine besondere Beziehung mit der Bank, welche auf Vertrauen beruhte und dadurch zum Bestehen einer *undue influence* hätte führen können.[661] Hierbei ist anzumerken, dass die *National Westminster Bank Plc. v Morgan*[662]-Entscheidung bezüglich der *undue influence* nicht der aktuellen Rechtslage entspricht. Nach der veralteten Rechtslage, die auch in *National Westminster Bank Plc. v Morgan* zum Ausdruck kam, erforderte die Aufhebung eines Vertrages aufgrund von *undue influence*, dass der Vertrag für die Person, die die Aufhebung begehrt, einen großen Nachteil darstellt (*manifest disadvantage*).[663] Von diesem Erfordernis nahm das House of Lords in der Entscheidung *Royal Bank of Scotland v Etridge (No 2)* ausdrücklich Abstand.[664]

Des Weiteren setzte sich Lord Scarman in der *National Westminster Bank Plc. v Morgan*[665]-Entscheidung mit Lord Dennings Ausführungen aus *Lloyd's Bank v Bundy*-Urteil auseinander, obwohl sich die Ehefrau *National Westminster Bank Plc. v Morgan* selbst nicht auf das Prinzip *inquality of bargaining power* berufen hatte. Trotzdem nutzte Lord Scarman die Gelegenheit, sich zu der Rechtsfigur zu äußern. Dabei kam er zum Schluss, dass es im modernen Recht keine Notwendigkeit für ein selbstständiges Rechtsprinzip der *inquality of bargaining power* gibt.[666]

---

661 *National Westminster Bank Plc. v Morgan* [1985] 2 WLR 588, 601 f.: „*[...] Mr. Barrow never „crossed the line". Nor was the transaction unfair to Mrs. Morgan. The bank was, under no duty to ensure that she had independent advice. It was an ordinary banking transaction whereby Mrs. Morgan sought to save her home; and she obtained an honest and truthful explanation of the bank's intention which, notwithstanding the terms of the mortgage deed which in the circumstances the trial judge was right to dismiss as "essentially theoretical," was correct: for non one has suggested that Mr. Barrow or the bank sought to make Mrs. Morgan liable, or to make her home the security, for any debt of her husband other than the loan and interest necessary to save the house from being taken away from them in discharge of their indebtedness to the building society*".

662 *National Westminster Bank Plc. v Morgan* [1985] 2 WLR 588.

663 *Hudson*, Equity & Trusts, S. 963.

664 *Royal Bank of Scotland v Etridge (No 2)* [2002] AC 773, 781: "*"Manifest disadvantage" should not be an ingredient in the doctrine of undue influence, whether actual or presumed. National Westminster Bank v Morgan [1983] 3 All ER 85; [1985] AC 686 is incorrect.*"; siehe auch *Hudson*, Equity & Trusts, S. 963.

665 *National Westminster Bank Plc. v Morgan* [1985] 2 WLR 588.

666 *National Westminster Bank Plc. v Morgan* [1985] 2 WLR 588, 600: „*Lord Denning M.R. believed that the doctrine of undue influence could be subsumed under a general*

IV. Ablehnung

Das *inquality of bargaining power*-Prinzip wurde durch die *National Westminster Bank Plc. v Morgan*-Entscheidung ausdrücklich abgelehnt. Es ist nicht offensichtlich, warum Lord Scarman in *National Westminster Bank Plc. v Morgan* dem befürwortenden Ansatz von Lord Denning nicht folgte. Einerseits kann es dem Umstand geschuldet sein, dass er die Figur *undue influence* für ausreichend hielt und keine Notwendigkeit für das neue Institut der *inequality of bargaining power* sah. Andererseits ist es aber auch denkbar, dass Lord Scarman Aspekte des Verkehrsschutzes im Auge hatte. In seinen Ausführungen betonte er, dass es im Regelfall für einen Bankier üblich sein dürfe, einem Kunden die Umstände einer vorgeschlagenen Transaktion zu erläutern, ohne dass er sich der *undue influence* aussetze.[667] Dieser Umstand sei bisher nie in Zweifel gezogen worden, obwohl manche der Ansicht seien, dass der *Court of Appeal* in *Lloyds Bank Ltd. v Bundy* dies anders entschieden hätte.[668]

Auch ist es denkbar, dass Lord Scarman in der Entscheidung *Lloyds Bank Ltd. v Bundy* eine Begrenzung der Vertragsautonomie sah, welche er nicht als Aufgabe der Rechtsprechung verstand, sondern als Pflicht der Gesetzgebung erachtete.[669] Abschließend mag die ablehnende Haltung damit begründet werden, dass es

---

principle that English courts will grant relief where there has been "inequality of bargaining power", siehe auch S. 600: „*The doctrine of undue influence has been sufficiently developed not to need the support of a principle which by its formulation in the language of the law of contract is not appropriate to cover transactions of gift where there is no bargain*".

667 *National Westminster Bank Plc. v Morgan* [1985] 2 WLR 588, 600: „*This brings me to Lloyds Bank Ltd. v Bundy [1975] QB 326. It was, as one would expect, conceded by counsel for the respondent that the relationship between banker and customer is not one which ordinarily gives rise to a presumption of undue influence: and that in the ordinary course of banking business a banker can explain the nature of the proposed transaction without laying himself open to a charge of undue influence.*"

668 *National Westminster Bank Plc. v Morgan* [1985] 2 WLR 588, 600: „*This proposition has never been in doubt, though some, it would appear, have thought that the Court of Appeal held otherwise in Lloyds Bank Ltd. v Bundy. In any such view has gained currency, let it be destroyed now once and for all time*".

669 *National Westminster Bank Plc. v Morgan* [1985] 2 WLR 588, 600 f.: „*And even in the field of contract I question whether there is any need in the modern law to erect a general principle of relief against inequality of bargaining power. Parliament has undertaken the task - and it is essentially a legislative task - of enacting such restrictions upon freedom of contract as are in its judgment necessary to relieve against the mischief*"; siehe auch: *Beatson/Burrows/Cartwright*, Anson's Law of Contract, S. 376; *Brownsword*, General

ein charakteristisches Misstrauen im englischen Recht gegenüber allgemeinen Rechtsprinzipien gibt.[670] Die *inequality of bargaining power* fand damit ihr frühes Ende.

V. Verhältnis zur *economic duress*

Ein Konkurrenzverhältnis zwischen der *inequality of bargaining power* und der *economic duress* ist aufgrund der Entscheidung *National Westminster Bank Plc. v Morgan*, welche den *inequality of bargaining power*-Ansatz abgelehnt hat, nicht mehr denkbar. Hätte sich der Ansatz jedoch durchgesetzt, wären Überschneidungen mit den Anforderungen und der Natur der *economic duress* durchaus denkbar gewesen. Beispielsweise wäre bei einer *inequality of bargaining power* ein Vertragsschluss notwendig gewesen, bei dem der schwächeren Partei die Möglichkeit entzogen wurde, vorher unabhängigen Rat einzuholen. Dieses Kriterium erinnert stark an den *Pao On*-Test im Rahmen der *economic duress*, nach dem das Fehlen eines unabhängigen Rats für das Vorliegen von *duress* spricht.[671] Auch begegnen sich die Parteien in *economic duress* Fällen häufig nicht auf Augenhöhe, so dass hier ein Ungleichgewicht bei den Verhandlungen vorliegt, was bei der *inequality of bargaining power* ebenfalls eine Voraussetzung ist.

E. *Consideration*

Auch die *consideration*-Lehre bietet Raum für Überschneidungen mit der *economic duress*. Dies ist insbesondere dann der Fall, wenn die Parteien einen bereits bestehenden Vertrag anschließend modifizieren. Im Rahmen solcher Vertragsmodifikationen besteht die Möglichkeit, dass eine Änderung des Vertrags aufgrund von *consideration* oder *duress* beseitigt wird.

Bei der *consideration* handelt es sich um einen Eckpfeiler des englischen Zivilrechts, da ohne diese ein Vertrag keine Bindungswirkung entfaltet. Es handelt sich dabei um ein Seriositätsindiz.[672] Im Kern geht es bei der *consideration* um den Austausch von Versprechungen. Beide Parteien müssen ein Versprechen abgeben und zugleich eines empfangen, wobei sie durch ihre Versprechungen

---

Considerations, in: *Furmston*, The Law of Contract, S. 61; *Schindler*, Rechtsgeschäftliche Entscheidungsfreiheit und Drohung, S. 79.

670 *Slayton*, McGill LJ 1994, 94, 95; siehe auch *Furmston*, Cheshire, Fifoot and Furmston's Law of Contract, S. 397: "*One answer would be a characteristically English suspicion of broad general principles*".

671 Siehe oben S. 42 f.

672 *Zweigert/Kötz*, Einführung in die Rechtsvergleichung, S. 384.

einen Vorteil (*benefit*) erlangen bzw. einen Nachteil (*detriment*) erleiden[673]; die Parteien müssen folglich ein Gegenopfer erbringen[674]. Entscheidend ist, dass das Versprechen einen rechtlichen Wert hat.[675]

Wann genau eine *consideration* vorliegt, ist durch Rechtsprechung näher ausgestaltet. An dieser Stelle sollen nicht alle Voraussetzungen genannt werden, lediglich diejenigen, die für die weiteren Ausführungen der Arbeit von Bedeutung sind, werden kurz erläutert. Zunächst muss consideration vom Versprechungsempfänger ausgehen.[676] Sie darf auch nicht für eine Gegenleistung erfolgen, welche in der Vergangenheit liegt (*past consideration*).[677] Das Versprechen, eine bereits bestehende, vertragliche Verpflichtung zu erfüllen, stellt grundsätzlich keine *consideration* dar.[678] Auch ist keine Gleichwertigkeit von Leistung und Gegenleistung erforderlich.[679] Vor allem die letzteren beiden Voraussetzungen sind für das Konkurrenzverhältnis zur *economic duress* von größerer Bedeutung.

---

673 *Treitel, Consideration, in: Beale, Chitty on Contracts,* S. 295.

674 *Zweigert/Kötz,* Einführung in die Rechtsvergleichung, S. 384.

675 *Thomas v Thomas* (1842) 2 QB 851, 859: „*Consideration means something which is of some value in the eye of the law, moving from the plaintiff: it may be some benefit to the plaintiff, or some detriment to the defendant; but at all events it must be moving from the plaintiff*"; *Treitel, Consideration, in: Beale, Chitty on Contracts,* S. 293 ff.; *Beatson/Burrows/Cartwright,* Anson's Law of Contract, S. 101; *Chen-Wishart,* Contract Law, S. 117 f.

676 *Thomas v Thomas* (1842) 2 QB 851, 859; Tweddle v Atkinson (1861) 1 B. & S. 393, 399; *Treitel, Consideration, in: Beale, Chitty on Contracts,* S. 318.

677 *Dent v Bennett* (1839) 4 My. & Cr. 269, 272 f.; *Eastwood v Kenyon* (1840) 11 A. & E. 438, 451; *Roscorla v Thomas* (1842) 3 QB 234, 235 f.; *In re McArdle, Decd.* [1951] Ch 669, 678; *Treitel, Consideration, in: Beale, Chitty on Contracts,* S. 312.

678 Siehe *Treitel,* der eine *consideration* in entsprechenden Fällen ablehnt, zugleich aber auch auf die Mindermeinung verweist, welche hier eine *consideration* für gegeben hält, *Treitel, Consideration, in: Beale, Chitty on Contracts,* S. 329 f. Diese Ansicht geht insbesondere auf Lord Denning zurück, siehe *Ward v Byham* [1956] 1 W.L.R. 496, 498: „*I have always thought that a promise to perform an existing duty, or the performance of it, should be regarded as good consideration, because it is a benefit to the person to whom it is given*".

679 *Haigh v Brooks* (1839) 10 A. & E. 309, 320; *Chappell and Co Ltd v Nestle Co Ltd* [1960] AC 87, 109; *Treitel, Consideration, in: Beale, Chitty on Contracts,* S. 302.

I. Die zwei grundlegenden Konstellationen der Vertragsmodifikation

Beschäftigt man sich mit Vertragsmodifikationen, so kommt man kaum an der *pre-existing duty rule* vorbei. Bei der *pre-existing duty rule* handelt es sich um eine besondere Ausprägung der *consideration*-Lehre.[680] Nach dieser Regel fehlt es einem Versprechen, durch welches sich der Schuldner verpflichtet, eine bereits bestehende Leistung zu erbringen, an *consideration*.[681] Im Rahmen der *pre-existing duty* rule gilt es dabei zwischen zwei Grundkonstellationen zu differenzieren.[682]

Zunächst gibt es die Situation, in der eine Partei aufgrund einer Vertragsmodifikation eine höhere Gegenleistung erhalten soll als ursprünglich vereinbart war (Leistungserhöhung), wobei die geschuldete Leistung der Partei dabei gleich bleibt.[683] Hiervon zu unterscheiden ist wiederum die Konstellation, in der die Vertragsmodifikation dazu führt, dass die Gegenleistung reduziert wird (Leistungsreduzierung).[684] Auch in diesem Fall bleibt die geschuldete Leistung der Partei gleich.[685] Die Differenzierung zwischen Leistungserhöhung und Leistungsreduzierung ist notwendig, da die englische Rechtsprechung hierzu verschiedene und zum Teil widersprüchliche Entscheidungen im Rahmen der *consideration*-Lehre hervorgebracht hat.

1. Erste Konstellation: Leistungsreduzierung

In der ersten Konstellation begehrt eine Partei die Modifikation des ursprünglichen Vertrags dahingehend, dass die von ihr zu erbringende Gegenleistung zu reduzieren ist, obwohl die von der anderen Partei geschuldete Leistung gleichbleibt.

---

680 *Schindler*, Rechtsgeschäftliche Entscheidungsfreiheit und Drohung, S. 59.

681 *Teeven*, Promises on Prior Obligations at Common Law, S. 13 ff. Demnach geht die *pre-existing duty rule* zurück auf die Entscheidung *Pinnel's Case* (1602) 5 Co. Rep. 117 a.

682 *Schindler*, Rechtsgeschäftliche Entscheidungsfreiheit und Drohung, S. 60.

683 *Treitel*, Consideration, *in: Beale*, Chitty on Contracts, S. 381; *Schindler*, Rechtsgeschäftliche Entscheidungsfreiheit und Drohung, S. 60.

684 *Treitel*, Consideration, *in: Beale*, Chitty on Contracts, S. 377; *Schindler*, Rechtsgeschäftliche Entscheidungsfreiheit und Drohung, S. 62.

685 *Schindler*, Rechtsgeschäftliche Entscheidungsfreiheit und Drohung, S. 62.

a) Die frühere Position: keine *consideration*

Leistungsreduzierenden Vertragsmodifikationen fehlt *consideration*.[686] Dies wird damit begründet, dass die Partei, welche die Reduzierung ihrer Gegenleistung begehre, kein neues Opfer erbringe. Insbesondere erlange die andere Partei keinen neuen Vorteil. Wenn die Reduzierung der Gegenleistung mangels *consideration* nicht wirksam sei, so bleibe es bei der ursprünglich vereinbarten Gegenleistung. Die beiden einschlägigen Urteile zu dieser Konstellation sind *Pinnel's Case*[687] und *Foakes v Beer*[688].

b) Pinnel's Case

Das Fehlen von *consideration* in Fällen einer leistungsreduzierenden Vertragsmodifikation wurde erstmals 1602 in der Entscheidung *Pinnel's Case* durch den *Court of Common Pleas* thematisiert.[689] Hier hatte der Beklagte einen Teil seiner geschuldeten Leistung erbracht, da eine Vereinbarung zwischen ihm und dem Kläger vorsah, dass die gesamte Schuld damit getilgt werden sollte. Trotzdem klagte der Gläubiger später auf Zahlung der vollständigen Summe. Richter Coke gab der Klage auf der Grundlage *der consideration* Lehre statt. Demnach kann eine Leistungspflicht nicht durch eine Teilzahlung erlöschen.[690]

c) Foakes v Beer

Die ratio decindendi aus *Pinnel's case* wurde später durch das *House of Lords* in *Foakes v Beer* 1884 übernommen.[691] Hier schuldete der Kläger der Beklagten

---

686 *Treitel*, Consideration, *in: Beale*, Chitty on Contracts, S. 377; *Chen-Wishart*, Contract Law, S. 131; *Beatson/Burrows/Cartwright*, Anson's Law of Contract, S. 111 f.; *Furmston*, Cheshire, Fifoot and Furmston's Law of Contract, S. 123 ff.

687 *Pinnel's Case* (1602) 5 Co. Rep. 117 a.

688 *Foakes v Beer* (1884) 9 App. Cas. 605.

689 *Pinnel's Case (1602)* 5 Co. Rep. 117 a.

690 *Pinnel's Case (1602)* 5 Co. Rep. 117 a: „*And it was resolved by the whole Court, that payment of a lesser sum on the day in satisfaction of a greater, cannot be any satisfaction for the whole, because it appears to the Judges that by no possibility, (b) a lesser sum can be a satisfaction to the plaintiff for a greater sum (A): but the gift of a horse, (c) hawk, or robe, &c. in satisfaction is good. For it snail be intended that a horse, hawk, or robe, &c. might be more beneficial to the plaintiff than the money, in respect of some circumstance, or otherwise the plaintiff would not have accepted of it in satisfaction*".

691 *Foakes v Beer* (1884) 9 App. Cas. 605; vgl. auch *Treitel, Consideration, in: Beale, Chitty on Contracts,* S. 377; *Schindler*, Rechtsgeschäftliche Entscheidungsfreiheit und Drohung, S. 62.

aufgrund eines Urteils vom 11. August 1875 einen Betrag von 2.090 GBP und 19 Schilling. Am 21. Dezember 1876 schlossen beide Parteien einen Vertrag, nach dem der Kläger eine Anzahlung leisten würde und im Anschluss den restlichen Betrag in Form von monatlichen Ratenzahlungen erbringen würde, bis er die Gesamtsumme vollständig getilgt hätte. In der Vereinbarung wurde ebenfalls festgehalten, dass die Beklagte von weiteren rechtlichen Schritten gegenüber dem Kläger absehen würde. Im Jahre 1882 ging die Beklagte erneut gegen den Kläger vor. Zwar wurde die Hauptschuld wie vereinbart durch jährliche Raten vollständig bewirkt, allerdings verlangte die Beklagte noch die angefallenen Zinsen. Der Kläger wandte hiergegen ein, dass aufgrund der Vereinbarung vom 21. Dezember 1876 die Forderung unzulässig sei.

Das *House of Lords* hielt die Vereinbarung mangels *consideration* für nichtig, der Beklagten standen die Zinsen zu.[692] Dabei stützte sich Lord Selborne ausdrücklich auf *Pinnel's Case* und machte keine Ausführungen dahingehend, dass die Entscheidung falsch sei.[693] Hiermit stimmten auch Lord Watson[694] und Lord FitzGerald[695] überein.

aa) Sondervotum von Lord Blackburn

Abweichend hiervon war allein das Sondervotum von Lord Blackburn, der sich im Ergebnis jedoch den anderen Richter anschloss.[696] Er wandte sich den bisherigen Entscheidungen auf dem Gebiet zu und begründete die prägende Wirkung, welche *Pinnel's Case* bisher auf die englische *consideration* gehabt habe, damit, dass der Richter in dem Urteil, Lord Coke, sehr einflussreich war.[697] Ein erstinstanzliches Gericht würde es demnach kaum wagen, die aufgeworfene Frage der leistungsreduzierenden Vertragsmodifikation als offen zu erachten, sondern man würde sich aus Ehrfurcht Lord Cokes Anführungen anschließen.[698] Vor der Entscheidung von Lord Coke war die Thematik eher unbekannt und

---

692 *Foakes v Beer* (1884) 9 App. Cas. 605, 611.

693 *Foakes v Beer* (1884) 9 App. Cas. 605, 611 ff. Bestärkend in dem Zusammenhang ist auch Selborne's Aussage auf S. 612: „*If so, I can not think that your Lordships would do right, if you were now to reverse, as erroneous, a judgment of the Court of Appeal, proceeding upon a doctrine which has been accepted as part of the law of England for 280 years*".

694 *Foakes v Beer* (1884) 9 App. Cas. 605, 623.

695 *Foakes v Beer* (1884) 9 App. Cas. 605, 627.

696 *Foakes v Beer* (1884) 9 App. Cas. 605, 614–623.

697 *Foakes v Beer* (1884) 9 App. Cas. 605, 617 f.

698 *Foakes v Beer* (1884) 9 App. Cas. 605, 617.

kaum Verhandlungsgegenstand vor dem *House of Lords* gewesen, so dass Lord Blackburn eine Bindung an *Pinnel's Case* bezweifelte.[699]

Lord Blackburn war der Ansicht, dass eine Vereinbarung, aufgrund derer der Schuldner zwar eine geringere Leistung erbringe, diese aber dafür sofort leiste, durchaus *consideration* haben könnte.[700] Ihm zufolge war der Standpunkt von Lord Coke in *Pinnel's Case* möglicherweise fehlerhaft.[701] Die sofortige Zahlung eines Betrags könne unter Umständen vorteilhafter sein, als die prozessuale Durchsetzung.[702] Im Ergebnis schloss sich Lord Blackburn dennoch den anderen Richtern an.[703]

bb) Bindende Wirkung

Letztendlich bestätigte *Foakes v Beer* den Präzedenzfall *Pinnel's Case* und schuf somit die bindende Regel, dass leistungsreduzierende Vertragsmodifikationen aufgrund des Mangels an *consideration* nichtig sind.[704] Da *Foakes v Beer* ein Urteil des *House of Lords* ist, sind die untergeordneten Gerichte an die Entscheidung und deren Haltung zur *consideration* solange gebunden, bis der *Supreme Court* hiervor abweicht.[705] Die Entscheidung wird im Schrifttum vereinzelt als Fehlentscheidung beschrieben.[706]

---

699 *Foakes v Beer* (1884) 9 App. Cas. 605, 617.

700 *Foakes v Beer* (1884) 9 App. Cas. 605, 618; *Treitel*, Consideration, *in: Beale*, Chitty on Contracts, S. 378 mit Verweis auf *Foakes v Beer* in Fn. 662.

701 *Foakes v Beer* (1884) 9 App. Cas. 605, 617, 622: „*What principally weighs with me in thinking that Lord Coke made a mistake of fact is my conviction that all men of business, whether merchants or tradesmen, do every day recognise and act on the ground that prompt payment of a part of their demand may be more beneficial to them than it would be to insist on their rights and enforce payment of the whole. Even where the debtor is perfectly solvent, and sure to pay at last, this often is so. Where the credit of the debtor is doubtful it must be more so*".

702 *Foakes v Beer* (1884) 9 App. Cas. 605, 617, 622.

703 *Foakes v Beer* (1884) 9 App. Cas. 605, 622 f.

704 *Truhktanov*, L.Q.R. 2008, 364, 364; *O'Sullivan*, C.L.J. 1996, 219, 219.; *Ames*, Harv. Law Rev. 1897, 330, 330.

705 *Peel*, L.Q.R. 1994, 353, 354; *Treitel*, Consideration, *in: Beale*, Chitty on Contracts, S. 379.

706 So beispielsweise *Kelly*, MLR 1964, 540, 543: „*It is true that an English court must be slow to say that a decision of the House of Lords such as that in Foakes v Beer was given per incuriam* [...]".

2. Zweite Konstellation: Leistungserhöhung

Die zweite Konstellation zur Vertragsmodifikation beschäftigt sich mit der Situation, nach der eine Partei der Gegenpartei eine Erhöhung der Gegenleistung in Aussicht stellt, wenn diese weiterhin ihre geschuldete Leistung erbringt.[707] Die Gegenpartei erbringt somit das, wozu sie ohnehin bereits verpflichtet war. Häufig ist in dieser Konstellation die rechtzeitige Erbringung der Leistung in Gefahr. Da die Partei hieran großes Interesse hat, stellt sie der Gegenpartei eine Anhebung der Gegenleistung in Aussicht. Damit soll ein Anreiz für die rechtzeitige Leistung geschaffen werden.

Denkbar ist eine solche Konstellation im Baugewerbe, wo beispielsweise den Handwerkern häufig Leistungserhöhungen bei rechtzeitiger Fertigstellung eines Bauvorhabens durch den Bauunternehmer in Aussicht gestellt werden. Nach Erbringung der Leistung weigert sich der Unternehmer die erhöhte Gegenleistung zu erbringen, indem er sich auf die Nichtigkeit der Zusatzvereinbarung wegen eines Mangels an *consideration* beruft.[708]

a) Die frühere Position: keine *consideration*

Eine leistungserhöhende Vertragsmodifikation war nach der früheren Rechtsprechung nicht bindend.[709] Die Gerichte haben in solchen Fällen ein Vorliegen von *consideration* abgelehnt. Die hierzu maßgebliche Präzedenzentscheidung ist *Stilk v Myrick*[710] aus dem Jahr 1809, in der zwei Besatzungsmitglieder eines englischen Schiffes desertierten, nachdem es im russischen Kronstadt anlegte. Durch

---

707 *Treitel*, Consideration, *in: Beale*, Chitty on Contracts, S. 334; *Schindler*, Rechtsgeschäftliche Entscheidungsfreiheit und Drohung, S. 60.

708 So beispielsweise in *Williams v Roffey Bros & Nicholls (Contractors) Ltd.* [1991] 1 QB 1.

709 *Treitel, Consideration, in: Beale, Chitty on Contracts,* S. 332 f.; *Chen-Wishart*, Contract Law, S. 125 f.; *Furmston*, Cheshire, Fifoot and Furmston's Law of Contract, S. 121. *Beatson/Burrows/Cartwright*, Anson's Law of Contract, S. 108.

710 *Stilk v Myrick* (1809) 2 Camp. 317. Zur Entscheidung gibt es zwei unterschiedliche Fundstellen, welche jeweils einen anderen Entscheidungsgrund beinhalten. Die Alternative Quelle ist *Stilk v Myrick* (1809) 6 Esp. 129. Diese Fundstelle wird jedoch kritisch betrachtet, so dass sich inzwischen die Fundstelle 2 Camp. 317 als vorzugswürdig erwiesen hat. Letztere wird am häufigsten zur Darstellung der Thematik verwendet, *Treitel, Consideration, in: Beale, Chitty on Contracts,* S. 332 f., mit Hinweis auf verschiedene Entscheidungen (Fn. 326) aus denen die Präferenz der Fundstelle hervorgeht, unter anderem *Harrison v Dodd* (1914) 111 L.T. 47 und *Swain v West (Butchers) Ltd.* [1936] 3 All E.R. 261.

die fehlenden Matrosen war die Rückkehr nach England erheblich gefährdet und der Kapitän hatte vergeblich vor Ort nach Ersatz für die Deserteure gesucht. Er traf daher eine Vereinbarung mit den restlichen Besatzungsmitgliedern, wonach der Lohn, der ursprünglich für die beiden desertierten Mitglieder bestimmt war, an die restliche Mannschaft verteilt würde, wenn sie zusätzlich zu ihrer Arbeit auch die Aufgaben der zwei fehlenden Matrosen übernehmen würde. Die Besatzung nahm das Angebot des Kapitäns an. Als das Schiff jedoch sicher in England anlegte, verweigerte der Kapitän die Zahlung des zusätzlichen Lohns.

Der urteilende Richter des *High Court*, Lord Ellenborough, hielt die Zusatzvereinbarung für nichtig, allerdings stützte er seine Entscheidung nicht auf das Urteil *Harris v Watson*[711], welches der beklagte Kapitän als Verteidigungsmittel eingewandt hatte. Nach der Entscheidung *Harris v Watson*, die einen ähnlichen Sachverhalt aufweist[712], waren entsprechende Zusatzvereinbarungen aufgrund der öffentlichen Ordnung nichtig.[713]

Lord Ellenborough begründete die Nichtigkeit der Vereinbarung dagegen mit der fehlenden *consideration*.[714] Dabei stellte er auf die Verpflichtung der Matrosen vor Antritt der Reise ab. Diese hätten sich in ihrem ursprünglichen Vertrag dazu verpflichtet, dass Schiff von London nach Kronstadt und zurück zu segeln. Diese Verpflichtung umfasse sämtliche Notfälle, unter anderem auch den Verlust von Mannschaftsmitgliedern und die Kompensation hinsichtlich der gemeinsamen

711 *Harris v Watson* (1791) Peake 102.

712 In *Harris v Watson* geriet ein Schiff bei der Fahrt nach Lissabon in Gefahr. Der Kapitän sagte einem Matrosen eine Zusatzzahlung zu, wenn dieser zusätzliche Arbeiten übernehme. Später weigerte sich der Kapitän jedoch, die Zusatzzahlung zu leisten, woraufhin der Matrose klagte.

713 Begründet wurde für die Ablehnung der Klage mit der öffentlichen Ordnung. Lord Kenyon fürchtete, dass das Urteil einen künftigen Anreiz für Matrosen schaffen könnte, in Notfällen die Kapitäne zu Zusatzzahlungen zu nötigen, *Harris v Watson* (1791) Peake 102, 103. Da England zur damaligen Zeit als Kolonialmacht stark von der Schifffahrt und dem Seehandel abhängig war, leuchten die Motive von Lord Kenyon ein. Auch Glidewell L.J. erkannte diesen Umstand, ging jedoch davon aus, dass der Anwendungsbereich der Entscheidung aufgrund der veränderten politischen Umstände einzugrenzen sei, vgl. *Williams v Roffey Bros & Nicholls (Contractors) Ltd.* [1991] 1 QB 1, 16: „*It is not in my view surprising that a principle enunciated in relation to the rigours of seafaring life during the Napoleonic wars should be subjected during the succeeding 180 years to a process of refinement and limitation in its application in the present day*".

714 *Stilk v Myrick* (1809) 2 Camp. 317, 319: „*Here, I say, the agreement is void for want of consideration*".

Arbeit. Folgt man dieser Argumentation, so hatten die Matrosen bei der Rückfahrt ohne die zwei Deserteure nach wie vor ihre Arbeitspflicht erfüllt. Entsprechend fehlt es an einem Vor- oder Nachteil wie es die *consideration*-Lehre erfordert.[715] Das Urteil führte dazu, dass in Fällen von Vertragsmodifikationen, welche die Erbringung einer Zusatzleistung beinhalten, keine *consideration* vorliegt.

b) Williams v Roffey: consideration kann vorliegen

Eine Aufweichung des starren *consideration*-Verständnisses in leistungserhöhenden Vertragsmodifikationsfällen erfolgte 1991 durch den *Court of Appeal* in der Entscheidung *Williams v Roffey Bros & Nicholls*[716].[717] Hier hatte sich der Kläger gegenüber den Beklagten zu Zimmerarbeiten an 27 Wohnungen zum Gesamtlohn von 20.000 GBP verpflichtet. Der vereinbarte Werklohn erwies sich jedoch als zu niedrig und der Kläger fand sich in einer finanziellen Notlage wieder. Da hierdurch die rechtzeitige Erledigung der Arbeiten gefährdet erschien und die Beklagten hierdurch gegenüber einer dritten Partei schadensersatzpflichtig gewesen wären, boten sie dem Kläger eine zusätzliche Summe in Höhe von 10.300 GBP an, wenn dieser die Arbeiten nach dem Zeitplan erledige. Diese Zusatzleistung sollte in Abschlägen erbracht werden, nach der 575 GBP für jede fertige Wohnung zu zahlen war. Der Kläger erklärte sich einverstanden. Nach sieben Wochen hatte der Kläger acht weitere Wohnungen fertiggestellt, allerdings hatten die Beklagten ihm bisher nur 1.500 GBP gezahlt. Der Zimmermann klagte mit Erfolg und erhielt den ausstehenden Zusatzbetrag.

Die Entscheidung fußt auf der *consideration*-Doktrin; ein Fall von *economic duress* wurde nicht angenommen. Zunächst könnte man bei *Williams v Roffey* ohne größere Schwierigkeiten davon ausgehen, dass der Fall unter den gleichen Gesichtspunkten wie *Stilk v Myrick* zu lösen ist.[718] Demnach hätte das Gericht von einem Mangel an *consideration* ausgehen müssen, da der Handwerker in

715 *Stilk v Myrick* (1809) 2 Camp. 317, 319 f.: „*Before they sailed from London they had undertaken to do all that they could under all the emergencies of the voyage.* […] *But the desertion of a part of the crew is to be considered an emergency of the voyage as much as their death; and those who remain are bound by the terms of their original contract to exert themselves to the utmost to bring the ship in safety to her destined port*".

716 *Williams v Roffey Bros & Nicholls (Contractors) Ltd.* [1991] 1 QB 1.

717 *Treitel, Consideration, in: Beale, Chitty on Contracts,* S. 336; *Schindler*, Rechtsgeschäftliche Entscheidungsfreiheit und Drohung, S. 126 f.

718 So auch Purchas L.J. in *Williams v Roffey Bros & Nicholls (Contractors) Ltd.* [1991] 1 QB 1, 23: „*Prima facie this would appear to be a classic Stilk v Myrick case*".

Williams v Roffey, trotz der Erhöhung des Werklohns, die gleiche Arbeitsleistung erbringen musste. Damit fehlte ein rechtlicher Vorteil des Klägers. Allerdings hatten sich die Zeiten geändert. Den Richtern gelang die Abweichung vom bisherigen Standpunkt, dass *consideration* immer einen rechtlichen Vorteil (*legal benefit*) erfordere, indem sie die Notwendigkeit eines praktischen Vorteils (*practical benefit*) betonten.[719]

Richter Purchas L.J. wagte eine moderne Interpretation und nahm an, dass *consideration* auch dann vorliegen könne, wenn eine Partei durch eine Zusatzvereinbarung keinen Nachteil erleide.[720] Demnach müssen nicht beide Parteien einen Nachteil erleiden.

Auch Russell L.J. hielt die Vereinbarung für wirksam. Er stand der Entwicklung der *consideration*-Lehre aufgrund von *Stilk v Myrick* kritisch gegenüber, insbesondere hielt er die Lehre für zu starr.[721] Er sah eine Vielzahl von Umständen als gegeben an, die für einen wirksamen Vertrag sprachen. Zum einen war er der Ansicht, dass der zwischen den Parteien ursprünglich vereinbarte Werklohn zu niedrig war.[722] Des Weiteren hatten die Beklagten ein gesteigertes Interesse an der Person des Klägers für die Durchführung der Arbeiten, da sie ansonsten einen neuen Handwerker hätten beauftragen müssen.[723] Auch wurden die Zahlungsmodalitäten im Erstvertrag nicht geregelt, so dass die Ergänzungsvereinbarung ein geordnetes Zahlungsverfahren ermöglichen sollte.[724] All diese Beweggründe wurden unter dem Begriff *practical benefits* zusammengefasst.[725] Sie gelten als einleuchtende Indizien für das Vorliegen von *consideration*.

---

719 *Peel*, L.Q.R. 1994, 353, 354 f.

720 *Williams v Roffey Bros & Nicholls (Contractors) Ltd.* [1991] 1 QB 1, 23.

721 *Williams v Roffey Bros & Nicholls (Contractors) Ltd.* [1991] 1 QB 1, 18.

722 Dies hatten auch die Beklagten realisiert, *Williams v Roffey Bros & Nicholls (Contractors) Ltd.* [1991] 1 QB 1, 19.

723 *Williams v Roffey Bros & Nicholls (Contractors) Ltd.* [1991] 1 QB 1, 19.

724 *Williams v Roffey Bros & Nicholls (Contractors) Ltd.* [1991] 1 QB 1, 19.

725 *Williams v Roffey Bros & Nicholls (Contractors) Ltd.* [1991] 1 QB 1, 13. Glidewell L.J. bezog sich auf das Urteil *Ward v Byham* [1956] 1 W.L.R. 496, in dem ein uneheliches Paar fünf Jahre lang zusammen lebte. In der Zeit zeugten sie ein Kind, weshalb sich der Mann nach der Trennung des zur Zahlung eines monatlichen Entgelts von 1 £ verpflichtete. Nachdem die Frau einen anderen Mann heiratete, endeten die Zahlungen, da der Vater sich aufgrund des Mangels an *consideration* nicht mehr zur Zahlung verpflichtet fühlte. Dagegen gab das Gericht jedoch der Mutter Recht, weil für den Vater ein *practical benefit* darin bestand, dass das Kind glücklich und wohlbehütet aufwachsen würde (S. 498).

c) Auswirkung auf die *economic duress*-Lehre

Die Entscheidung *Williams v Roffey* bezieht sich punktuell auf die *economic duress*-Lehre. So führt Glidewell LJ in dem Urteil aus, dass in Konstellationen, in denen eine Partei mit Vertragsbruch droht, falls sie nicht mehr erhält, als ursprünglich vereinbart war, durchaus eine Nichtigkeit wegen *economic duress* vorliegen könne.[726] Anschließend setzt er sich mit dem Urteil *Pao On* auseinander.[727] In der *Pao On*-Entscheidung hatte Lord Scarman ebenfalls auf eine mögliche Nichtigkeit in entsprechenden Konstellationen hingewiesen.[728] Begrüßenswert daran ist, dass somit die *Williams v Roffey*-Entscheidung einen Beitrag zur Entwicklung der *economic duress*-Lehre leistet.

Dagegen fehlt es allerdings in *Williams v Roffey* an einer ausführlichen Begründung, warum konkret kein Fall von *economic duress* vorliegt. Im Rahmen der richterlichen Ausführungen wird lediglich punktuell und knapp festgehalten, dass keine Drohung vorlag.[729] Hier wären weiterführende Aussagen hilfreich gewesen. Das Fehlen einer vertieften Auseinandersetzung ist dem Umstand geschuldet, dass in *Williams v Roffey* die Forderung nach einem höheren Lohn nicht von dem Handwerker ausging, sondern von seinen Auftraggebern. Hätte der Handwerker selbst eine Erhöhung seines Werklohns gefordert, so hätte das Gericht vermutlich eine Nichtigkeit wegen *economic duress* angenommen.[730]

---

726 *Williams v Roffey Bros & Nicholls (Contractors) Ltd.* [1991] 1 QB 1, 13: „*There is, however, another legal concept of relatively recent development which is relevant, namely, that of economic duress. Clearly if a subcontractor has agreed to undertake work at a fixed price, and before he has completed the work declines to continue with it unless the contract or agrees to pay an increased price, the subcontractor may be held guilty of securing the contractor's promise by taking unfair advantage of the difficulties he will cause if he does not complete the work. In such a case an agreement to pay an increased price may well be voidable because it was entered into under duress*".

727 *Williams v Roffey Bros & Nicholls (Contractors) Ltd.* [1991] 1 QB 1, 14.

728 *Pao On v Lau Yiu Long* [1980] A. C. 614, 632.

729 Siehe Glidewell L.J. in *Williams v Roffey Bros & Nicholls (Contractors) Ltd.* [1991] 1 QB 16: „*There is no finding, and no suggestion, that in this case the promise was given as a result of fraud or duress*", ähnlich auch Russel L.J. auf S. 17: „*There is no hint in that pleading that the defendants were subjected to any duress to make the agreement* [...]".

730 Diesen Umstand hebt *Beale* hervor, wobei er davon ausgeht, dass auch dann kein Fall von *economic duress* vorgelegen hätte, wenn der Handwerker selbst die Forderung nach mehr Lohn ausgeübt hätte, *Beale, Duress and Undue Influence, in: Beale, Chitty on Contracts,* S. 689.

Aufgrund der richterlichen Aussagen kann daher davon ausgegangen werden, dass in den Fällen, in denen eine Partei damit droht, ihre geschuldete Leistung nur für eine Erhöhung der Gegenleistung zu erbringen, ein Fall von *economic duress* gegeben ist. Hierfür dürfte auch der Zeitpunkt der Entscheidung eine Rolle spielen. *Williams v Roffey* wurde im Jahre 1991 entschieden. Zu diesem Zeitpunkt lagen bereits viele der Kernentscheidungen[731] zur *economic duress* vor.[732] Daraus kann der Schluss gezogen werden, dass die Thematik den Richtern zumindest bekannt war. In diesem Lichte erscheint ihre Aussage, dass *economic duress* in Fällen einer Drohung mit Vertragsbruch zur Erzielung einer Mehrleistung vorliegen kann, umso stärker. Für das Verhältnis zur *consideration* bedeutet *Williams v Roffey* im Ergebnis, dass für Fälle, in denen eine Partei eine Erhöhung der Gegenleistung verlangt, die *duress*-Lehre nun die entscheidende Kontrollfunktion ausübt und nicht mehr die *consideration*-Lehre.[733]

II. Übertragung der *Williams v Roffey*-Grundsätze auf Leistungsreduzierungskonstellationen

Aufgrund der Entscheidung *Williams v Roffey* kann eine leistungserhöhende Vertragsmodifikation *consideration* beinhalten und dementsprechend wirksam sein.[734] Entsprechend erscheint es nur logisch, dass bei der umgekehrten Konstellation, in der durch Vertragsmodifikation eine Leistung reduziert werden soll, die Grundsätze der *Williams v Roffey*-Entscheidung angewendet werden.[735] Eine Übertragung der Grundsätze würde bewirken, dass *consideration* vorliegt. Allerdings ist diese Frage stark umstritten.

---

731 *Occidental Worldwide Investment Corp.v Skibs A/S Avanti* [1976] 1 Lloyd's Rep. 293; *North Ocean Shipping Co. Ltd v Hyundai Construction Co. Ltd.* [1979] QB 705; *Vantage Navigation Corporation v Suhail and Saud Bahwan Building Materials LLC* [1989] 1 Lloyd's Rep. 138; *Pao On v Lau Yiu Long* [1980] AC 614; *B. & S. Contracts and Designs Limited v Victor Green Publications Ltd* [1984] I.C.R. 419.

732 *Treitel*, Some Landmarks of Twentieth Century Contract Law, S. 13.

733 *Virgo*, Restitution, S. 201; siehe ebenfalls – wenn auch nur zurückhaltend – *Chen-Wishart*, Contract Law, S. 130; *Schindler*, Rechtsgeschäftliche Entscheidungsfreiheit und Drohung, S. 126 f.; *Burrows*, The Law of Restitution, S. 259; *Treitel, Consideration, in: Beale, Chitty on Contracts*, S. 336.

734 Siehe oben, S. 132 f.

735 *Schindler*, Rechtsgeschäftliche Entscheidungsfreiheit und Drohung, S. 129 f.; *O'Sullivan*, C.L.J. 1996, 219, 220; *Treitel, Consideration, in: Beale, Chitty on Contracts*, S. 378 f.

1. Befürwortung einer Übertragung

a) Rechtsprechung

aa) Lord Blackburn in *Foakes v Beer*

Aus Sicht der Rechtsprechung kann für eine Übertragung der Grundsätze auf das Sondervotum von Lord Blackburn in *Foakes v Beer* hingewiesen werden.[736] Dieser erachtete die sofortige Zahlung eines geringeren Betrages in verschiedenen Situationen für vorteilhaft.[737] Zugleich darf an der Stelle nicht außer Acht bleiben, dass *Foakes v Beer* 1884 entschieden wurde, wohingegen das Urteil *Williams v Roffey* erst 1991 entstand. Eine Auseinandersetzung des *Court of Appeal* in *Williams v Roffey* mit *Foakes v Beer*, beispielsweise im Wege des *distinguishing*, erfolgte leider nicht. Entsprechend beziehen sich Lord Blackburns Äußerungen nicht auf die *Williams v Roffey* Grundsätze, allerdings sprach er sich auch für die vereinzelte Wirksamkeit leistungsreduzierender Vertragsmodifikationen aus, da ihm zufolge diese unter Umständen vorteilhaft sein könnten.

bb) *Anangel Atlas v Ishikawajima-Harima Heavy Industries*

Eine Entscheidung des *High Court*, welche sich konkret auf *Williams v Roffey* bezieht, ist *Anangel Atlas v Ishikawajima-Harima Heavy Industries*[738] aus dem Jahr 1990. Das griechische Schifffahrtskonsortium Angelicoussis hatte bei der japanischen Werft IHI im Mai 1983 den Bau von 4 Schiffen in Auftrag gegeben. Aufgrund des Einbruchs der Schifffahrtsindustrie in den Achtzigerjahren begehrte Angelicoussis eine Reduzierung des Preises sowie andere Vertragsmodifikationen. Die Werft willigte ein. Aufgrund einer Vertragsmodifikation vom Juli 1985 sollte Angelicoussis die beste Behandlung erhalten („*most favoured customer treatment*")[739]. Diese sah vor, dass sie hinsichtlich des Preises für die Schiffe als auch für Extras die gleichen Konditionen erhalten sollten, wie andere Käufer. Im Juni 1985 verpflichtete sich IHI zum Bau eines Schiffs an ein anderes Schifffahrtskonsortium, die Goumas-Gruppe. Die Konditionen dieses Vertrages fielen günstiger aus als die des Vertrags mit Angelicoussis. Daraufhin verlangte Angelicoussis einen Teil des bereits gezahlten Preises von IHI zurück. Allerdings

---

736 *Schindler*, Rechtsgeschäftliche Entscheidungsfreiheit und Drohung, S. 129.

737 Siehe die Ausführungen zu Blackburn's Sondervotum oben auf S. 110; vgl. auch *Schindler*, Rechtsgeschäftliche Entscheidungsfreiheit und Drohung, S. 129.

738 *Anangel Atlas Compania Naviera S.A. and Others v Ishikawajima-Harima Heavy Industries Co. Ltd.* (No. 2) [1990] Vol. 2 Lloyd's Rep. 526.

739 *Anangel Atlas Compania Naviera S.A. and Others v Ishikawajima-Harima Heavy Industries Co. Ltd. (No. 2)* [1990] Vol. 2 Lloyd's Rep. 526 f.

weigerte sich IHI, da die Vertragsmodifikation ihrer Ansicht nach aufgrund der fehlenden *consideration* nichtig war, woraufhin Angelicoussis Klage einreichte.[740]

Richter Hirst J. war der Ansicht, dass hier eine *consideration* vorlag, wobei er sich auf die klaren Vorteile bzw. die Vermeidung von Nachteilen seitens IHI bezog. IHI hatte ein maßgebliches Interesse daran, die Angelicoussis-Gruppe bei Laune zu halten, da die Gruppe mehrere Schiffe erworben hatte und die Lieferung eines weiteren Schiffes noch anstand.[741] Zudem waren Anglicoussis Stammkunden und hatte in den vergangenen 20 Jahren insgesamt 40 Schiffe bestellt.[742] Das Interesse, Anglicoussis als Kunden zu halten, war daher groß.[743]

Zugleich wäre nach der alten Rechtslage ein rein praktisches Interesse an der Lieferung des Bootes für das Vorliegen einer *consideration* nicht ausreichend gewesen. Allerdings bezog sich Hirst J. ausdrücklich auf die jüngere *Williams v Roffey*-Entscheidung und hob exemplarisch hervor, dass die *consideration*-Doktrin auf diesem Gebiet einen Wandel durchlebt hatte und nun vertragsmodifizierende Zusatzvereinbarungen wirksam sein konnten, wenn eine Partei durch die Änderung praktische Vorteile erlangte.[744]

b) Schrifttum

Für eine Übertragung der *Williams v Roffey*-Grundsätze werden in der Literatur zunächst Praktikabilitätserwägungen angeführt.[745] Des Weiteren würde die Übernahme der Grundsätze auch einen Beitrag zur Einheitlichkeit der *consideration*-Lehre leisten, denn ohne eine Übertragung hängt die Wirksamkeit einer Vertragsmodifikation letztendlich allein davon ab, ob eine Partei durch die

740 *Anangel Atlas Compania Naviera S.A. and Others v Ishikawajima-Harima Heavy Industries Co. Ltd.* (No. 2) [1990] Vol. 2 Lloyd's Rep. 526 f.

741 *Anangel Atlas Compania Naviera S.A. and Others v Ishikawajima-Harima Heavy Industries Co. Ltd.* (No. 2) [1990] Vol. 2 Lloyd's Rep. 526, 544.

742 *Anangel Atlas Compania Naviera S.A. and Others v Ishikawajima-Harima Heavy Industries Co. Ltd.* (No. 2) [1990] Vol. 2 Lloyd's Rep. 526.

743 *Anangel Atlas Compania Naviera S.A. and Others v Ishikawajima-Harima Heavy Industries Co. Ltd.* (No. 2) [1990] Vol. 2 Lloyd's Rep. 526, 544.

744 *Anangel Atlas Compania Naviera S.A. and Others v Ishikawajima-Harima Heavy Industries Co. Ltd.* (No. 2) [1990] Vol. 2 Lloyd's Rep. 526, 544 f.

745 *Treitel, Consideration, in: Beale, Chitty on Contracts*, S. 378 f.; *Schindler*, Rechtsgeschäftliche Entscheidungsfreiheit und Drohung, S. 129: "[…] *sachlich kaum zu begründen* […]", zugleich verweist *Schindler* auf *Halson*, der einen sachlichen Grund für die Differenzierung für gegeben hält, vgl. *Halson* LMCLQ 1999, 256, 275.

Änderung mehr oder weniger erlangt als ursprünglich vereinbart.[746] Dies ist inkonsequent. Auch darf nicht außer Acht bleiben, dass unter Umständen wirtschaftliche Aspekte für eine entsprechende Vertragsmodifikation sprechen und daher nicht alle Änderungen unwirksam sein sollten.[747]

2. Ablehnung der Übertragung

Bisher gab es noch keine Gelegenheit des *Supreme Courts*, sich zur Frage der Übertragung der *Williams v Roffey*-Grundsätze zu äußern. Lediglich der *Court of Appeals* hatte 1993 in der *In re Selectmove Ltd*-Entscheidung die Chance, zu *Foakes v Beer*[748] kritisch Stellung zu nehmen, allerdings machte er von dieser Gelegenheit keinen Gebrauch.

Das Unternehmen *Selectmove Ltd* schuldete dem Staat Steuern und Sozialversicherungsbeiträge in Höhe von insgesamt 24.650 GBP. Im Juli 1991 traf sich der Geschäftsführer mit dem zuständigen Finanzbeamten und unterbreitete diesem einen Vorschlag, wonach das Unternehmen die bestehende Steuerschuld nicht auf einen Schlag zurückzahlen, sondern monatliche Raten in Höhe von 1.000 GBP ab Februar 1992 erbringen würde. Was die weiteren anfallenden Steuerlasten betraf, so würden diese regulär geleistet werden. Der zuständige Beamte erwiderte darauf, dass er den unterbreiteten Vorschlag zunächst mit seinen Vorgesetzten erörtern müsse und sich mit dem Geschäftsführer wieder in Verbindung setzen werde, falls es Probleme gebe. Zu einer weiteren Kontaktaufnahme seitens des Beamten kam es nicht mehr, so dass der Geschäftsführer von der Wirksamkeit der Vereinbarung ausging. Als das Unternehmen im September 1991 einer Zahlung der aktuellen Steuern nicht mehr nachkam, forderte der Staat die komplette Summe von 24.650 GBP. Das Unternehmen berief sich auf die Ratenzahlungsvereinbarung, jedoch wurde die Wirksamkeit dieser wegen fehlender *consideration* seitens des Staates bestritten.

In den Entscheidungsgründen setzte sich Gibson L.J. mit *Pinnel's Case*, *Foakes v Beer* und *Williams v Roffey* auseinander.[749] Der Rechtsanwalt des Unternehmens hatte geltend gemacht, dass eine Übertragung der *Williams v Roffey*-Grundsätze auf den Rechtsstreit notwendig sei, wobei er dies mit Vertretern des Schrifttums

---

746 *Treitel, Consideration, in: Beale, Chitty on Contracts*, S. 378 f.: "[...] *the law would be more consistent* [...]"; *Schindler*, Rechtsgeschäftliche Entscheidungsfreiheit und Drohung, S. 129; *Treitel, Consideration, in: Beale, Chitty on Contracts*, S. 378 f.

747 *Adams/Brownsword*, MLR 1990, 536, 540; *Schindler*, Rechtsgeschäftliche Entscheidungsfreiheit und Drohung, S. 129.

748 *In re Selectmove Ltd* [1995] 1 WLR 474.

749 *In re Selectmove Ltd* [1995] 1 WLR 474, 479 ff.

belegte, welche sich für eine Neuausrichtung der *Foakes v Beer*-Rechtsprechung aussprachen.[750] In den Entscheidungsgründen würdigte Gibson L.J. anfangs noch die Argumentation für eine Übertragung und betonte dabei, dass eine Ratenzahlung für den Gläubiger durchaus praktische Vorteile haben könne.[751] Im Ergebnis lehnte er eine Übertragung allerdings ab.[752] Ihm zufolge fehle es an der Notwendigkeit, die Übertragung zu erörtern, da die Frage bereits durch *Foakes v Beer* hinreichend entschieden worden sei.[753] Demnach fehle es bei einer solchen Vereinbarung an der erforderlichen *consideration*.[754]

Die Aussagen von Gibson L.J. zu der Übertragung sind im Ergebnis recht knapp gehalten und wenig vertieft, dies mag aber dem Umstand geschuldet sein, dass er sich aufgrund der *doctrine of precedent* ausschließlich an *Foakes v Beer* gebunden sah. Deutlich wird dies an seinen letzten Passagen zur Übertragung. In diesen weist er auf die Zuständigkeit des *Supreme Courts* und des Parlaments hin, da aufgrund der Bindungswirkung nur diese eine Übertragung der *Williams v Roffey*-Grundsätze bewirken können.[755]

3. Stellungnahme zur Übertragung

Die Positionierung des *Court of Appeals* gegen eine Übertragung der *Williams v Roffey*-Grundsätze ist bedauerlich, da hier die Gelegenheit verpasst wurde, einen Beitrag zur Vereinheitlichung der *consideration*-Lehre zu leisten. Zwar kann man der Auffassung sein, dass das Gericht durch den Präzedenzfall *Foakes v Beer* an seine Entscheidung gebunden war, zugleich ist dies nur eine von mehreren möglichen Interpretationen.

---

750 Der Prozessbevollmächtigte bezog sich insbesondere auf *Adams/Brownsword*, MLR 1990, 536, 539 f., siehe *In re Selectmove Ltd* [1995] 1 WLR 474, 481.

751 *In re Selectmove Ltd* [1995] 1 WLR 474, 481.

752 Gibson L.J. in *In re Selectmove Ltd* [1995] 1 WLR 474, 481: „*I see the force of the argument, but the difficulty that I feel with it is that, if the principle of Williams v Roffey* […] *is to be extended to an obligation to make payment, it would in effect leave the principle in Foakes v Beer* […] *without any application*"; vgl. hierzu auch *Peel*, L.Q.R. 1994, 353, 354, der aus der Aussage den Schluss zieht, dass Gibson L.J. den Grundsätzen aus *Williams v Roffey* zugeneigt war.

753 *In re Selectmove Ltd* [1995] 1 WLR 474, 481.

754 *In re Selectmove Ltd* [1995] 1 WLR 474, 481: „[…] *not to constitute good consideration in law*".

755 *In re Selectmove Ltd* [1995] 1 WLR 474, 481: "*If that extension is to be made, it must be by the House of Lords or, perhaps even more appropriately, by Parliament after consideration by the Law Commission*".

Denkbar ist auch, dass die Richter in der *In re Selectmove*-Entscheidung schlicht der Bindungswirkung von *Foakes v Beer* aus dem Weg gehen wollten. Schließlich hat der *Court of Appeal* es bei *Williams v Roffey* ähnlich gemacht. Dort standen die Richter einem ähnlichen Problem gegenüber: einer Vertragsmodifikation fehlte es aufgrund einer Präzedenzentscheidung an *consideration*.[756] Allerdings gelang es ihnen mittels Argumentationsvermögen von dem bisherigen Standpunkt abzuweichen, dass *consideration* immer einen rechtlichen Vorteil (*legal benefit*) erfordere, indem sie von einem praktischen Vorteil (*practical benefit*) sprachen.[757] *Peel* geht davon aus, dass ein mutigerer *Court of Appeal* ähnlich mit *Foakes v Beer* hätte umgehen können.[758] Dem is zuzustimmen.

Trotz guter Argumente für eine Übertragung der Grundsätze bleibt es im Ergebnis jedoch dabei, dass Vertragsmodifikationen, die zu einer Reduzierung der geschuldeten Leistung führen, mangels *consideration* nichtig sind. Dies ergibt sich aufgrund der Präzedenzwirkung von *Foakes v Beer*. Eine Änderung des *status quo* ist erst dann zu erwarten, wenn der *Supreme Court* oder das Parlament durch die *Law Commission* tätig werden.[759] Dass der *Supreme Court* sich der Sache bald annimmt, ist unwahrscheinlich, da er im Jahr lediglich um die 40 Rechtsstreitigkeiten entscheidet,[760] von denen nur sehr wenige zivilrechtlicher Natur sind.[761] Entsprechend ist eine baldige Problemlösung durch den *Supreme Court* nicht abzusehen.

III. Stellungnahme zur *consideration*

In Vertragsmodifikationsfällen überschneiden sich *consideration* und *economic duress* häufig. Wurde beispielsweise einem Handwerker damit gedroht, dass er seinen Werklohn nur dann erhalten wird, wenn er sich auf eine Reduzierung des Lohns um 30 % einlässt, so könnte die Vertragsmodifikation wegen *consideration* oder *economic duress* nichtig sein. Es stellt sich daher die Frage, welches Institut vorzugswürdig ist.

---

756 *Peel*, L.Q.R. 1994, 353, 354 f.

757 *Peel*, L.Q.R. 1994, 353, 354 f.

758 *Peel*, L.Q.R. 1994, 353, 355.

759 Siehe oben S. 139.

760 So hat der *Supreme Court* im Zeitraum vom 1.04.2012 bis 31.03.2013 nur 43 Urteile gefällt, siehe Supreme Court Annual Report 2012–2013, S. 33.

761 Beispielsweise hat der *Supreme Court* im Zeitraum 1.04.2012 bis 31.03.2013 nur eine einzige Revision zum Vertragsrecht zugelassen, Supreme Court Annual Report 2012–2013, S. 24. Auf diesen Umstand wurde der Verfasser dieser Arbeit von Professer *Cartwright* im Rahmen eines Gespräches hingewiesen.

Im Schrifttum findet sich die Ansicht, dass die *consideration* das schlechtere Kontrollinstrument für Fälle ist, in denen eine Partei einen bereits bestehenden Vertrag modifizieren möchte.[762] Des Weiteren wird auch angeführt, dass die *consideration*-Doktrin lange als Ersatz für die früher schlecht ausgestattete *duress*-Doktrin diente.[763] So wird auch inzwischen die pauschale Abschaffung der *consideration*-Doktrin in Fällen von Vertragsmodifikationen gefordert, da *economic duress* inzwischen wesentlich weiterentwickelt wurde.[764] Vertragsmodifikationen sollen demnach allein durch die *economic duress*-Doktrin gelöst werden, welche sich besser für solche Fälle eignet.[765] Im Ergebnis würden dann die Neuverhandlungsfälle, in denen ein legitimes Bedürfnis nach Anpassung bedient wird, wirksam sein, während die Konstellationen, in denen eine Partei einem unzulässigen Druck ausgesetzt war, nichtig sind.[766] Was die Befürchtungen betrifft, dass die *economic duress* unzureichend ausgestaltet ist, so können solche Sorgen dadurch entkräftet werden, dass künftig mehr Entscheidungen zur *economic duress* erfolgen dürften, was wiederum dazu führt, dass die Lehre mehr an Kontur gewinnen würde.[767]

Schließlich kann auch angeführt werden, dass die *economic duress* im Gegensatz zur *consideration* weiterentwickelt werden kann. Die *consideration* weist bei Vertragsmodifikationen Schwächen auf, wie beispielsweise die Problematik der Übertragung der *Williams v Roffey*-Grundsätze auf leistungsreduzierende Änderungen. Zum Teil können diese Schwächen nur sehr schwer überwunden werden, da nur der *Supreme Court* oder das Parlament diese Übertragung vornehmen können. Solche Probleme weist die *economic duress* nicht auf. Entsprechend ist sie gegenüber der *consideration* vorrangig.

F. Zwischenergebnis zu den Konkurrenzen

Insgesamt wird die *economic duress* die meisten Rechtsinstitute verdrängen. Dies gilt zunächst für *torts*, wobei Konkurrenzen hierzu eher selten auftreten dürften.

---

762 *Schindler*, Rechtsgeschäftliche Entscheidungsfreiheit und Drohung, S. 63 f.

763 *Treitel*, Some Landmarks of Twentieth Century Contract Law, S. 14: „[…] *surrogate for an imperfectly developed law of duress*".

764 Siehe *Reynolds/Treitel*, Malaya L. Rev. 1965, 1, 21. Freilich weißt *Reynolds* aber auch auf die Gefahren der Abschaffung hin sowie auf die Erforderlichkeit, andere Einschränkungsmechanismen zu etablieren (*safeguards*); vgl. auch *Williams v Roffey Bros & Nicholls (Contractors) Ltd.* [1991] 1 QB 1, 14.

765 *Peel*, L.Q.R. 1994, 353, 355.

766 *Peel*, L.Q.R. 1994, 353, 355.

767 *Peel*, L.Q.R. 1994, 353, 355.

Ebenfalls wird die *economic duress* kaum mit der *undue influnce* konkurrieren, da bei der *economic duress* selten ein Vertrauensverhältnis vorliegt, wie es die *undue influence* allerdings erfordert. Ein Konkurrenzverhältnis zur *inequality of bargaining power* ist nicht mehr denkbar; die Doktrin wurde vom *House of Lords* abgelehnt. Viele Überschneidungen bestehen im Verhältnis zur *consideration*, wobei die *economic duress* vorzugswürdig ist.

7. Abschnitt: Entwicklung außerhalb Englands

A. Einleitung

Der vorliegende Abschnitt befasst sich mit ausgewählten Rechtsordnungen des *Commonwealth*. Ausschlaggebend für die Auswahl war einerseits die Größe der Staaten und andererseits die Frage, ob die Rechtsordnungen die *economic duress*-Doktrin rezipiert haben und inwiefern sie Unterschiede zum englischen Verständnis der Doktrin aufweisen. Entsprechend wird die Rezeption der *economic duress* in den folgenden Rechtsordnungen dargestellt: Australien, Hongkong, Indien, Irland, Kanada, Neuseeland, Schottland, Singapur und Südafrika. Zwar handelt es sich bei Hongkong nicht mehr um einen Mitgliedstaat des *Commonwealth*, sondern ein Gebiet der Volksrepublik China, jedoch ist die Stadt eine Sonderwirtschaftszone, in der nach wie vor ein von China unabhängiges Recht gilt. Ähnlich ist auch Schottland ein Teil Großbritanniens und damit kein eigenständiger Staat im völkerrechtlichen Sinne, allerdings besitzt es ein eigenes Recht und ist daher für den Vergleich von Interesse. Abschließend gehört Irland ebenfalls nicht dem Commonwealth an, dennoch wird der Staat aufgrund seiner historischen und kulturellen Nähe zu Großbritannien in die Untersuchung miteinbezogen.

B. Ausschluss der Vereinigten Staaten von Amerika

Das Zivilrecht der Vereinigten Staaten von Amerika wird in der Arbeit nicht untersucht. Hierfür bestehen verschiedene Beweggründe. In erster Linie dürfte der Einfluss des englischen Rechts auf das US-amerikanische aus historischen Gründen gering sein, da die Vereinigten Staaten sich im Jahre 1776 von Großbritannien abspalteten. Ab diesem Zeitpunkt gab es nicht mehr die Möglichkeit für den englischen *Privy Council*, das englische Recht mittels seiner Empfehlungen zu verbreiten. Entsprechend hat das Recht der Vereinigten Staaten eine selbstständige Entwicklung vollzogen.[768]

Gegen eine Einbeziehung der Vereinigten Staaten sprechen auch weitere Erwägungen. Zunächst gibt kein einheitliches „US-amerikanisches" Zivilrecht; jeder Bundesstaat verfügt über sein eigenes Recht.[769] Um daher eine Darstellung des Umgangs der Vereinigten Staaten mit der *economic duress*-Doktrin zu

768 *Zweigert/Kötz*, Einführung in die Rechtsvergleichung, S. 233.
769 *Zweigert/Kötz*, Einführung in die Rechtsvergleichung, S. 245.

gewährleisten, hätte entweder das Recht eines bestimmten oder mehrerer Bundesstaaten erfolgen müssen.

Zugleich soll an dieser Stelle ein kurzer Hinweis auf die *Restatement (Second) of Contracts* erfolgen. Die *Restatements* stellen den Versuch dar, das unkodifizierte Zivilrecht aus verschiedenen Bereichen in Form von allgemeinen Regeln zu ordnen.[770] Den *Restatements* ist die *economic duress* bekannt. Ein Vertrag, der durch *economic duress* zustande kommt, ist gem. § 175 (1) und § 176 (1) (d) anfechtbar (*voidable*).[771]

Was die Rechtsprechung betrifft, so haben die amerikanischen Richter mit der grundsätzlichen Anerkennung der *economic duress* weniger Schwierigkeiten gehabt als ihre englischen Kollegen.[772] Die Rechtsfigur wird auch im Schrifttum überwiegend bestätigt.[773] Im Übrigen wurde die Thematik in den Vereinigten Staaten bereits 1947 und damit vor der englischen Entwicklung erkannt.[774]

C. Bedeutung des *Privy Councils* für den Rechtskreis

Dass die ausgesuchten Rechtsordnungen vom englischen *common law* geprägt wurden, basiert insbesondere auf historischen Umständen. Aufgrund des britischen Kolonialreiches umfasst das *common law* im weiten Sinne beinahe ein Drittel der Erdbevölkerung,[775] wobei insbesondere der *Privy Council* dem englischen Recht zur Verbreitung verhalf. Beim *Judicial Committee of the Privy Council*, welches oft nur als *Privy Council* bezeichnet wird, handelt es sich um einen richterlichen Ausschuss.[776] Dieser konnte von den Parteien eines Überseegebietes angerufen werden.[777] Nachdem die Umwandlung des *British Empire*

770 *Zweigert/Kötz*, Einführung in die Rechtsvergleichung, S. 246 f.

771 § 175 (1) If a party's manifestation of assent is induced by an improper threat by the other party that leaves the victim no reasonable alternative, the contract is voidable by the victim. § 176 (1) A threat is improper if […] (d) the threat is a breach of the duty of good faith and fair dealing under a contract with the recipient.

772 *Austin Instrument, Inc. v. Loral Corp.* (1971) 29 N.Y.2d 124; *Toni E. Sosnoff v Jason D. Carter and Julia Vance Carter* (1991) 165 A.D.2d. 486.

773 *Bix*, Contract Law, S. 47; *Klass*, Contract Law in the United States, S. 113 ff.; *Murphy/Speidel/Ayres*, Contract Law, S. 498 ff.; *Farnsworth*, Contracts, S. 504 ff.; *Chirelstein*, Law of Contracts, S. 60; *Cassim*, CILSA 1991, 37, 46 f.; *Hillman*, Iowa Law Review 1979, 849, 880 ff.

774 *Dawson*, Mich. L. Rev. 1947, 253, 253 ff.

775 *Zweigert/Kötz*, Einführung in die Rechtsvergleichung, S. 214 f.

776 *Zweigert/Kötz*, Einführung in die Rechtsvergleichung, S. 206.

777 *Bruzzone*, Das Privy Council, S. 24.

ins *Commonwealth of Nations* 1931 vollzogen wurde,[778] stand diese Möglichkeit auch den *Commonwealth*-Ländern zu, vorausgesetzt, dass sie den eigenen Instanzenzug durchlaufen hatten.[779] Somit bildete der *Privy Council* für die ehemalige Kolonie eine Art oberstes Gericht.

Zugleich muss betont werden, dass der *Privy Council* keine Urteile im formellen Sinne abgibt, sondern lediglich eine Empfehlung für den Monarchen ausspricht, welche anschließend von diesem befolgt wird.[780] Die getroffene Empfehlung ist für die Gerichte des anrufenden Landes bindend.[781] Aufgrund des *Statute of Westminster*, welches 1931 verabschiedet wurde, durften die ehemaligen Kolonien selbstständig über die Beibehaltung des *Privy Council* als oberste Berufungsinstanz entscheiden.[782] Dies hat dazu geführt, dass mit Ausnahme Schottlands alle anderen Rechtsordnungen, die in diesem Abschnitt erörtert werden, eine Anrufung des *Privy Council* abgeschafft haben.[783] Entsprechend hat die Einschaltung des *Privy Council* durch die *Commonwealth*-Länder stark abgenommen.[784]

D. Länderberichte

Im Rahmen der folgenden Länderberichte soll jeweils ein kurzer Überblick über das allgemeine Zivilrecht erfolgen, da dieser für das weitere Verständnis von Nutzen ist. Im Anschluss wird die jeweilige Rezeption der *economic duress* dargestellt.

778 *Bruzzone*, Das Privy Council, S. 23.

779 *Zweigert/Kötz*, Einführung in die Rechtsvergleichung, S. 206.

780 *Zweigert/Kötz*, Einführung in die Rechtsvergleichung, S. 206.

781 *Phillips/Jackson/Leopold*, Constitutional and Administrative Law, S. 807.

782 *Phillips/Jackson/Leopold*, Constitutional and Administrative Law, S. 811 f.

783 Die einzelnen Kolonien bzw. *Commonwealth*-Staaten haben Berufungen an den *Privy Council* zum folgenden Zeitpunkt abgeschafft = Australien: section 11 Australia Act 1986, Hongkong: Art. 82 Basic Law 1997, Indien: section 2, Abolition of Privy Council Jurisdiction Act 1949, Irland: Constitution (Amendment No. 22) Act 1933, Kanada: section 3 Supreme Court Act 1949, Neuseeland: section 6 Supreme Court Act 2003, Singapur: section 3 Supreme Court of Judicature (Amendment) Act 1993, Südafrika: section 1 Privy Council Appeals Act 1950.

784 *Phillips/Jackson/Leopold*, Constitutional and Administrative Law, S. 812 ff.

I. Australien

1. Einleitung

Australien verfügt nicht über ein Zivilgesetzbuch, entsprechend gilt auf dem Gebiet des Zivilrechts das *common law.*[785] Als ehemalige Kolonie Großbritanniens wurde das englische *common law* aufgrund des *Australian Courts Act* von 1828 auf Australien übertragen.[786] Zugleich sollte dies nicht nur den damaligen Stand des englischen *common law* erfassen, sondern auch künftige Entwicklungen miteinbeziehen.[787] Aufgrund des Acts wurde das *common law* ohne größere Schwierigkeiten übernommen.[788] Der britische *Australia Act* entließ Australien im Jahre 1986 endgültig in die Unabhängigkeit und beseitigte den *Privy Council* als Berufungsinstanz für höchstrichterliche, australische Entscheidungen.[789]

Anzumerken ist im Übrigen auch, dass trotz der Gliederung Australiens in sechs Bundesstaaten, in der jeder Staat über seine eigene Rechtsordnung verfügt, sich das Zivilrecht der verschiedenen Staaten stark ähnelt, da die rechtliche Orientierung grundsätzlich am Vorbild des englischen *common law* erfolgte.[790] Trotz der Unabhängigkeit von Großbritannien ist hervorzuheben, dass das englische Recht in Australien weiterhin sehr einflussreich war,[791] wobei dies in jüngerer Zeit abnimmt.[792]

2. Frühzeitige und eigenständige Ansätze

Die australischen Gerichte scheinen die Schutzbedürftigkeit einer Partei vor wirtschaftlichen Drohungen bereits frühzeitig erkannt zu haben. Dies betrifft sowohl den angedrohten Vertragsbruch als auch die Konstellation, künftig keinen Vertrag mehr abschließen zu wollen. So haben die australischen Gerichte

---

785 *Gillies*, Concise Contract Law, S. 1.

786 *Carvan*, Australian Legal System, S. 28; *Zweigert/Kötz*, Einführung in die Rechtsvergleichung, S. 216.

787 *Zines*, Fed LR 2004, 337, 335.

788 *Castles*, Adel L Rev 1963, 1, 7.

789 *Carvan*, Australian Legal System, S. 30 f.; wobei anzumerken ist, dass sich der australische *High Court* bereits vor dem Jahre 1986 nicht mehr an den *Privy Council* gebunden fühlte, siehe *Mason*, JCL 1988, 1, 1.

790 *Zweigert/Kötz*, Einführung in die Rechtsvergleichung, S. 217.

791 *Carvan*, Australian Legal System, S. 24; *Zweigert/Kötz*, Einführung in die Rechtsvergleichung, S. 218.

792 *Carvan*, Australian Legal System, S. 24; *Mason*, JCL 1988, 1, 1.

beispielsweise schon seit 1925 anerkannt, dass Gelder, welche aufgrund der Androhung des Vertragsbruchs gezahlt wurden, kondiziert werden können.[793]

In der Entscheidung *TA Sundell & Sons Pty Ltd v Emm Yannoulatos (Overseas) Pty Ltd* aus dem Jahr 1955 hatte der Verkäufer von galvanisiertem Stahl damit gedroht, den Kläger entgegen seiner vertraglichen Verpflichtung nicht zu beliefern, falls dieser nicht eine Erhöhung des Kaufpreises akzeptiere.[794] Zunächst stimmte der Käufer dieser Vertragsmodifikation zu, später forderte er die Differenz zurück und berief sich auf *duress*.[795]

Der *Supreme Court of New South Wales* gab seinem Begehren auf der Grundlage von fehlender *consideration* sowie *duress* statt. Zunächst fehlte es den Richtern zufolge an einer *consideration*, welche für die Wirksamkeit einer Vertragsmodifikation zwingend erforderlich sei. Entsprechend war der ursprüngliche Vertrag mit dem geringeren Kaufpreis weiterhin wirksam.[796] Auch sah das Gericht es als erwiesen an, dass hier ein Fall von *compulsion* (bzw. *duress*) vorgelegen habe.[797] Zur Verteidigung hatte der Beklagte hervorgebracht, dass Ansprüche auf Rückzahlung von Geldern auf Grundlage von *duress* beschränkt[798] und nicht auf die Verweigerung der vertraglichen Erfüllung anwendbar seien.[799] Das Gericht bezog sich dabei vor allem auf die Entscheidung *Nixon v Furphy* des *Supreme Court*

---

793 Siehe *Willmott/Christensen/Butler/Dixon*, Contract Law, S. 587, mit Verweis auf *Nixon v Furphy* (1925) 25 SR NSW 151, 160.

794 *TA Sundell & Sons Pty Ltd v Emm Yannoulatos (Overseas) Pty Ltd* (1956) 56 SR (NSW) 323.

795 *TA Sundell & Sons Pty Ltd v Emm Yannoulatos (Overseas) Pty Ltd* (1956) 56 SR (NSW) 323, 326.

796 *TA Sundell & Sons Pty Ltd v Emm Yannoulatos (Overseas) Pty Ltd* (1956) 56 SR (NSW) 323, 327.

797 *TA Sundell & Sons Pty Ltd v Emm Yannoulatos (Overseas) Pty Ltd* (1956) 56 SR (NSW) 323, 328.

798 *TA Sundell & Sons Pty Ltd v Emm Yannoulatos (Overseas) Pty Ltd* (1956) 56 SR (NSW) 323, 327: „*That the case relating to the circumstances in which a payment will be said to be made "under compulsion" are limited and should not be extended, and that these cases include instances where the payee has been under a statutory duty; where he has been in possession of the payer's good; where he has held the legal title to land of which the payer was the equitable owner; and other cases where the "compulsion" was exercised in relation to the property of the payer*".

799 *TA Sundell & Sons Pty Ltd v Emm Yannoulatos (Overseas) Pty Ltd* (1956) 56 SR (NSW) 323, 328: „*And it was said that to treat a threat to refrain from performing a contractual duty as a sufficient "compulsion," would e to break new ground, and to extend the principle in this way would be contrary to to the rule laid down* […]".

of New South Wales aus dem Jahr 1925[800] und bestätigte die dortigen Aussagen von Long Innes J. zum Vorliegen von *compulsion* in Fällen, in denen die Nichterfüllung eines Vertrages angedroht wurde.[801] Die richterlichen Ausführungen zur Zwangslage und deren rechtliche Würdigung ähneln stark den englischen Fällen zur *economic duress*, die nach 1976 vermehrt entschieden wurden.

In Ergänzung zur *TA Sundell & Sons Pty Ltd*-Entscheidung gab es in Australien bereits in den zwanziger Jahren Anzeichen dafür, dass die Drohung einer Partei, künftig keinen Vertrag mehr schließen zu wollen, rechtswidrig sein kann.[802] Aufgrund dieser frühen Entscheidungen wird sogar die These vertreten, dass die australischen Gerichte die Entwicklung der *economic duress* in England vorhergesehen hätten.[803]

3. Rezeption der englischen Doktrin

Ab 1988 beginnt die australische Rechtsprechung mit der Rezeption des englischen Verständnisses der *economic duress.* Wegweisend hierfür sind die Entscheidungen *Crescendo Management Pty Ltd v Westpac Banking Corporation* sowie *Equiticorp Finance Ltd. v Bank of New Zealand.*

a) Crescendo Management Pty Ltd v Westpac Banking Corporation

Eine ausführliche Auseinandersetzung des *Supreme Court of New South Wales* mit der englischen *economic duress* erfolgte 1988 in der Entscheidung *Crescendo Management Pty Ltd v Westpac Banking Corporation.* Hier wurde ein Fall von *economic duress* geprüft und abgelehnt, wobei eine kurze Auseinandersetzung mit den englischen Entscheidungen *Universe Tankships* und *Pao On* erfolgte.[804] Ob die Doktrin in Australien überhaupt anwendbar sei, wurde nicht als problematisch erachtet. Ab diesem Zeitpunkt beginnt der englische Einfluss auf das australische Verständnis von *economic duress* einzuwirken.

---

800 *Nixon v Furphy* (1925) 25 S.R. (N.S.W.) 151.

801 *TA Sundell & Sons Pty Ltd v Emm Yannoulatos (Overseas) Pty Ltd* (1956) 56 SR (NSW) 323, 328: „*'Compulsion' in relation to a payment of which refund is sought* [...] *includes every species of duress or conduct analogous to duress, actual or threatened, exerted by or on behalf of the payee and applied to the person or the property or any right of the person who pays or, in some cases, of a person related to or in affinity with him*".

802 *Smith v William Charlick Ltd.* (1924) 34 C.L.R. 38, siehe oben S. 77 f.

803 *Carter/Harland*, Contract Law in Australia, S. 494.

804 *Crescendo Management Pty Ltd v Westpac Banking Corporation* (1988) 19 NSWLR 40, 45 f.

b) *Equiticorp Finance Ltd. v Bank of New Zealand*

In der späteren Entscheidung *Equiticorp Finance Ltd. v Bank of New Zealand* von 1993 wurde die Haltung der *Crescendo Management*-Entscheidung zur *economic duress* durch die Mehrheit der Richter des *New South Wales Court of Appeal* bestätigt, wobei auch hier ein konkreter Fall von *economic duress* abgelehnt wurde.[805]

Lediglich Kirby P setzte sich in der *Equiticorp Finance Ltd. v Bank of New Zealand*-Entscheidung im Rahmen seines Sondervotums kritisch mit der *economic duress* auseinander.[806] So war er beispielsweise der Ansicht, dass die Doktrin eher als ein Aspekt der *undue influence* oder der *unconscionability* einzuordnen sei.[807] Auch bemängelte er die Unbestimmtheit, welche durch die Doktrin entstehe, obwohl es auf dem Rechtsgebiet gerade auf Klarheit ankomme.[808] Dies könnte ihm zufolge dazu führen, dass Richter und Rechtsanwälte, welche im Gegensatz zu den streitenden Geschäftsleuten von wirtschaftlichen Kräften weniger verstehen, ihre ungeeigneten Meinungen in den Rechtsstreit einfließen lassen.[809]

Das abweichende Votum von Kirby P in *Equiticorp Finance Ltd. v Bank of New Zealand* scheint in jüngeren Entscheidungen auf fruchtbaren Boden gestoßen zu sein. Zum Teil wird das Abstellen auf die *unconscionability* als richtungweisend für die Konstellation des angedrohten Vertragsbruchs erachtet.[810] Der *New South Wales Court of Appeal* hat sich 2005 in *Australia & New Zealand Banking Group v Karam* der Ansicht von Kirby P angeschlossen.[811] In dem Urteil wurde die Verschwommenheit kritisiert, welche den Begriffen *economic duress* und *illegitimate pressure* innewohnt.[812] Nichtigkeitsauslösende Drohungen sollten daher nur auf

---

805 *Equiticorp Finance Ltd v Bank of New Zealand* (1993) 32 NSWLR 50, 149 ff.

806 *Equiticorp Finance Ltd v Bank of New Zealand* (1993) 32 NSWLR 50, 106 ff.

807 *Equiticorp Finance Ltd v Bank of New Zealand* (1993) 32 NSWLR 50, 107: „*The doctrine of economic duress may be better seen as an aspect of the doctrines of undue influence and unconscionability respectively*".

808 *Equiticorp Finance Ltd v Bank of New Zealand* (1993) 32 NSWLR 50, 107.

809 *Equiticorp Finance Ltd v Bank of New Zealand* (1993) 32 NSWLR 50, 107.

810 *Erbacher*, Restitution Law, S. 248; siehe auch *Willmott/Christensen/Butler/Dixon*, Contract Law, S. 588, allerdings wird hier nicht von einem allgemeinen Trend der australischen Gerichte gesprochen.

811 *Australia & New Zealand Banking Group v Karam* (2005) 64 NSWLR 149 Rn. 57; *Willmott/Christensen/Butler/Dixon*, Contract Law, S. 588.

812 *Australia & New Zealand Banking Group v Karam* (2005) 64 NSWLR 149 Rn. 66: „*The vagueness inherent in the terms "economic duress" and "illegitimate pressure" can be avoided by treating the concept of "duress" as limited to threatened or actual unlawful conduct*".

Fälle von rechtswidrigem Verhalten beschränkt sein.[813] Falls die Drohung nicht rechtswidrig ist, soll die *equity* durch Rechtsfiguren wie beispielsweise *undue influence* oder *unconscionable dealing* weiterhelfen.[814]

c) Einordnung der australischen Entwicklung

Trotz der neueren Entwicklungen dürfte sich die Ablehnung bzw. Einschränkung der *economic duress* im Sinne der *Equiticorp Finance*-Entscheidung gegenwärtig nicht durchgesetzt haben. Hierfür spricht zunächst der Umstand, dass die ablehnende Haltung von Kirby P in der *Equiticorp Finance Ltd. v Bank of New Zealand*-Entscheidung auf einem Sondervotum beruhte. Die Mehrheit der Richter des Supreme Court folgten seiner Argumentation nicht.[815]

Zudem handelt es sich bei der jüngeren Bestätigung von *Equiticorp* nicht um eine höchstrichterliche Entscheidung, sondern um ein Urteil des *New South Wales Court of Appeal.*[816] Erst wenn auch ein Urteil des *Supreme Court of Australia* vorliegt, kann von einer Abschaffung oder Einschränkung der *economic duress* ausgegangen werden. Bis dahin dürfte aber die *economic duress* weiterhin über einen festen Platz im australischen *common law* verfügen.

4. Der *McHugh*-Test

Orientiert man sich im Rahmen des Aufbaus an der bisherigen Grundsatzentscheidung *Crescendo Management Pty Ltd v Westpac Banking Corporation*, so ist in Australien ein zweistufiger Aufbau für *economic duress* erforderlich. Nach McHugh JA erfordert die Nichtigkeit einer Vereinbarung, dass der Bedrohte

---

813 *Australia & New Zealand Banking Group v Karam* (2005) 64 NSWLR 149 Rn. 66; *Willmott/Christensen/Butler/Dixon*, Contract Law, S. 588.

814 *Willmott/Christensen/Butler/Dixon*, Contract Law, S. 588; *Australia & New Zealand Banking Group v Karam* (2005) 64 NSWLR 149 Rn. 66. Insbesondere die *unconscionability* sorgt in der Rechtsprechung und im Schrifttum für Aufsehen, da McHugh JA in dem Urteil *Crescendo Management* unter anderem von einem *unconscionable conduct* sprach, siehe S. 46: „*Pressure will be illegitimate if it consists of unlawful threats or amounts to unconscionable conduct*". Aufgrund dieser Worte hat sich eine Diskussion entwickelt, ob McHugh JA tatsächlich die *unconscionable dealing doctrine* der *equity* meinte oder von einem weitergehenden, allgemeinen Prinzip sprach, siehe hierzu *McKeand*, JCL 2001, 1, 3, 9 f.

815 Clarke JA und Cripps JA bestätigten den zweistufigen Test von McHugh JA aus der *Crescendo Management*-Entscheidung, siehe *Equiticorp Finance Ltd v Bank of New Zealand* (1993) 32 NSWLR 50, 151.

816 *Australia & New Zealand Banking Group v Karam* (2005) 64 NSWLR 149.

aufgrund eines angewandten Drucks den Vertrag schloss und der Druck selbst über das hinausgeht, was von der Rechtsordnung als rechtmäßig gewertet wird.[817] Nach dem australischen Test ist somit eine Kausalität und Rechtswidrigkeit erforderlich. Dieser Prüfungsreihenfolge, welche oft als *McHugh*-Test bezeichnet wird, wird auch im Schrifttum weitgehend gefolgt.[818] Damit folgte McHugh JA dem älteren englischen Test für *economic duress* aus der Entscheidung *Universe Tankships*.[819]

Zum Merkmal der Rechtswidrigkeit machte McHugh JA wenige Ausführungen. Er hielt lediglich fest, dass illegale Drohungen (*unlawful threats*) oder skrupelloses Verhalten (*unconscionable conduct*) eine Rechtswidrigkeit begründen.[820] Aus der Entscheidung wird jedoch nicht ersichtlich, wann eine Drohung illegal oder ein Verhalten skrupellos ist. Daher ist bei dem Test Zurückhaltung geboten. Nicht jede Ausnutzung einer günstigen Situation stellt ein skrupelloses Verhalten dar.[821] Es war insbesondere das Rechtswidrigkeitsmerkmal, welches Kirby P in der *Equiticorp Finance*-Entscheidung kritisierte.[822]

Was die Kausalität betrifft, so reicht es nach McHugh JA aus, wenn die ausgesprochene Drohung eine Ursache für den Vertragsschluss war. Die Drohung muss jedoch nicht der alleinige Grund für den Vertragsschluss sein.[823] Demnach gibt es in Australien den einfachen Kausalitätstest (*a reason*-Test).[824] Der australische Kausalitätstest unterscheidet sich damit vom englischen Verständnis, nach dem ein *but for*-Test einschlägig ist.

---

817 *Crescendo Management Pty Ltd v Westpac Banking Corporation* (1988) 19 NSWLR 40, 46: „*The proper approach in my opinion is to ask whether any applied pressure induced the victim to enter into the contract and then ask whether that pressure went beyond what the law is prepared to countenance as legitimate*".

818 *Birks*, LMCLQ 1990, 342, 343 f.; *Erbacher*, Restitution Law, S. 248; *McKeand*, JCL 2001, 1, 11.

819 *Universe Tankships of Monrovia v International Transport Workers Federation* [1983] AC 366, 400, siehe oben S. 29 f.

820 *Crescendo Management Pty Ltd v Westpac Banking Corporation* (1988) 19 NSWLR 40, 46.

821 *Carter/Harland*, Contract Law in Australia, S. 498 f.

822 *Equiticorp Finance Ltd v Bank of New Zealand* (1993) 32 NSWLR 50, 106.

823 *Crescendo Management Pty Ltd v Westpac Banking Corporation* (1988) 19 NSWLR 40, 46: „*It is unnecessary, however, for the victim to prove that the illegitimate pressure was the sole reason for him entering into the contract. It is sufficient that the illegitimate pressure was one of the reasons for the person enterin into the agreement*".

824 *Birks*, LMCLQ 1990, 342, 346.

5. Beweislastumkehr

Ebenfalls abweichend vom englischen Recht ist die Beweislast. Nach den australischen Gerichten obliegt es dem Bedrohten darzulegen, dass die Drohung rechtswidrig war.[825] Ist ihm dies gelungen, so muss der Drohende sich hinsichtlich der Kausalität exkulpieren.[826] McHugh JA stützt die Beweislastregel auf die *Privy Council* Entscheidung *Barton v Armstrong* aus dem Jahr 1973.[827]

6. Zusammenfassung

Der Einfluss des englischen Rechts hinsichtlich der allgemeinen Anerkennung der *economic duress* scheint in Australien geringer zu sein als bei anderen ehemaligen Kolonien. Belegen lässt sich dies damit, dass die australischen Gerichte die Notwendigkeit der *economic duress*-Rechtsfigur vor den englischen Gerichten erkannt haben und ihre Entwicklung somit gewissermaßen „vorhergesehen" haben.[828] Dies bezieht sich auf zwei Konstellationen der *economic duress*: Einerseits den angedrohten Vertragsbruch und andererseits die Drohung, künftig keinen Vertrag mit der anderen Partei schließen zu wollen.

Trotz der anfänglichen, eigenständigen Entwicklung hat das australische Recht sich zeitweilig an den englischen Grundsatzentscheidungen orientiert, später wurden allerdings eigene Akzente in verschiedener Hinsicht gesetzt. Zum einen betrifft dies das Kausalitätserfordernis, zum anderen die Beweislastverteilung. In Bezug auf Letzterem, ist die Übertragung der Regel aus *Barton v Armstrong* auf die *economic duress* jedoch nicht überzeugend, da die Entscheidung Fälle betrifft, in denen sich die Drohung gegen die Person richtet (*duress of the person*) und damit ein intensiveres Verhalten erfasst wird. Im Rahmen der *economic duress* sollte die Beweislastregel keine Anwendung finden.

Abzuwarten bleibt, welche Anforderungen künftig erforderlich sein werden, um eine Partei von einer Vereinbarung, die sie aufgrund einer wirtschaftlichen Nötigung geschlossen hat, zu befreien. Abschließend ist noch anzumerken, dass

---

825 *Crescendo Management Pty Ltd v Westpac Banking Corporation* (1988) 19 NSWLR 40, 46; *Carter/Harland*, Contract Law in Australia, S. 489.

826 *Crescendo Management Pty Ltd v Westpac Banking Corporation* (1988) 19 NSWLR 40, 46; *Carter/Harland*, Contract Law in Australia, S. 489.

827 *Crescendo Management Pty Ltd v Westpac Banking Corporation* (1988) 19 NSWLR 40, 46; *Carter/Harland*, Contract Law in Australia, S. 489.

828 *Carter/Harland*, Contract Law in Australia, S. 494; ebenso *Cato*, Restitution in Australia and New Zealand, S. 226, der der Ansicht ist, dass die englischen Gerichte in den ersten beiden Grundsatzentscheidungen dem australischen Ansatz gefolgt sind.

zusätzlich zum *common law* auch *section* 50 des *Australian Competition and Consumer Act*[829] gewisse Fälle von *duress* erfasst.[830]

II. Hongkong

1. Einleitung

Hongkong wurde aufgrund des Vertrags von Nanking 1842 eine britische Kolonie.[831] Die britische Verwaltung begann sofort mit der Einführung des englischen Rechts.[832] Es überrascht daher kaum, dass das Vertragsrecht für mehr als 150 Jahre durch das englische *common law* dominiert wurde.[833]

Seit 1997 ist Hongkong wieder Teil der Volksrepublik China. Nach der Wiedereingliederung in die Volksrepublik erlangte Hongkong einen Status als Sonderverwaltungszone. Dies bedeutet freilich nicht, dass das bisherige *common law* in Hongkong abgeschafft wurde. Hongkong gab sich nach der Eingliederung mit dem *Basic Law* eine Art kleinere Verfassung.[834] In Artikel 5 *Basic Law* wird festgehalten, dass das vorherige kapitalistische System von Hongkong sowie die bisherigen Lebensumstände für die nächsten 50 Jahre unverändert fortbestehen.[835] Ebenfalls umfasst dies nach Artikel 8 *Basic Law* das bisher geltende *common law*.[836] Somit wird das seither geltende Vertragsrecht zumindest bis 2047 seine Geltung bewahren.

Entsprechend handelt es sich beim Vertragsrecht in Hongkong weiterhin um englisches *common law*. Zugleich gibt es vereinzelt Abweichungen, wobei

829 Art. 50 (1) Competition and Consumer Act 2010: A person must not use physical force, or undue harassment or coercion, in connection with: (a) the supply or possible supply of goods or services; or (b) the payment for goods or services, or (c) the sale or grant, or the possible sale or grant, of an interest in land, or (d) the payment for an interest in land.

830 *Willmott/Christensen/Butler/Dixon*, Contract Law, S. 592.

831 *Fisher/Greenwood*, Contract Law in Hong Kong, S. 22.

832 *Wesley-Smith*, Hong Kong Legal System, S. 39.

833 *Fisher/Greenwood*, Contract Law in Hong Kong, S. 21.

834 *Fisher/Greenwood*, Contract Law in Hong Kong, S. 26.

835 Article 5 Basic Law: The socialist system and policies shall not be practised in the Hong Kong Special Administrative Region, and the previous capitalist system and way of life shall remain unchanged for 50 years.

836 Article 8 Basic Law: The laws previously in force in Hong Kong, that is, the common law, rules of equity, ordinances, subordinate legislation and customary law shall be maintained, except for any that contravene this Law, and subject to any amendment by the legislature of the Hong Kong Special Administrative Region.

diese hauptsächlich das Familien- und Erbrecht betreffen. Hier findet zum Teil chinesisches Gewohnheitsrecht Anwendung.[837] Das chinesische Gewohnheitsrecht kommt dort zum Gebrauch, wo englisches *common law* aufgrund der kulturellen Gepflogenheiten unpassend wäre.[838] So kommt beispielsweise nach chinesischem Gewohnheitsrecht auch der Konkubine im Strafprozess ein Zeugnisverweigerungsrecht zugute und nicht nur der Ehefrau des Angeklagten.[839] Das Vertragsrecht an sich wird hiervon kaum berührt, zudem haben in der Vergangenheit viele Reformen den Einfluss des chinesischen Gewohnheitsrechts zurückgedrängt.[840]

2. *Pao On v Lau Yiu Long*

Aufgrund der Dominanz des englischen *common law* ist es einleuchtend, dass die Prinzipien der *economic duress* durch die Gerichte Hongkongs übernommen und bereits mehrfach angewendet wurden.[841] Sogar eine der Grundsatzentscheidungen, das *Pao On*-Urteil[842], kam aus Hongkong, wobei hier nicht außer Acht bleiben darf, dass der *Privy Council* und damit ein englisches „Gericht" 1980 über den Fall entschied. Unabhängig hiervon gehen die meisten Vertreter im Schrifttum von der Existenz der *economic duress* in Hongkong aus.[843] Ein ähnliches Verständnis weist auch die Rechtsprechung auf. Wertet man die Entscheidungen der letzten zwanzig Jahre aus, so wird die Anwendbarkeit der Doktrin nicht in Frage gestellt.[844]

---

837 *Fisher/Greenwood*, Contract Law in Hong Kong, S. 31; *Wesley-Smith*, Hong Kong Legal System, S. 43; ein Überblick über die verschiedenen Regelungen findet sich in *Lewis*, ICLQ 1983, 347, 347.

838 *Wesley-Smith*, Hong Kong Legal System, S. 43.

839 *Wesley-Smith*, Hong Kong Legal System, S. 43.

840 *Lewis*, ICLQ 1983, 347, 347 ff.

841 *Fisher/Greenwood*, Contract Law in Hong Kong, S. 284.

842 Die Entscheidung wurde oben auf S. 14 f. bereits dargestellt.

843 *Chui*, The Law of Contract in Hong Kong, S. 123 f.; *Fisher/Greenwood*, Contract Law in Hong Kong, S. 284; *Ho*, Hong Kong Contract Law, S. 210 ff.

844 *Tung Wing Steel Co. Ltd. v George Wimpey International Limited*, HCA No. 3285/1984, Rn. 28–31; *Esquire (Electronics) Ltd. v The Hong Kong and Shanghai Banking Corporation Limited*, HCA No. 11077/1994, Rn. 152–166; *Liu Chong Hing Bank Ltd. v Ocean Importers & Exporters Company Limited*, HCA No. 18412/1998, Rn. 38–40; *ING Bank N.V. v Tsui Tsin Tong*, CACV 354/1999, Rn. 41–47.

3. *Tung Wing Steel Co v George Wimpey International Limited*

Eine interessante Abweichung vom englischen Verständnis von *economic duress* ist die Behandlung der Fälle, in denen eine Partei damit droht, künftig nicht mehr mit der anderen Partei zu kontrahieren. Während im englischen Recht vereinzelt die Gerichte der Ansicht sind, dass eine Androhung, künftig keinen Vertrag mehr mit dem Vertragspartner schließen zu wollen, eine rechtswidrige Drohung darstellen kann,[845] tendieren die Gerichte Hongkongs dazu, dies abzulehnen. Exemplarisch hierfür ist die *Supreme Court* Entscheidung *Tung Wing Steel Co v George Wimpey International Limited* von 1985.[846]

Hier hatte das beklagte Tiefbauunternehmen im September 1982 einen Vertrag mit dem Kläger zur Lieferung von Stahlstäben über einen Zeitraum von knapp zwei Jahren geschlossen. Der Beklagte benötigte die Stahlstäbe, um seine vertraglichen Pflichten gegenüber einem Dritten zu erfüllen, welche in dem Bau eines neuen Bahnhofs bestanden, dessen rechtzeitige Fertigstellung von entscheidender Bedeutung war. Hierfür wurde ein Termin vereinbart und jede Verzögerung der Fertigstellung sollte mit einem Strafgeld geahndet werden.

Zugleich sah der Lieferungsvertrag nicht vor, dass eine Gesamtmenge geliefert werden sollte, stattdessen sollten abschnittsweise und regelmäßig größere Mengen an Stahl bei Bedarf erworben werden. Hinsichtlich des Lieferungspreises wurde ein Festpreis vereinbart. Dies erwies sich für den Kläger als nachteilhaft, da er die Stahlstäbe auf dem Weltmarkt in USD bezog und dessen Kurswert während der Lieferungszeit im Verhältnis zum HKD zunahm. Entsprechend erlitt er Verluste. Im Dezember 1983 teilte der Kläger daher dem Beklagten mit, dass er die Stahlstäbe künftig nur noch zum jeweils aktuellen Marktpreis liefern würde. Der Beklagte protestierte, allerdings ließ er sich auf eine neue Vereinbarung ein, nach der ein aktueller Marktpreis gelten sollte. Nach Lieferung der letzten Stäbe verweigerte der Beklagte die Zahlung des aktuellen Preises, woraufhin der Lieferant Klage einreichte.

Eine Unwirksamkeit der Vereinbarung aufgrund von *economic duress* lehnte das Gericht ab. Es hielt fest, dass der Vertrag vom September 1982 als ein *standing offer* einzuordnen sei, welches jederzeit durch eine Partei gekündigt werden könne.[847] Das *standing offer* habe nur die Konditionen der individuellen Lieferungen geregelt; eine Bindungswirkung habe das *standing offer* aber nur dann,

---

845 Siehe oben S. 74 ff.

846 *Tung Wing Steel Co. Ltd. v George Wimpey International Limited*, HCA No. 3285/1984.

847 *Tung Wing Steel Co. Ltd. v George Wimpey International Limited*, HCA No. 3285/1984, Rn. 14: "*Keeping within the four walls of the agreement in writing made between the*

wenn eine individuelle Bestellung getätigt werde, allerdings erstrecke sich diese Bindungswirkung nicht auf den gesamten Zeitraum des *standing offer*.[848] Durch die Vereinbarung vom Dezember 1983, nach der die Stahlstäbe nur noch zum jeweils aktuellen Marktpreis geliefert würden, habe der Kläger das *standing offer* vom September 1982 gekündigt, so dass er nicht zur Lieferung verpflichtet war.[849]

Der Frage, ob die Aussage des Klägers, er werde künftig die Stahlstäbe nicht mehr zum geringeren Preis liefern, rechtswidrig sei, stand Richter Rhind J. sehr ablehnend gegenüber. Ihm zufolge wäre das Recht sehr bizarr, wenn ein Verkäufer zu einer Lieferung gezwungen würde, zu der er vertraglich nicht verpflichtet sei und dabei auch noch einen geringeren Preis als den marktüblichen akzeptieren müsse.[850] Vorliegend hätte der Verkäufer lediglich das verlangt, was im Geschäftsverkehr adäquat war.[851] Auch bezog sich Rhind J. im Rahmen seiner Entscheidungsgründe zum Teil auf den *Pao On*-Test. So stellte er mehrfach im Rahmen der Entscheidungsgründe fest, dass der Käufer in dem vorliegenden Fall zwar protestiert hatte, sich jedoch nicht um alternative Möglichkeiten bemühte.[852]

Somit kann festgehalten werden, dass nach dem Recht Hongkongs die Drohung, künftig keinen Vertrag schließen zu wollen, keine Rechtswidrigkeit begründet.

Aus Billigkeitsgründen überzeugt das Urteil, da der erwünschte Preis des Klägers adäquat war. Unter Umständen hätte der Fall eine andere Wendung erfahren, wenn der Verkäufer einen überhöhten Preis verlangt hätte und so eine

---

partie on the 29th September 1982, the Court comes to the unhesitating conclusion that this is a classic example of what is known in law as a standing offer."

848 Hierbei zitierte Rhind J. die Ausführungen zum *standing offer* in *Benjamin's Sale of Goods*, Second Edition, paragraph 149, siehe *Tung Wing Steel Co. Ltd. v George Wimpey International Limited*, HCA No. 3285/1984, Rn. 14.

849 *Tung Wing Steel Co. Ltd. v George Wimpey International Limited*, HCA No. 3285/1984, Rn. 16: "*On the terms of the document dated 29th September 1982, there is no discernible consideration moving from Wimpey for Tung Wing to keep its offer open to supply at the prices specified in the document. The conclusion is irresistible that Tung Wing was wholly within its rights when it refused to make any further sale at the same prices after the 15th December 1983.*"

850 *Tung Wing Steel Co. Ltd. v George Wimpey International Limited*, HCA No. 3285/1984, Rn. 31.

851 *Tung Wing Steel Co. Ltd. v George Wimpey International Limited*, HCA No. 3285/1984, Rn. 31.

852 *Tung Wing Steel Co. Ltd. v George Wimpey International Limited*, HCA No. 3285/1984, Rn. 29: „[…] *failed to make the slightest effort to find an alternative source of supply* […]".

Zwangslage des Käufers geschaffen hätte. Zugleich gelang es dem Kläger nicht, aufgrund des *Pao On*-Tests einen spürbaren Zwang nachzuweisen, da er es nicht unternommen hatte, nach möglichen Alternativen Ausschau zu halten.

4. Zusammenfassung

Die Unabhängigkeit Hongkongs von Großbritannien wurde erst 1997 erlangt und reicht damit im Vergleich zu anderen Kolonien noch nicht lange zurück. Auf dem Gebiet des Vertragsrechts haben sich daher noch keine großen Änderungen zum englischen *common law* ergeben. Das englische *common law* übt nach wie vor einen starken Einfluss auf das Zivilrecht von Hongkong aus. Dies belegen auch die Statistiken.[853] Dementsprechend stimmt auch die *economic duress* in Hongkong mit dem englischen Verständnis weitgehend überein.

Die Rechtswidrigkeit einer Drohung, künftig keinen Vertrag mit der anderen Partei abzuschließen, wird von den Gerichten Hongkongs abgelehnt. Erst ab der Mitte des 21. Jahrhunderts, wenn die Frist für die Beibehaltung des bisherigen Rechts abgelaufen ist, sind größere Änderungen im Verhältnis zum englischen Recht möglich. Denkbar wäre beispielsweise eine Neuorientierung des Vertragsrechts anhand des chinesischen Zivilgesetzbuches, welches wiederum stark vom deutschen Zivilrecht geprägt ist[854]. Ob dies jedoch eintritt und die bestehende *economic duress*-Doktrin verändert, ist derzeit ungewiss.

III. Indien

1. Einleitung

Aufgrund seiner Vergangenheit als britische Kolonie überrascht es kaum, dass das Recht Indiens stark vom englischen *common law* geprägt ist.[855] Zugleich kann das Recht Indiens nicht ausschließlich dem *common law*-Rechtskreis zugeordnet werden, da es beispielsweise auf den Gebieten des Familien- und Erbrechts vom religiösen Recht geprägt ist.[856] Das Vertragsrecht Indiens setzt sich dagegen

853 *Fisher/Greenwood*, Contract Law in Hong Kong, S. 34: Von 1998 bis 2004 wurden im höchsten Gerichts Hong Kongs 57 Fälle zum Vertragsrecht entschieden. Innerhalb dieser 57 Fälle wurde auf insgesamt 461 Entscheidungen verwiesen, von denen 334 aus England stammten. Die restlichen Entscheidungen waren entweder aus Hong Kong (75 Urteil) oder aus anderen *Commonwealth*-Staaten (52 Urteile).

854 *Huixing/Heuser*, AcP 1994, 479, 490.

855 *Zweigert/Kötz*, Einführung in die Rechtsvergleichung, S. 221.

856 *Zweigert/Kötz*, Einführung in die Rechtsvergleichung, S. 221.

hauptsächlich aus dem englischen *common law* zusammen.[857] Verblüffend daran ist vor allem die Tatsache, dass Indien im Gegensatz zu England über ein Zivilgesetzbuch verfügt.[858] Der *Indian Contract Act* stellt einen ernsthaften Versuch dar, das englische *common law* zu kodifizieren.[859] Von 1863 bis 1866 entwarf die *Third Law Commission* das Werk, welches nach einer Überarbeitung im Jahr 1872 in Kraft trat.[860] Inhaltlich basiert das Gesetz überwiegend auf dem damaligen englischen Recht.[861] Obwohl der *Indian Contract Act* geringe Abweichungen vom englischen Recht enthält, handelt es sich insgesamt um eine Kodifizierung der Prinzipien des *common law* und der *equity*.[862]

2. *Coercion* nach dem *Indian Contract Act*

Die Nichtigkeit eines Vertrages aufgrund von Zwang fällt in Indien unter den Begriff *coercion*.[863] Regelungen zur *coercion* finden sich in den *sections* 14 und 15 des *Indian Contract Acts*[864]. Gemäß *section* 14 ist für einen wirksamen Vertrag eine

---

857 *Zweigert/Kötz*, Einführung in die Rechtsvergleichung, S. 223 f.

858 *Zweigert/Kötz*, Einführung in die Rechtsvergleichung, S. 223.

859 *Diamond*, MLR 1968, 361, 362.

860 *Stokes*, Anglo-Indian Codes, Vol. I, S. 534; *Diamond*, MLR 1968, 361, 362; *Zweigert/Kötz*, Einführung in die Rechtsvergleichung, S. 223.

861 *Gooderson*, C.L.J. 1958, 67, 67 f. Interessant ist der Hinweis von *Gooderson*, dass der Vorschlag des Gesetzes einen Passus zum gutgläubigen Erwerb enthielt (S. 68 Fn. 4). *Gooderson* zufolge handelte es sich dabei um ein „*revolutionary proposal that would in effect have made the whole of India market overt*" (S. 68). Die Vorstellung, dass der gutgläubige Erwerb und damit ein Ansatz des Trennungs- und Abstraktionsprinzip versehentlich in der ersten Kodifikation des englischen *common law* Einzug gehalten hätte, ist sehr interessant.

862 *Gooderson*, C.L.J. 1958, 67, 68.

863 *Singh*, Law of Contract, S. 176 f.; *Meena*, Law of Contract, S. 82 f.; *Bhadbhade*, Indian Contract and Specific Relief Acts, S. 396 ff.; *Bhadbhade*, Contract Law, S. 131; *Pathak*, Contract Law, S. 180 f.

864 Sec. 14. "Free consent" defined.- Consent is said to be free when it is not caused by- (1) coercion, as defined in section 15, or (2) undue influence, as defined in section 16, or (3) fraud, as defined in section 17, or (4) misrepresentation, as defined in section 18, or (5) mistake, subject to the provisions of sections 20, 21 and 22.
Consent is said to be so caused when it would not have been given but for the existence of such coercion, undue influence, fraud, misrepresentation or mistake.
Sec. 15. "Coercion" defined.-" Coercion" is the committing, or threatening to commit, any act forbidden by the Indian Penal Code, or the unlawful detaining, or threatening to detain, any property, to the prejudice of any person whatever, with the intention of causing any person to enter into an agreement. (45 of 1860.).

Willenseinigung (*consent*) erforderlich. Diese liegt nicht vor, wenn sie aufgrund von Zwang (*coercion*) zustande kam. Wann nach dem Gesetz ein Fall von Zwang vorliegt, wird in *section* 15 näher definiert. Nach Satz 1 Alternative 1 liegt Zwang immer dann vor, wenn eine Straftat im Sinne des *Indian Penal Code* begangen oder angedroht wurde. Ebenfalls liegt nach der 2. Alternative ein Fall von Zwang vor, wenn einem Eigentümer der Besitz an der Sache vorenthalten bzw. die Vorenthaltung angedroht wird. Weiterhin müssen beide Alternativen mit dem Vorsatz begangen werden, die andere Person zu einer Vereinbarung zu zwingen.

Für die Beurteilung, ob *economic duress* in Indien existiert, ist es ungünstig, dass nach *section* 15 legales Verhalten zunächst nicht unter Zwang fällt. Entsprechend stellt sich die Frage, inwiefern im indischen Vertragsrecht überhaupt noch Raum für eine *economic duress* bleibt. Die meisten indischen Autoren beobachten zwar die Entwicklung im englischen *common law*, kommentieren eine mögliche Übertragung auf das indische Recht jedoch nicht.[865] Vereinzelt wird auch die Existenz von *economic duress* im indischen Recht explizit abgelehnt.[866] Zugleich gibt es aber Anzeichen, dass das indische Recht die Doktrin kennt.[867] Insbesondere das Urteil *Dai-ichi Karkaria Pvt v. Oil and Natural Gas Commission* bekräftigt die Existenz im indischen Recht.[868]

3. *Dai-ichi Karkaria Pvt v. Oil and Natural Gas Commission*

In *Dai-ichi Karkaria Pvt v. Oil and Natural Gas Commission* hatte sich der Kläger zum Verkauf verschiedener Waren verpflichtet. Für deren Herstellung war der Erwerb und Import von Rohmaterialien erforderlich. Daher verpflichteten sich die Käufer im ursprünglichen Kaufvertrag zur Übernahme der daraus entstandenen Importkosten. Daraufhin tätigte der Verkäufer große Investitionen. Später begehrte der Käufer jedoch eine Modifikation des Vertrages, nach der die Importkosten durch den Verkäufer zu tragen waren. Die Forderung wurde mit der Drohung untermauert, dass der Käufer seine vertraglichen Verpflichtungen bei ausbleibender Zustimmung nicht mehr erfüllen würde. Im Ergebnis ließ sich der Verkäufer auf die Vertragsmodifikation ein, später begehrte er allerdings

---

865 *Pathak*, Contract Law, S. 183; *Singh*, Law of Contract, S. 194–195.

866 *Bhadbhade*, Contract Law, S. 131.

867 Siehe *Bhadbhade*, Indian Contract and Specific Relief Acts, S. 410. Zugleich spricht *Bhadbhade* lediglich die Möglichkeit der Anerkennung im indischen Recht an und weist auch auf eine andere Interpretation hin. Zudem steht die Aussage im Widerspruch zum anderen Werk der Autorin (*Bhadbhade*, Contract Law, S. 131).

868 *Dai-ichi Karkaria Private Ltd. v. Oil and Natural Gas Commission, AIR 1992* Bombay 309.

vom Gericht die Feststellung, dass die Modifikation des Vertrags wegen *economic duress* nichtig sei. Im Ergebnis wurde der Klage des Verkäufers stattgegeben.

Am Anfang der Enscheidungsgründe des *Bombay High Court* aus dem Jahr 1991 erfolgt ein allgemeiner Hinweis von Dhanuka J. auf die *economic duress*. Demnach sind die Prinzipien aus den englischen, amerikanischen und australischen Entscheidungen für die Interpretation von *section* 15 des *Indian Contract Acts* von Bedeutung.[869] Im Verlaufe der Entscheidung lehnte Dhanuka J. den Antrag des Beklagten ab, dass die *economic duress*-Doktrin im indischen Recht keine Anwendung finde.[870] Dhanuka J. hielt den *Indian Contract Act* für nicht abschließend[871] und vertrat die Ansicht, dass *section* 15 des *Indian Contract Acts* dahingehend zu interpretieren sei, dass der Zwangsbegriff darin auch die Prinzipien der *economic duress* beinhalte.[872] Im Ergebnis nahm das Gericht damit einen Fall von *economic duress* an.

4. Central Inland Water Transport Corporation Ltd. v. Brojo Nath Ganguly

Das anerkennende Ergebnis bezüglich der *economic duress* aus dem *Dai-ichi Karkaria Pvt v. Oil and Natural Gas Commission*-Urteil ist problematisch, da der *High Court of Bombay* darin seine Aussagen auf die Entscheidung *Central Inland Water Transport Corporation Ltd. v. Brojo Nath Ganguly*[873] stützte, in welcher sich der indische *Supreme Court* 1986 mit der *economic duress* auseinandersetzte.[874]

Das Urteil *Central Inland Water Transport Corporation Ltd. v. Brojo Nath Ganguly* widmet sich der *economic duress*, wobei die Entscheidungsgründe nur eine Passage hierzu enthalten. Darin wird auf die Entwicklung in England angespielt

---

869 *Dai-ichi Karkaria Private Ltd. v. Oil and Natural Gas Commission, AIR 1992* Bombay 309, 311.

870 *Dai-ichi Karkaria Private Ltd. v. Oil and Natural Gas Commission, AIR 1992* Bombay 309, 336.

871 *Dai-ichi Karkaria Private Ltd. v. Oil and Natural Gas Commission, AIR 1992* Bombay 309, 336.

872 *Dai-ichi Karkaria Private Ltd. v. Oil and Natural Gas Commission, AIR 1992* Bombay 309, 336.

873 *Central Inland Water Transport Corporation Ltd. v. Brojo Nath Ganguly*, AIR 1986 S.C. 1571.

874 *Dai-ichi Karkaria Private Ltd. v. Oil and Natural Gas Commission, AIR 1992* Bombay 309, 336.

und die wichtigsten damaligen Entscheidungen werden zitiert.[875] Ein expliziter Hinweis darauf, inwiefern die englische Rechtsfigur auch im indischen Vertragsrecht Einzug gehalten hat, fehlt allerdings. Des Weiteren wurde die Entscheidung *Central Inland Water Transport Corporation Ltd. v. Brojo Nath Ganguly* nicht auf der Basis von *duress* gelöst, sondern aufgrund der öffentlichen Ordnung.[876] Somit ist es nicht klar, ob das Gericht in *Central Inland Water* die Existenz der *economic duress* im indischen Recht bestätigte oder nicht.[877]

Die fehlende Klarheit führt daher zu dem Problem, dass sich das Urteil *Dai-ichi Karkaria Pvt v. Oil and Natural Gas Commission* bei der Frage, ob *economic duress* im indischen Recht überhaupt besteht, auf die Entscheidung *Central Inland Water Transport Corporation Ltd. v. Brojo Nath Ganguly* stützt, obwohl gerade diese sich aufgrund ihrer fehlenden Klarheit hinsichtlich der *economic duress* nicht als Präjudiz eignet. Entsprechend überrascht es kaum, dass manche Autoren annehmen, *economic duress* existiere in Indien nicht.[878]

Diese Ansicht ist aus verschiedenen Gründen abzulehnen. Zunächst befürwortet Dhanuka J. in *Dai-ichi-Karkaria Pvt v. Oil and Natural Gas Commission* ausdrücklich die Annahme der englischen Doktrin.[879] Des Weiteren darf auch der Zeitraum der Entscheidungen nicht außer Acht gelassen werden. *Central Inland Water Transportation Corporation Ltd. v. Brojo Nath Ganguly* stammt aus dem Jahr 1986. Zu diesem Zeitpunkt waren nicht nur die erforderlichen Voraussetzungen der *economic duress* stark umstritten, auch die Existenz der Doktrin in England lag erst ein paar Jahre zurück.[880] Dagegen konnte das Gericht in *Dai-ichi-Karkaria Pvt v. Oil and Natural Gas Commission* im Jahre 1991 bereits

---

875 Central Inland Water Transport Corporation Ltd. v. Brojo Nath Ganguly, AIR 1986 S.C. 1571, 1606: „*It would appear from certain recent English cases that the Courts in that country have also begun to recognize the possibility of an unconscionable bargain which could be brought about by economic duress even between parties who may not in economic terms be situate differently* […]".

876 Central Inland Water Transport Corporation Ltd. v. Brojo Nath Ganguly, AIR 1986 S.C. 1571, 1619: „In the result, both these Appeals fail and are dismissed but the order passed by the Calcutta High Court is modified by substituting for the declaration given by it a declaration that clause (i) of Rule 9 of the "Service, Discipline & Appeal Rules - 1979" of the Central Inland Water Transport Corporation Limited is void under section 23 of the Indian Contract Act, 1872, […]".

877 Bhadbhade, Indian Contract and Specific Relief Acts, S. 410.

878 Bhadbhade, Contract Law, S. 131.

879 Siehe oben S. 160.

880 Siehe hierzu die Ausführungen zur Entwicklung der Doktrin oben auf S. 12 ff.

auf Literatur zur Rechtsfigur zurückgreifen.[881] Die Annahme, dass das indische Zivilrecht die *economic duress* als Wirksamkeitshindernis nicht anerkennt, überzeugt folglich nicht.

5. Aktuelle Rechtsprechung

Spätere Entscheidungen gehen von einem Bestehen der Doktrin im indischen Recht aus. In *Superintending Engineer v. Progressive Engineering Co.* wird 1996 durch den *High Court of Andhra Pradesh* festgehalten, dass *economic duress* auch in Indien zunehmend auftritt.[882] Eine ähnliche Bestätigung findet sich in der Entscheidung *M/S. Unikol Bottlers Ltd. v. M/S. Dhillon Kool Drinks* des *High Court of Delhi* von 1994 wieder, wo eine Anwendbarkeit der Doktrin in Indien überhaupt nicht in Frage gestellt wird,[883] sowie auch 2013 in der Entscheidung *Sara International Limited v. Rizhao Steel Holding*, die ebenfalls vom *High Court of Delhi* stammt.[884]

6. Voraussetzungen im indischen Recht

In den früheren Entscheidungen wird kaum über die Voraussetzungen aus indischer Sicht gesprochen, allerdings wandte sich jüngst Manmohan J. in *Sara International Limited v. Rizhao Steel Holding* den Voraussetzungen zu. Demnach liegt ein Fall von *economic duress* in Indien dann vor, wenn der ausgeübte Druck rechtswidrig war, eine signifikante Kausalität zwischen Druck und Handlung vorlag und das Opfer keine vernünftige Alternative hatte.[885] Wenn sich diese

---

881 So zum Beispiel die Verweise des Gerichts in *Dai-ichi Karkaria Private Ltd. v. Oil and Natural Gas Commission, AIR 1992* Bombay 309 auf *Anson's* Law of Contract sowie auf Contract Law von *Cheshire, Fifoot and Furmston* (S. 337).

882 *„Irrespective of the application of the principle of economic duress obtaining in England and gaining currency in our country too"*, *Superintending Engineer v. Progressive Engineering Co., Andhra Pradesh High Court*, 9. August 1996, Rn. 14, abgerufen am 29.11.2013 um 16:20 Uhr von http://www.indiankanoon.org/doc/1413715/.

883 *M/S. Unikol Bottlers Ltd. v. M/S. Dhillon Kool Drinks*, Delhi High Court, 7. Februar 1994, Rn. 31 ff., abgerufen am 30.11.2013 um 12:35 von http://indiankanoon.org/doc/1688102/.

884 *Sara International Limited v. Rizhao Steel Holding*, Delhi High Court, 30. Mai 2013, Rn. 15–34, abgerufen am 30.11.2013 um 09:13 Uhr von http://www.indiankanoon.org/doc/173321411/.

885 *Sara International Limited v. Rizhao Steel Holding*, Delhi High Court, 30. Mai 2013, Rn. 22, abgerufen am 30.11.2013 um 09:13 Uhr von http://www.indiankanoon.org/doc/173321411/.

Prüfungspunkte im indischen Recht durchsetzen, würde die Rechtsordnung dem dreigliedrigen Aufbau der *economic duress* in England folgen, wobei der Kausalitätstest vom englischen *but for*-Test abweicht.

7. Zusammenfassung

Insgesamt kann davon ausgegangen werden, dass *section* 15 des *Indian Contract Act* auch Fälle von *economic duress* umfasst. Dabei ist der englische Einfluss auf die indische Rechtsprechung kaum zu übersehen. Im Rahmen von *Dai-ichi Karkaria Pvt v. Oil and Natural Gas Commission* setzte sich der *High Court of Bombay* 1991 hauptsächlich mit dem englischen Konzept von *economic duress* auseinander.[886] Zwar wurde dabei auch das amerikanische Recht kurz erwähnt, allerdings geschah dies mit nur einem Absatz.[887] Stattdessen wurde auch das englische Schrifttum umfassend gewürdigt.[888] Ähnliches trifft auch auf die späteren Entscheidungen zu.

IV. Irland

1. Einleitung

Die früheste Form von Recht in Irland war das *brehon law*.[889] Hierbei handelte es sich um Gewohnheitsrecht, das von den *brehons*, einer irischen Juristenkaste, entwickelt und angewendet wurde.[890] Ab dem 15. Jahrhundert nahm die Bedeutung des englischen Rechts in Irland zu.[891] Im Verlaufe des 17. Jahrhunderts und letztendlich aufgrund des Union Acts 1800 verlor das *brehon law* zunehmend an Einfluss.[892] Entsprechend wurde das *common law* zur wichtigsten Rechtsquelle

---

886 *Dai-ichi Karkaria Private Ltd. v. Oil and Natural Gas Commission*, AIR 1992 Bombay 309, 336 ff.

887 *Dai-ichi Karkaria Private Ltd. v. Oil and Natural Gas Commission*, AIR 1992 Bombay 309, 337 f.

888 Siehe die Auseinandersetzung mit dem Werk Law of Contract von *Cheshire, Fifoot and Furmston* in *Dai-ichi Karkaria Private Ltd. v. Oil and Natural Gas Commission*, AIR 1992 Bombay 309, 337.

889 *Sinder*, L.Libr.J. 2001, 231, 237.

890 *Reynolds/Flores*, Foreign Law, Ireland, S. 3; das Wort *brohen* stammt dabei vom gälischen Wort *brithem* ab, welches Jurist bedeutet, vgl. *MacNeill*, 1927, 16 Studies 605, 612 und *Sinder*, L.Libr.J. 2001, 231, 237.

891 *Reynolds/Flores*, Foreign Law, Ireland, S. 3.

892 *Reynolds/Flores*, Foreign Law, Ireland S. 3; *Sinder*, L.Libr.J. 2001, 231, 248.

Irlands.[893] Trotz der steigenden Anzahl von Kodifikationen basiert das irische Vertragsrecht weiterhin zum Großteil auf dem englischen *common law*,[894] welches nach wie vor eine dominante Rolle ausübt.[895]

2. Mangelnde Entwicklung

Die Aufarbeitung der *economic duress* aus irischer Perspektive ist dürftig. Dies trifft sowohl auf die Rechtsprechung als auch das Schrifttum zu. In Irland sind lediglich zwei einschlägige Entscheidungen zur *economic duress* vorhanden: *Smelter v O'Driscoll* und *Hearn v Collins*. Auch sind manche Autoren der Ansicht, dass *duress* nur in den Fällen möglich ist, in denen sich eine Drohung gegen das Leben, die körperliche Unversehrtheit oder das Eigentum richtet.[896] Ein interessanter Schwerpunkt der irischen *duress*-Lehre betrifft Fälle von Zwangshochzeiten.[897] Im Vordergrund stehen dabei Eheschließungen, welche nur aufgrund von hohem Druck seitens der Eltern zustande kamen und anschließend aufgrund von *duress* aufgehoben werden.[898]

3. *Smelter v O'Driscoll*

Die erste irische Entscheidung mit einem Bezug zur *economic duress* ist *Smelter v O'Driscoll*[899], allerdings wurde der Fall auf Grundlage von *fundamental unfairness* entschieden.[900] Dem Urteil haftet ferner der Umstand an, dass in den Entscheidungsgründen der Begriff *economic duress* von dem Richter nicht angeführt wurde. Daraus kann geschlossen werden, dass die Entscheidung des *Supreme Court of Ireland* aus dem Jahr 1977 nicht der *economic duress* zuzuordnen ist. So

893 *Doolan*, Irish Law, S. 2.

894 *Doolan*, Irish Law, S. 2; *Hök*, Handbuch des internationalen und ausländischen Baurechts, S. 755.

895 *Reynolds/Flores*, Foreign Law, Ireland, S. 4.

896 So beispielsweise *Doolan*, Irish Law, S. 106. Demnach liegt auch bei der Drohung mit einem Prozess hinsichtlich einer rechtmäßigen Forderung keine Nötigung vor. *Doolan* verweist hierfür auf die Entscheidung *Headfort v Brockett* [1966] I.R. 227.

897 *Clark*, Contract Law in Ireland, S. 361 f.

898 Siehe *Clark*, Contract Law in Ireland, S. 361 f. mit Verweis auf *Griffith v Griffith* [1944] I.R. 35 sowie *M.K. (McC) v McC* [1982] I.L.R.M. 277. In vielen der Fälle ist die Ehefrau vor der Eheschließung schwanger, was bei einem katholischen Land wie Irland zur Zwangssituation beitragen dürfte.

899 *Smelter Corporation of Ireland Limited v Abina Mary O'Driscoll* [1977] I.R. 305.

900 *Smelter Corporation of Ireland Limited v Abina Mary O'Driscoll* [1977] I.R. 305, 311 f.

vertritt beispielsweise *McDermott* die Ansicht, dass die Entscheidung der *leading case* zur *duress of goods* im irischen Recht sei.[901]

Dagegen spricht jedoch der Sachverhalt des Rechtsstreits, welcher einer typischen *economic duress*-Situation entstammt. Ebenfalls war das englische Verständnis der Doktrin zum damaligen Zeitpunkt kaum ausgeprägt, da das erste englische Urteil erst 1976 mit *Occidental Worldwide Investment Corporation v Skibs* entschieden wurde. Folglich gab es kaum Präjudizien, an denen sich das irische Gericht im Zeitpunkt der Entscheidung hätte orientieren können. Des Weiteren wird das Urteil auch von *Murdoch* im Zusammenhang zur *economic duress* angeführt.[902] Es ist daher davon auszugehen, dass die *Smelter v O'Driscoll*-Entscheidung der *economic duress* zuzuordnen ist.

In *Smelter v O'Driscoll* beabsichtigten die Kläger, eine Metallschmelze in der Nähe von Cork zu errichten und benötigten hierfür Land, wobei sie es auf das Grundstück der Beklagten abgesehen hatten. An dem Grundstück erlangten die Kläger von der Beklagten, die bei den Verhandlungen durch ihren Ehemann vertreten wurde, eine Kaufoption (*option to purchase*), welche sie auch mehrfach verlängerten. Als die Kläger im Mai 1972 von der Option Gebrauch machen wollten, weigerte sich die Beklagte, das Grundstück zu veräußern, wobei sie sich auf die Unwirksamkeit der letzten Kaufoption berief, da diese aufgrund von Zwang abgeschlossen worden sei. Der Bezugspunkt für eine Drohung lag im Verhalten der Kläger, da diese veranlasst hatten, dass ein Mitglied der örtlichen Verwaltung der Beklagten die Enteignung des Grundstücks in Aussicht stellte, um dieses anschließend an den Kläger zu veräußern. Tatsächlich wäre eine Enteignung nicht möglich gewesen, und die örtliche Verwaltung hatte zu keinem Zeitpunkt eine entsprechende Absicht.[903] Im Ergebnis wurde die letzte Kaufoption vom Gericht als nichtig eingestuft.[904]

In der Entscheidung wendete sich O'Higgins CJ unter anderem dem Merkmal der Bösgläubigkeit zu. Er führte aus, dass der Geschäftsführer der klagenden Gesellschaft sich hinsichtlich der Enteignung bewusst war, dass die hierfür erforderliche Rechtsgrundlage fehlte und er dennoch die Verhandlungen unter diesen Umständen fortsetzte.[905] Betrachtet man diese Passage aus dem Blickwinkel der englischen *economic duress*-Voraussetzungen, so ist es eindeutig, dass hier

901 *McDermott*, Contract Law, S. 691.

902 Siehe *Murdoch*, Dictionary of Irish Law, S. 183.

903 *Smelter Corporation of Ireland Limited v Abina Mary O'Driscoll* [1977] I.R. 305, 310.

904 *Smelter Corporation of Ireland Limited v Abina Mary O'Driscoll* [1977] I.R. 305, 312.

905 *Smelter Corporation of Ireland Limited v Abina Mary O'Driscoll* [1977] I.R. 305, 311: *„It appears clear that the plaintiffs' managing director was aware of the true position so*

das Merkmal der Rechtswidrigkeit geprüft wird. Schließlich ist der Bösgläubigkeitstest eine der häufigsten Methoden zur Feststellung der Rechtswidrigkeit einer Drohung.[906]

Weiterhin untersuchte O'Higgins CJ die anderen Voraussetzungen der *economic duress*, was an den Ausführungen zur Kausalität und dem Fehlen einer alternativen Handlungsmöglichkeit ersichtlich wird. Da der Ehemann als Vertreter der Beklagten von einer vermeintlichen Zwangslage ausging, entschied er sich zum Abschluss einer weiteren Kaufoption. Schließlich hätte die Verweigerung aus seiner Perspektive zur Enteignung geführt.[907] Eine Gesamtwürdigung zeigt die Prüfung eines dreistufigen Aufbaus der *economic duress* durch O'Higgins CJ. Ein Verweis auf das englische Recht fehlt gänzlich, wobei dies aus zeitlichen Gründen nicht überrascht, da die englische Entwicklung erst ab 1976 einsetzte.

4. *Hearn v Collins*

Das Urteil *Hearn v Collins* deutet ebenfalls auf eine Anerkennung der *economic duress* in Irland.[908] Im Gegensatz zu *Smelter v O'Driscoll* ist in *Hearn v Collins* jedoch explizit die Rede von der Rechtsfigur.[909] Die Entscheidung des irischen High Court aus dem Jahr 1998 befasst sich mit einem Streit zwischen dem prominenten irischen Boxer Steven Collins und dessen Manager. Steven Collins hatte eine Zusatzvereinbarung unterschrieben, welche die Betreuung durch seinen Manager Hearn um ein Jahr verlängerte. In diesem Zeitraum gewann Collins einen wichtigen Boxkampf. Hearn klagte auf Zahlung seines Anteils an der Siegesprämie aus diesem Kampf. Collins berief sich dagegen auf die Unwirksamkeit der Vereinbarung, wobei er unter anderem eine Nötigung zu seiner Verteidigung vortrug.[910]

Richter O'Sullivan J lehnte ein konkretes Vorliegen von *economic duress* ab.[911] Collins berief sich auf *duress*, da er bei der Unterzeichnung der Zusatzvereinbarung ohne einen Rechtsanwalt gehandelt hatte.[912] Zugleich erkannte

---

far as compulsory acquisition was concerned. […] Nevertheless, the plaintiffs' managing director allowed the negotiations to proceed".

906 Siehe oben S. 93 ff.

907 *Smelter Corporation of Ireland Limited v Abina Mary O'Driscoll* [1977] I.R. 305, 311: *„Believing this to be the situation, there was no real purpose in refusing to sell or to give an option once […] To refuse in these circumstances meant acquisition anyway […]".*

908 *McDermott*, Contract Law, S. 694.

909 *Barry Hearn and Matchroom Boxing Ltd. v Stephen Collins* [1998] IEHC 187.

910 *Barry Hearn and Matchroom Boxing Ltd. v Stephen Collins* [1998] IEHC 187 Rn. 127.

911 *Barry Hearn and Matchroom Boxing Ltd. v Stephen Collins* [1998] IEHC 187 Rn. 129.

912 *Barry Hearn and Matchroom Boxing Ltd. v Stephen Collins* [1998] IEHC 187 Rn. 31.

O'Sullivan J daran, dass sich Collins in einer starken Verhandlungsposition befunden hatte.[913] Collins hatte den Vertrag insbesondere deshalb unterschrieben, weil er einen Kampf gegen einen bestimmten Gegner bestreiten wollte.[914] Der Kampf wäre ohne Abschluss der Zusatzvereinbarung nicht zustande gekommen, da der erwünschte Gegner auch von Hearn betreut wurde.

Die Ausführungen von O'Sullivan J zu den Voraussetzungen der *economic duress* fallen sparsam aus, dennoch werden zwei bekannte Punkte untersucht. Zunächst wird die Frage des fehlenden rechtlichen Beistandes durch den Richter diskutiert, welche eine der vier Prüfungspunkte des sog. *Pao On*-Tests von Lord Scarman ist. Des Weiteren weisen die Entscheidungsgründe auch einen Bezug zur Kausalität auf, indem O'Sullivan J das Motiv für die Zustimmung durch Collins untersuchte. Da Collins den Vertrag unterschrieb, weil er den Kampf mit einem bestimmten Wunschgegner begehrte, spielte die Drohung eine Rolle für den Vertragsschluss.[915] Entsprechend prüft O'Sullivan die Kausalität als Voraussetzung für einen Fall von *economic duress*.

Auch wenn O'Sullivan J einen Fall von *economic duress* konkret ablehnte, so geht aus dem Urteil zumindest die Anerkennung der Rechtsfigur im irischen Recht hervor. Eine Bezugnahme auf das englische Recht folgte nicht, obwohl dieses im Zeitpunkt der Entscheidung bereits mehrere Entscheidungen zur Doktrin enthielt.

5. Zusammenfassung

Geht man allein von der *Smelter*-Entscheidung aus, so kann in Irland eine *economic duress*-Doktrin mit den gleichen Merkmalen wie im englischen Recht angenommen werden. Zudem kann die Anerkennung der Rechtsfigur mit dem Urteil *Hearn v Collins* belegt werden. Obwohl sich das irische Recht grundsätzlich stark am englischen Recht orientiert, überrascht es, dass die Gerichte hinsichtlich der *economic duress* nicht auf das englische Recht Bezug genommen haben. Daraus ist zu schließen, dass sich das Recht Irlands in dieser Frage nicht am englischen *common law* orientiert und somit unabhängig verhält.

---

913 *Barry Hearn and Matchroom Boxing Ltd. v Stephen Collins* [1998] IEHC 187 Rn. 128.

914 *Barry Hearn and Matchroom Boxing Ltd. v Stephen Collins* [1998] IEHC 187 Rn. 127.

915 *Barry Hearn and Matchroom Boxing Ltd. v Stephen Collins*, [1998] IEHC 187 Rn. 127: *„Furthermore I do not think he was under pressure in any way which is relevant to this submission because on his own evidence he said that at the time he felt himself in a strong negotiating position and in fact did negotiate. He said, quite fairly, that he signed the agreement because he dearly wanted the bout with Chris Eubank"*.

V. Kanada

1. Einleitung

Auch Kanadas Recht ist weitgehend vom englischen *common law* geprägt,[916] welches bis heute weiterhin eine wichtige Rechtsquelle ist.[917] Zugleich hat seit 1945 die Emanzipation der kanadischen Gerichte von der englischen Jurisprudenz zugenommen, insbesondere das US-amerikanische Recht hat verstärkt an Einfluss gewonnen.[918]

Eine Besonderheit Kanadas besteht darin, dass von den zehn kanadischen Provinzen nicht alle das *common law* anwenden. Der kanadische Staat Québec verfügt aufgrund seiner Vergangenheit als französische Kolonie über eine reichhaltige *civil law*-Tradition.[919] Im Gegensatz zu den restlichen Provinzen gilt in Quebec der *Civil Code of Quebec*.[920] Das Gesetz ähnelt vom Aufbau und Inhalt her stark dem *Code Napoléon*.[921] Obwohl Québec Teil des britischen Kolonialreiches wurde, blieb aufgrund des *Québec Act* von 1774 das französische Recht weiterhin in Kraft.[922] Das Recht von Québec wird freilich in den folgenden Ausführungen nicht bearbeitet werden, da der Untersuchungsgegenstand der Arbeit das *common law* betrifft.

2. Frühzeitige und eigenständige Ansätze

Die Entwicklung der *economic duress* hat in Kanada früher eingesetzt als in England.[923] Der *Supreme Court of Canada* hat in der Entscheidung *Knutson v Bourkes Syndicate* bereits im Jahre 1941 eine Nichtigkeit aufgrund von wirtschaftlicher Drohung anerkannt.[924] In der Entscheidung sprach Kerwin J. jedoch nicht von *economic duress*, sondern von *practical compulsion*.[925] Dieser Begriff

---

916 *Zweigert/Kötz*, Einführung in die Rechtsvergleichung, S. 219.

917 *Boyd*, Canadian Law, S. 34.

918 *Zweigert/Kötz*, Einführung in die Rechtsvergleichung, S. 220.

919 *Hilton*, The Practice of Law in Quebec, S. 5.

920 *Carsley*, Good Faith and Fair Dealing in the Commercial Context, in: *Campbell/Cotter*, The Comparative Law Yearbook of International Business, S. 234.

921 *Walton*, Colum. L. Rev. 1913, 213, 215.

922 *Boyd*, Canadian Law, S. 30.

923 *McCamus*, The Law of Contracts, S. 389.

924 *Knutson v Bourkes Syndicate* [1941] S.C.R. 419; *McCamus*, The Law of Contracts, S. 389.

925 *Knutson v Bourkes Syndicate* [1941] S.C.R. 419, 425: „[…] *the Syndicate was under a practical compulsion to make the payments in question and is entitled to their repayment*".

hat zur Entwicklung einer eigenständigen Doktrin geführt.[926] Zum Teil wird auch die Ansicht vertreten, dass *practical compulsion* und *economic duress* dasselbe seien,[927] wobei sich der kanadische *Supreme Court* zu dieser Frage bisher nicht geäußert hat.[928]

3. *Lister v Dunlop*

Das erste Mal, dass ein kanadisches Gericht die *economic duress* explizit angesprochen und anerkannt hat, war in der Entscheidung *Lister v Dunlop*[929]. Die Entscheidung des *Court of Appeal for Ontario* von 1982 wurde nicht auf Basis von *duress* gelöst, sondern aufgrund von *trespass* und *conversion*.[930] Zugleich wurde dabei die *economic duress* durch *obiter dictum* als Nichtigkeitsgrund anerkannt.[931] Demnach hat die Drohung mit wirtschaftlichen Mitteln die gleiche Wirkung wie eine Drohung mit Gewalt gegen das Eigentum.[932] Die Entscheidung ist nicht frei von Kritik.[933] So ist *Stewart* der Ansicht, das Gericht habe in der Entscheidung *economic duress* und *unconscionability* nicht klar voneinander getrennt.[934]

Nach dem *Lister v Dunlop*-Urteil hat es diverse Entscheidungen in Kanada gegeben, welche die *economic duress* ausführlich thematisieren oder ihre Existenz zumindest beiläufig bestätigen.[935] Daher kann zunächst festgehalten werden, dass das kanadische Recht eine Vertragspartei vor *economic duress* schützt.

---

926 *McCamus*, The Law of Contracts, S. 389.

927 *Maddaugh/McCamus*, The Law of Restitution, S. 26–45, 26:300.20.

928 *Maddaugh/McCamus*, The Law of Restitution, S. 26–45, 26:300.20.

929 *Ronald Elwin Lister Ltd. v Dunlop Canada Ltd.* [1982] 1 S.C.R. 726.

930 *Ronald Elwin Lister Ltd. v Dunlop Canada Ltd.* [1982] 1 S.C.R. 726, 747 f.

931 *Ronald Elwin Lister Ltd. v Dunlop Canada Ltd.* [1982] 1 S.C.R. 726, 746: „*Failure to give such reasonable notice places the debtor under economic, but nonetheless real duress, often as real as physical duress to the person* […]". Des Weiteren hatte es in den Vorinstanzen bereits Passagen zur *economic duress* gegeben, siehe Weatherston J.A. in *Ronald Elwin Lister Ltd. v Dunlop Canada Ltd.* (19179) 105 D.L.R. (3d) 684, 694.

932 *Ronald Elwin Lister Ltd. v Dunlop Canada Ltd. [1982] 1 S.C.R. 726*, 746.

933 Siehe die Kritik von *Stewart*, Can. B.R. 2003, 359, 377 ff.

934 *Stewart*, Can. B.R. 2003, 359, 379.

935 *DeWolfe v Mansour* (1986) 33 B.L.R. 135; *Stott v Merit Investment Corporation* (1988) 48 D.L.R. (4th) 288; *Gordon v Roebuck* (1992) 92 D.L.R. (4th) 670; *Techform Products Ltd. v Wolda* (2001) 206 D.L.R. (4th) 171; *Greater Fredericton Airport Authority Inc. v NAV Canada* (2008) 290 D.L.R. (4th) 405; *Process Automation Inc. v Norstream Intertec Inc* (2010) 321 D.L.R. (4th) 724. Vgl. auch die Aussage von Finlayson J. in *Stott v Merit*, Rn. 48: „*The term "economic duress" as used in recent cases, particularly in England, is no more than a recognition that in our modern life the individual is*

4. Aufbau

Was den Aufbau betrifft, so differenziert die kanadische Rechtsprechung danach, ob die Drohung zu einem erstmaligen Vertrag oder einer Vertragsmodifikation führt.

a) Einstufiger Aufbau

Ursprünglich tendierten die kanadischen Gerichte zum einstufigen Aufbau, indem sie sich der *overborne will theory* bedienten.[936] Diese Theorie erlangte durch die Berufung auf die *Pao On*-Entscheidung aus dem Jahr 1980 in den kanadischen Urteilen an Einfluss.[937] Entsprechend war zunächst nur *coercion of will* bzw. *vitiation of consent* erforderlich. Deutlich wird dies anhand der *Lister v Dunlop*-Entscheidung von 1982, da hier Rutherford J. den *Pao On*-Test anwendete.[938] In der Entscheidung *DeWolfe v Mansour* von 1986 erwies sich der *Pao On*-Test ebenfalls als entscheidend und führte zur Ablehnung eines Falls von *economic duress* durch den *Nova Scotia Supreme Court*.[939]

b) Zweistufiger Aufbau

Die Rezeption des einstufigen Aufbaus wurde kritisch bewertet[940] und es sollte nicht lange dauern, bis sich auch im kanadischen Recht der zweistufige Aufbau etablierte, nach dem der ausgeübte Druck kausal und rechtswidrig sein muss.

Diese Entwicklung vollzog sich 1988 in dem *Stott v Merit Investment Corp*-Urteil.[941] In der Entscheidung des *Ontario Supreme Court* wurde ein Angestellter einer Investitionsgesellschaft zur Übernahme der Verluste eines Kunden gezwungen, obwohl nicht er, sondern einer seiner Vorgesetzten diese zu verantworten hatte. Dem Angestellten wurde damit gedroht, seine Zukunft in der

---

subject to societal pressures which can be every bit as effective, if improperly used, as those flowing from threats of physical abuse".

936 *McCamus*, The Law of Contracts, S. 390.

937 *McCamus*, The Law of Contracts, S. 390.

938 *Ronald Elwin Lister Ltd. v Dunlop Canada Ltd.* [1978] 85 D.L.R. (3d) 321 Rn. 90: *„And in the circumstances of this case, I would find that, notwithstanding the pressure upon the Listers, they were able to make an independent and informed judgment in light of the advice they received"*.

939 *DeWolfe v Mansour* (1986) 33 B.L.R. 135 Rn. 27 ff.

940 Siehe hierzu *Stewart*, Can. B.R. 2003, 359, 360.

941 *Stott v Merit Investment Corporation* (1988) 48 D.L.R. (4th) 288; *Stewart*, Can. B.R. 2003, 359, 381.

Gesellschaft sähe schlecht aus, wenn er die Verluste nicht übernehme.[942] Der Kläger ließ sich auf die Vereinbarung ein und übernahm die Verluste, später berief er sich aber auf die Unwirksamkeit der Vereinbarung aufgrund von *economic duress*. Die Nichtigkeit der Vereinbarung aufgrund *economic duress* wurde in dem Fall zur streitentscheidenden Frage.[943] Im Rahmen dieses Punktes zitierte Finlayson J. die englische *Universe Tankships*-Entscheidung von 1982, welche erstmals den zweistufigen Aufbau begründet hatte.[944]

Des Weiteren führte Finlayson J. aus, dass ein Vertrag dann nichtig sei, wenn eine *coercion of will* vorliege.[945] Die Wortwahl ist ungeschickt, da die Formulierung *coercion of will* an die *Pao On*-Entscheidung des *Privy Council* von 1980 erinnert. So nimmt *Stewart* an, dass das kanadische Gericht damit zum Teil die *overborne will theory* übernommen hat.[946] Allerdings ist dies abzulehnen. Gegen eine Übernahme spricht beispielsweise die fehlende Beschreibung der *overborne will theory* in den Entscheidungsgründen.[947] Es liegt nahe, dass Finlayson J. sich lediglich der Formulierung *coercion of will* bediente, da er eine Situation beschreiben wollte, in der einer Partei keine echte Alternative zur Verfügung steht.[948] Zudem hielt Finlayson J. später eine Nichtigkeit wegen *economic duress* für gegeben, da der Kläger durch Druck zum Abschluss der Vereinbarung bewegt worden und der ausgeübte Druck rechtswidrig war.[949] Da das Merkmal der Rechtswidrigkeit ebenfalls miteinbezogen wurde, ist die *overborne will theory*

---

942 *Stott v Merit Investment Corporation* (1988) 48 D.L.R. (4th) 288 Rn. 42: „[…] *it is clear from those same findings as to what Kasman said, that Stott's future at the firm would have been bleak indeed unless he agreed to the arrangements in question*".

943 *McCamus*, The Law of Contracts, S. 391.

944 *Stott v Merit Investment Corporation* (1988) 48 D.L.R. (4th) 288 Rn. 51.

945 *Stott v Merit Investment Corporation* (1988) 48 D.L.R. (4th) 288 Rn. 48: „*It must be a pressure which the law does not regard as legitimate and it must be applied to such a degree as to amount to "a coercion of the will", to use an expression found in English authorities, or it must place the party to whom the pressure is directed in a position where he has no "realistic alternative" but to submit to it* […]".

946 *Stewart*, Can. B.R. 2003, 359, 375. Zugleich muss auch berücksichtigt werden, dass *Stewart* in der Entscheidung ein leichtes Abweichen von dem englischen Ansatz sieht (S. 381).

947 *McCamus*, The Law of Contracts, S. 392.

948 *Maddaugh/McCamus*, The Law of Restitution, S. 26–42, 26:300.20.

949 *Stott v Merit Investment Corporation* (1988) 48 D.L.R. (4th) 288 Rn. 54: „*I believe a case can be made to support a finding that on January 30, 1980, Stott was pressured into signing the agreement in question* [Kausalität] *and that the pressure applied could not be recognized by law as legitimate* [Illegitimität]".

nicht zum Einsatz gekommen. Ansonsten hätte Finlayson J. sich nur mit der *coercion of will* beschäftigen dürfen.

Auch die Entscheidung *Gordon v Roebuck*[950] durch den *Ontario Court of Appeal* von 1992 geht von einem zweistufigen Aufbau im Sinne der *Universe Sentinel*-Entscheidung aus.[951] Neben der Prüfung des *Pao On*-Tests zur Feststellung, ob die Drohung kausal war, führte der Richter auch aus, dass eine Rechtswidrigkeit der Drohung erforderlich sei.[952]

c) Eigenständiger Aufbau für Vertragsmodifikationen

Zuletzt scheint das kanadische Recht einen eigenständigen Aufbau zur *economic duress* zu präferieren, nach dem ein dreistufiger Aufbau erforderlich ist, allerdings ohne das Merkmal der Rechtswidrigkeit.[953] Damit weicht die kanadische Prüfung von der englischen ab. Grund für diese Haltung ist die Schwierigkeit, welche in der Abgrenzung zwischen rechtmäßigen und rechtswidrigen Handlungen besteht.[954]

Der neue Aufbau betrifft nur Vertragsmodifikationen und nicht die Fälle, in denen die Parteien zuvor keine vertraglichen Beziehungen unterhielten und erst aufgrund einer *economic duress* einen Vertrag miteinander eingingen. Letztere Fallgruppe unterliegt immer noch dem zweistufigen Aufbau, nach dem Kausalität und Rechtswidrigkeit erforderlich sind.

Erstmals tauchte der neue Aufbau 2008 in der Entscheidung *Greater Fredericton Airport Authority Inc. v NAV Canada* des *New Brunswick Court of Appeal* auf.[955] Hier betrachtete Robertson J.A. das Merkmal der Rechtswidrigkeit kritisch, weil es seines Erachtens bisher nicht gelungen war, einen geeigneten

---

950 *Gordon v Roebuck* (1992) 92 D.L.R. (4th) 670.

951 *McCamus*, The Law of Contracts, S. 392.

952 *Gordon v Roebuck* (1992) 92 D.L.R. (4th) 670 Rn. 3: „*To succeed on the ground of economic duress, the plaintiff must prove that his will was coerced and the pressure exerted to do that was not legitimate*".

953 *Maddaugh/McCamus*, The Law of Restitution, S. 26–42; *McCamus*, The Law of Contracts, S. 397.

954 *Greater Fredericton Airport Authority Inc. v NAV Canada* (2008) 290 D.L.R. (4th) 405 Rn. 43: „*However, it is equally clear that pressure does not have to be characterized as "unlawful" in order to be found "illegitimate". This leads one to ask when lawful pressure moves from the category of legitimate to illegitimate pressure*"; *Maddaugh/McCamus*, The Law of Restitution, S. 26–42, 26:300.20.

955 *Greater Fredericton Airport Authority Inc. v NAV Canada* (2008) 290 D.L.R. (4th) 405.

Test zur Feststellung dieses Punkts zu formulieren.[956] Des Weiteren bedauerte er die Tatsache, dass die kanadischen Gerichte trotz ihrer Unabhängigkeit die englischen Präjudizien kommentarlos übernommen hatten.[957] Zudem erachtete er die Option einer Partei, einen bestehenden Vertrag zu brechen, als ihr Recht, vorausgesetzt, dass die Gegenpartei ein Recht auf Schadensersatz oder Anspruch auf Erfüllung habe.[958] Abschließend verwies Robertson J.A. auf die Komplexität, welche das Merkmal der Rechtswidrigkeit in der Gesamtbetrachtung auslöse.[959]

Nach Robertson J.A. soll eine Nichtigkeit wegen einer *economic duress* dann vorliegen, wenn die Drohung zunächst kausal war und die bedrohte Partei keine andere Alternative hatte, als zuzustimmen.[960] Zuletzt ist aber eine dritte Voraussetzung erforderlich, nach der es festzustellen gilt, ob die bedrohte Partei dem Angebot des Drohenden zustimmte.[961] Im Rahmen der dritten Voraussetzung gibt es drei Unter-Voraussetzungen:[962]

1.) Das Versprechen der Partei muss *consideration* beinhalten.
2.) Die bedrohte Partei muss unter Protest zugestimmt haben.
3.) Falls 2.) nicht gegeben ist, so muss die bedrohte Partei nach ihrer Zustimmung sofort Bemühungen unternommen haben, um sich von ihrer Erklärung zu lösen.

Dieser neue Aufbau läuft der englischen und bisherigen kanadischen Rechtsprechung völlig zuwider.[963] Vor allem überzeugt die Verwendung der *consideration*

---

956 *Greater Fredericton Airport Authority Inc. v NAV Canada* (2008) 290 D.L.R. (4th) 405 Rn. 43: „*Regrettably, no one, judge or commentator alike, has been able to explain how one goes about answering that question*".

957 *Greater Fredericton Airport Authority Inc. v NAV Canada* (2008) 290 D.L.R. (4th) 405 Rn. 44.

958 *Greater Fredericton Airport Authority Inc. v NAV Canada* (2008) 290 D.L.R. (4th) 405 Rn. 46: "*Of course, a threatened breach of contract is not only lawful but in fact constitutes a right which can be exercised subject to the obligation to pay damages and possibly to an order for specific performance* […]".

959 *Greater Fredericton Airport Authority Inc. v NAV Canada* (2008) 290 D.L.R. (4th) 405 Rn. 47.

960 *Greater Fredericton Airport Authority Inc. v NAV Canada* (2008) 290 D.L.R. (4th) 405 Rn. 53.

961 *Greater Fredericton Airport Authority Inc. v NAV Canada* (2008) 290 D.L.R. (4th) 405 Rn. 53.

962 *Greater Fredericton Airport Authority Inc. v NAV Canada* (2008) 290 D.L.R. (4th) 405 Rn. 53.

963 *McCamus*, The Law of Contracts, S. 399.

als Unter-Voraussetzung nicht, da die Anwendung dieser Rechtsfigur in Vertragsmodifikationsfällen nicht überzeugen konnte. Dies haben auch kanadische Autoren erkannt.[964]

Des Weiteren führt der Vorstoß von Robertson J.A. dazu, dass es für *economic duress* in Kanada zwei verschiedene Aufbauvarianten gibt. Eine für Fälle in denen eine Drohung erstmals zu einem Vertragsschluss führt (zweistufiger Aufbau) und eine, wo die Drohung eine Vertragsmodifikation bewirken soll (eigenständiger Aufbau).[965] Es ist unwahrscheinlich, dass eine solche Herangehensweise allgemein anerkannt wird.[966] Zwei verschiedene Aufbauvarianten dürften zu weiterer Verwirrung und Unklarheit führen, obwohl Gerichte und Rechtsprechung seit Beginn der *economic duress* darum bemüht sind, ein kohärentes Prüfungsmodell zur *economic duress* zu schaffen.

d) Stellungnahme zum kanadischen Aufbau

Ob sich der neue Aufbau von Robertson J.A. durchsetzt, bleibt abzuwarten.[967] 2010 hielt Harris J. vom *Ontario Superior Court of Justice* in der Entscheidung *Process Automation Inc. v Norstream Intertec Inc.* fest, dass die Beschreibung der *economic duress* von Robertson J.A. in *Greater Fredericton Airport Authority* von 2008 zwar einerseits außerordentlich gelungen sei, allerdings fühle er sich aufgrund der Präjudizien weiterhin dazu verpflichtet, dem klassischen Aufbau samt Rechtswidrigkeit zu folgen.[968] Dies spricht gegen die Adoption des neuen und eigenständigen Aufbaus durch die kanadischen Gerichte. Zugleich kann an *Process Automation Inc. v Norstream Intertec Inc.* kritisiert werden, dass Harris J. sich nicht mit der Frage der Rechtswidrigkeit auseinandersetzte.[969]

Sollte der neue Aufbau aus *Greater Fredericton Airport Authority* dennoch von den Gerichten in Kanada übernommen werden, so wäre dies eine deutliche Abspaltung von der englischen Handhabung der *economic duress*-Doktrin. Entsprechend würde dies die Selbstständigkeit der kanadischen Gerichte im Verhältnis zu den englischen deutlich unterstreichen.

---

964 *Waddams*, Contracts, S. 364.
965 *McCamus*, The Law of Contracts, S. 399.
966 *McCamus*, The Law of Contracts, S. 399.
967 *McCamus*, The Law of Contracts, S. 399.
968 *Process Automation Inc. v Norstream Intertec Inc.* (2010) 321 D.L.R. (4th) 724 Rn. 73.
969 *Maddaugh/McCamus*, The Law of Restitution, S. 26–45, 26:300:20.

5. Zusammenfassung

Im Ergebnis kann festgehalten werden, dass Kanada ohne größere Probleme die *economic duress* rezipiert hat, wobei der englische Einfluss auf das kanadische Recht spürbar ist. Dies kann insbesondere damit belegt werden, dass die kanadischen Gerichte für die Fälle von wirtschaftlichen Drohungen zunächst die Figur der *practical compulsion* entwickelt, ab 1982 jedoch die englische Figur der *economic duress* rezipiert haben. Darüber hinaus haben die kanadischen Gerichte auch einen neuen Aufbau bezüglich der *economic duress* entwickelt, wobei es noch abzuwarten bleibt, ob der Test sich etabliert und allgemein anerkannt wird. Bis dahin dürfte weiterhin der zweistufige Aufbau vorherrschen.

VI. Neuseeland

1. Einleitung

Ähnlich wie die anderen ehemaligen britischen Kolonien ist auch Neuseeland stark vom englischen *common law* geprägt.[970] Trotz der politischen Unabhängigkeit, welche Neuseeland seit 1947 aufgrund des *New Zealand Constitution Amendment (Request and Consent) Act* gegenüber Großbritannien genießt, hat der englische Einfluss auf das neuseeländische Recht nicht nachgelassen.[971] Insbesondere von 1920 bis 1970 sind die Gerichte Neuseelands häufig von eigenständig entwickelten Rechtssätzen abgewichen, um den englischen Entscheidungen folgen zu können.[972] Dennoch haben die neuseeländischen Gerichte seit den 70er Jahren allmählich damit begonnen, eigene Positionen und lokale Entscheidungen zu präferieren.[973] Trotz dieser jüngeren Bewegung soll jedoch nicht außer Acht bleiben, dass das englische Recht weiterhin einen entscheidenden Einfluss ausübt.[974] Hierfür spielte sicherlich auch der Privy Council eine tragende Rolle, da dieser bis 2003 in Neuseeland als oberste Berufungsinstanz zuständig war. Erst 2003 wurde diese Berufungsmöglichkeit durch den *Supreme Court Act* abgeschafft.[975]

Was das Zivilrecht Neuseelands betrifft, so besteht dieses zum Großteil aus *common law*. Aufgrund der Kolonialisierung Neuseelands 1840 wurde das englische

---

970 *Burrows/Finn/Todd*, Contract Law in New Zealand, S. 25.
971 *Burrows/Finn/Todd*, Contract Law in New Zealand, S. 25.
972 *Burrows/Finn/Todd*, Contract Law in New Zealand, S. 25.
973 *Burrows/Finn/Todd*, Contract Law in New Zealand, S. 25.
974 *Burrows/Finn/Todd*, Contract Law in New Zealand, S. 25.
975 *Keith*, ICLQ 2005, 197, 209.

common law übernommen.[976] Zugleich soll angemerkt werden, dass in Neuseeland das Zivilrecht nicht ausschließlich durch *common law* geregelt wird. Es gibt vereinzelte Gesetze auf verschiedenen Gebieten des Zivilrechts, wie zum Beispiel dem Irrtumsrecht (*Contractual Mistake Acts 1979*) oder dem Minderjährigenrecht (*Minors' Contracts Act 1969*).[977] Auf dem Gebiet der *duress* finden sich dagegen keine Gesetze, so dass es hier weiterhin auf das *common law* ankommt. Im Übrigen ist anzumerken, dass im Unterschied zu asiatischen Kolonien Großbritanniens, wie beispielsweise Hongkong oder Singapur, in Neuseeland nie Bemühungen angestellt wurden, das Recht der indigenen Bevölkerung Neuseelands, der Maori, anzuerkennen.[978]

2. *Moyes & Groves Ltd. v Radiation New Zealand Ltd.*

1982 beschäftigte sich erstmals ein neuseeländisches Gericht in der Form des *Court of Appeal* mit der *economic duress* in der Entscheidung *Moyes & Groves Ltd. v Radiation New Zealand Ltd.*[979] Der Rechtsstreit betraf eine Lieferung von Maschinenteilen aus Indien, wofür im Oktober 1973 ein Kaufvertrag zum Preis von 400 NZD geschlossen wurde, allerdings erfolgte die Lieferung erst im Juni 1976. Zwischenzeitlich hatten die Parteien den Vertrag völlig vergessen. Als die Teile ankamen, hatten sich die Lieferkosten erhöht und der Verkäufer begehrte folglich die Anpassung des Kaufpreises auf 2.737 NZD. Im Falle der fehlenden Zustimmung drohte der Verkäufer damit, die Ware nicht mehr an den Käufer zu liefern und sie nach Indien zurückzusenden. Der Käufer stimmte der Forderung unter Protest zu.[980] Nach Lieferung zahlte er den ursprünglichen Kaufpreis und verwies auf die Unwirksamkeit der Vertragsmodifikation wegen *economic duress*.

Cooke J. nutzte die Gelegenheit und äußerte sich zur *economic duress* in Neuseeland. Nachdem er sich knapp mit der englischen *Pao On*-Entscheidung beschäftigt hatte, bestätigte er die Existenz der Doktrin als Nichtigkeitsgrund in Neuseeland.[981] Zugleich unterstrich er, dass die Doktrin restriktiv zu handhaben

---

976 *Burrows/Finn/Todd*, Contract Law in New Zealand, S. 35.

977 *Chetwin*, Law of Contract in New Zealand, S. 2.

978 *Burrows/Finn/Todd*, Contract Law in New Zealand, S. 35.

979 *Moyes & Groves Ltd v Radiation New Zealand Ltd* [1982] 1 NZLR 368; *Chetwin*, Law of Contract in New Zealand, S. 205.

980 *Moyes & Groves Ltd v Radiation New Zealand Ltd* [1982] 1 NZLR 368: *„The buyer replied by telex: „appears no alternative but to accept your price under protest".*

981 *Moyes & Groves Ltd v Radiation New Zealand Ltd* [1982] 1 NZLR 368, 372: *„In the light of these and other authorities I would be prepared to accept that in New Zealand law economic duress can be a ground for avoiding liability under a contract".*

sei.[982] Ihm zufolge erfordere sie das Vorliegen einer *coercion of will*.[983] Dies entspricht der *overborne will theory* und erinnert damit an den einstufigen Aufbau der *economic duress*, welcher sich in England nicht behaupten konnte.

In der Entscheidung wurde ein konkreter Fall von *economic duress* durch das Gericht abgelehnt und die Vertragsmodifikation für wirksam erklärt, da die Parteien durch ihre Verhandlungen einen wirksamen Kompromiss (*compromise*) eingegangen seien.[984] Dem Gericht zufolge bestanden kluge und vernünftige Erwägungen auf beiden Seiten für einen *compromise*,[985] wobei anzumerken ist, dass die Ausführungen sehr kurz ausfielen und im Schrifttum zum Teil auf Kritik gestoßen sind.[986] Unabhängig hiervon kann trotzdem festgehalten werden, dass *economic duress* seit der Entscheidung einen festen Platz im neuseeländischen Recht hat,[987] was auch durch spätere Entscheidungen belegt wird.[988]

3. Aufbau

Die neuseeländische Rechtsprechung hat verschiedene Aufbauvariationen zur *economic duress* vorzuweisen. Während Cooke J. in der Grundsatzentscheidung *Moyes & Groves v Radiation NU Ltd* von einem einstufigen Aufbau ausging,[989] sind seitdem abweichende Aufbauvarianten entwickelt worden.

a) R v Her Majesty's Attorney-General for England and Wales

In der Entscheidung *R v Her Majesty's Attorney-General for England and Wales* hatte der englische *Privy Council* 2003 über eine Berufung vom *Court of Appeal of New Zealand* zu entscheiden.[990] Das Gericht prüfte das Vorliegen einer

---

982 *Moyes & Groves Ltd v Radiation New Zealand Ltd* [1982] 1 NZLR 368, 371.

983 *Moyes & Groves Ltd v Radiation New Zealand Ltd* [1982] 1 NZLR 368, 372.

984 *Moyes & Groves Ltd v Radiation New Zealand Ltd* [1982] 1 NZLR 368, 371. Bei der *compromise* im *Common Law* handelt es sich um eine Vereinbarung, nach welcher zwei Parteien einen Streit beilegen, indem sie darauf verzichten, künftig ihre Ansprüche weiter zu verfolgen, siehe hierzu *Land*, VUWLR 1985, 287, 289 f.

985 *Moyes & Groves Ltd v Radiation New Zealand Ltd* [1982] 1 NZLR 368, 371.

986 *Land*, VUWLR 1985, 287, 290.

987 *Chetwin*, Law of Contract in New Zealand, S. 205.

988 *Haines v Carter* [2001] 2 NZLR 167; *Attorney-General for England and Wales v R.* [2002] 2 NZLR 91; *Pharmacy Care Systems Ltd v Attorney-General [2004]* 2 NZCCLR 187; *McIntyre v Nemesis DBK Ltd* [2010] 1 NZLR 463.

989 *Moyes & Groves Ltd v Radiation New Zealand Ltd* [1982] 1 NZLR 368, 372.

990 R *v Her Majesty's Attorney-General for England and Wales* [2003] UKPC 22.

economic duress anhand eines zweistufigen Aufbaus, nach dem Kausalität und Rechtswidrigkeit erforderlich sind.

Der Kläger des Rechtsstreits war ein neuseeländisches Mitglied der englischen Militäreinheit SAS, das an einem berühmten Einsatz im ersten Golfkrieg 1991 teilgenommen hatte. Nach dem Krieg tauchten biographische Werke von Teilnehmern des Einsatzes auf, weshalb die britische Regierung das Erscheinen weiterer Bücher durch Unterlassungserklärungen zu verhindern versuchte. Die Mitglieder der Einheit wurden zur Unterzeichnung von entsprechenden Vereinbarungen aufgefordert, welche sie auch nach Beendigung des Dienstes zur Verschwiegenheit verpflichteten. Auch der Kläger gab eine entsprechende Erklärung ab. Als er dennoch ein Buch zu dem Einsatz veröffentlichte, beantragte das britische Verteidigungsministerium eine einstweilige Verfügung dagegen. Der Kläger machte die Unwirksamkeit der Vereinbarung geltend und berief sich unter anderem auf *economic duress*.[991]

Der *Privy Council* prüfte im Rahmen des zweistufigen Aufbaus der Rechtswidrigkeit und Kausalität der Drohung, wobei letztere offensichtlich vorlag.[992] Streitentscheidend war daher die Frage, ob die ausgeübte Drohung rechtswidrig war. Der *Privy Council* verneinte dies,[993] da die Aufforderung zur Unterzeichnung der Erklärung kein Befehl war und die Soldaten frei darüber entscheiden konnten. Hätte es einen Befehl zur Unterzeichnung gegeben, so wäre die Drohung rechtswidrig gewesen, allerdings war dies nicht der Fall, weshalb das Gericht die Unterzeichnung als freiwillige Handlung des Klägers einstufte.[994] Entsprechend fehlte es an der notwendigen Rechtswidrigkeit und somit im Ergebnis an einer Nötigung.

b) Der *Hammond*-Test

Ein neuer Vorstoß des *Court of Appeal* zu den Voraussetzungen erfolgte August 2004 in der Entscheidung *Pharmacy Care Systems Ltd v Attorney-General*.[995] Der Kläger hatte sich zur Zahlung von 80.000 NZD in Form eines *settlement deeds* an den Beklagten verpflichtet, allerdings berief er sich später auf die Nichtigkeit des *deeds* wegen wirtschaftlicher Nötigung, da der Beklagte damit gedroht hatte, eine

---

991 Des Weiteren machte der Kläger auch *undue influence* gelten.

992 R *v Her Majesty's Attorney-General for England and Wales* [2003] UKPC 22 Rn. 15: „*R says that to offer him the alternative of being returned to unit, which was regarded in the SAS as a public humiliation, was compulsion of his will. […] Their Lordships are content to assume that this was the case*".

993 R *v Her Majesty's Attorney-General for England and Wales* [2003] UKPC 22 Rn. 17.

994 R *v Her Majesty's Attorney-General for England and Wales* [2003] UKPC 22 Rn. 20.

995 *Pharmacy Care Systems Ltd v Attorney-General* [2004] NZCA 187.

strafrechtliche Verfolgung des Klägers einzuleiten, falls dieser sich nicht durch einen *settlement deed* zur Zahlung von ausstehenden Schulden verpflichte.

Das Gericht lehnte einen Fall von *duress* wegen der fehlenden Kausalität ab.[996] In der Entscheidung äußerte sich Hammond J. explizit zum neuseeländischen Aufbau und entwarf einen neuen Test, der oft als *Hammond*-Test bezeichnet wird. Dem *Hammond*-Test zufolge handelt es sich um einen nichtigkeitsbegründenden Fall von *economic duress*, wenn die folgenden vorformulierten Elemente („*elements of duress*") vorliegen:[997]

- Element 1: Es muss eine Drohung oder ein Druck vorliegen.
- Element 2: Die Drohung bzw. der Druck muss rechtswidrig sein.
- Element 3: Der Wille des Opfers muss durch diesen Druck überwältigt worden sein.
- Element 4: Die Drohung bzw. der Druck muss tatsächlich zur Annahmeerklärung des Opfers geführt haben.
- Element 5: Die Drohung bzw. der Druck müssen so schwer wiegen, dass sie die Annahme des Opfers rechtfertigen, dass er keine vernünftige Alternative hatte.
- Element 6: Die Drohung führt dazu, dass der Vertrag nichtig ist.
- Element 7: Durch die Bestätigung des Vertrags kann sich das Opfer nicht mehr auf die Nichtigkeit berufen.

c) Ablehnung durch die Rechtsprechung

Der *Hammond*-Test fand in der Rechtsprechung keine Zustimmung. Noch in demselben Rechtsstreit führte im November 2004 der *Supreme Court* als nächsthöhere Instanz im Rahmen der Revision aus, dass die *duress*-Lehre in Neuseeland

---

996 *Pharmacy Care Systems Ltd v Attorney-General* [2004] NZCA 187 Rn. 104: „[...] *we are satisfied that it had no causative effect on Mr Aitken*".

997 *Pharmacy Care Systems Ltd v Attorney-General* [2004] NZCA 187 Rn. 98: „*In summary, the elements of duress in New Zealand law today are these: First, there must be a threat or pressure. Secondly, that threat or pressure must be improper. Thirdly, the victim's will must have been overborne by the improper pressure so that his or her free will and judgment have been displaced. Fourthly, the threat or pressure must actually induce the victim's manifestation of assent. Fifthly, the threat or pressure must be sufficiently grave to justify the assent from the victim, in the sense that it left the victim with no reasonable alternative. Sixthly, duress renders the resulting agreement voidable at the instance of the victim. This may be addressed either by raising duress as a defence to an action, or affirmatively, by applying timeously to a court for avoidance of the agreement. Seventhly, the victim may be precluded from avoiding the agreement by affirmation*".

klar und endgültig geregelt sei.[998] Dabei verwies der *Supreme Court* auch auf die Entscheidung *R v Her Majesty's Attorney-General for England and Wales*, wo der Privy Council einen zweistufigen Aufbau der *economic duress* angenommen hatte.[999] Zudem wurde in der Entscheidung *McIntyre v Nemesis DBK Ltd.* durch das Gericht zusätzlich klargestellt, dass die sog. Elemente des *Hammond*-Test nicht als zwingende Voraussetzungen zu betrachten seien, sondern lediglich Leitsätze für die Qualifikation eines Verhaltens als *economic duress* darstellen.[1000]

d) Kritik aus dem Schrifttum

Der *Hammond*-Test hat viel Kritik auf sich gezogen. Zunächst ist die Beschreibung der Voraussetzungen als Elemente zu beanstanden, da nicht alle Punkte für das Vorliegen von *economic duress* konstituierend sind, was sich beispielsweise an dem sechsten Element zeigt, welches eher einer Rechtsfolge entspricht.[1001] Zudem ist der neue Formulierungsansatz stark verwirrend und damit für die Prüfung von *economic duress* kaum hilfreich.[1002] Zudem könne die Einstufung der Voraussetzungen als Leitsätze nicht überzeugen, da der Wortlaut der ersten fünf Voraussetzungen („*must*") für eine strikte Voraussetzung spricht.[1003]

e) Stellungnahme

Aufgrund des Verweises des *Supreme Court* in *Pharmacy Care Systems* auf *R v Her Majesty's Attorney-General* ist für Neuseeland der zweistufige Aufbau von *economic duress* einschlägig.[1004] Bislang ist der *Supreme Court* auch nicht von

---

998 *Pharmacy Care Systems Ltd v Attorney-General* [2004] 2 NZLR 577 Rn. 2: „*The law of New Zealand on the subject of duress is sufficiently clear and settled*".

999 R *v Her Majesty's Attorney-General for England and Wales* [2003] UKPC 22.

1000 *McIntyre v Nemesis DBK Ltd.* [2010] 1 NZLR 463, 468; *Bigwood*, VUWLR 2011, 83, 87.

1001 *Bigwood*, VUWLR 2011, 83, 86; *Willmott/Christensen/Butler/Dixon*, Contract Law, S. 593.

1002 *Bigwood*, JCL 2005, 208, 210; vgl. auch *Chapman*, Wash. U. Global Stud. L. Rev. 2012, 215, 238 f. Chapman geht beiläufig auf die neuseeländischen Entscheidungen ein und hält das dortige Verständnis von *economic duress* ohne Anwendung des *Hammond*-Tests für verständlich.

1003 *Bigwood*, VUWLR 2011, 83, 87.

1004 *Haines v Carter* [2001] 2 NZLR 167, 190 ff.; *Shivas v Bank of New Zealand* [1990] 2 NZLR 327, 344 f.; *Bigwood*, VUWLR 2011, 83, 85 f.

diesem Standpunkt abgewichen. Ferner wurde der zweigliedrige Aufbau 2009 durch den *Court of Appeal* in *McIntyre v Nemesis DBK Ltd.* erneut bestätigt.[1005]

Die Ablehnung des *Hammond*-Tests durch den *Supreme Court* ist zu begrüßen, da er Klarheit vermissen lässt. Kritikwürdig ist allerdings die oberflächliche Verweisung des *Supreme Courts* auf die Entscheidung *R v Her Majesty's Attorney-General*, da das Gericht hier eine eigene Stellungnahme hätte formulieren können. So stammt die wegweisende Entscheidung im neuseeländischen Recht vom *Privy Council* und damit einem britischen Gericht.

4. Zusammenfassung

Das neuseeländische Verständnis von *economic duress* lehnt sich stark an das englische an. Dies wird insbesondere an der jüngsten Entscheidung *McIntyre v Nemesis DBK Ltd.* deutlich. Auch die Tatsache, dass der neuseeländische *Hammond*-Test sowohl im Schrifttum als auch in der Rechtsprechung keinerlei Anerkennung findet, bringt zum Ausdruck, wie groß der englische Einfluss auf diesem Gebiet weiterhin ist. Im Ergebnis erkennt das neuseeländische Recht die Figur der *economic duress* an, divergiert aber hinsichtlich des Aufbaus vom englischen Recht dahingehend, dass es einen zweistufigen Aufbau voraussetzt und das Merkmal der fehlenden Alternative nicht prüft, wie es im englischen Recht der Fall ist.

Ob die Rechtsprechung Neuseelands sich an der englischen Entwicklung der *economic duress* orientiert und den dreistufigen Aufbau, nach dem neben Kausalität und Rechtswidrigkeit auch das Fehlen einer alternativen Handlungsmöglichkeit notwendig ist, übernimmt, ist ungewiss. Zugleich würde eine solche Rezeption aber nicht überraschen, da die neuseeländischen Gerichte durch den entwickelten *Hammond*-Test, der sieben Elemente erfordert, schon eine Bereitschaft zur Weiterentwicklung des Aufbaus der *economic duress* gezeigt haben. Im Rahmen einer prospektiven Weiterentwicklung ist eine Orientierung am englischen Recht wahrscheinlich.

1005 *McIntyre v Nemesis DBK Ltd.* [2010] 1 NZLR 463, 468; *Bigwood* verweist darauf, dass in *McIntyre v Nemesis* das Gericht die Reihenfolge der Prüfungspunkte umkehrte, *Bigwood*, VUWLR 2011, 83, 86 f.

VII. Schottland

1. Einleitung

Im Gegensatz zu den meisten britischen Kolonien hat Schottland ein eigenes Rechtssystem, welches sich vom englischen Recht stark unterscheidet.[1006] Ursprünglich orientierte sich das schottische Recht aus historischen Gründen stark am römischen Recht,[1007] ab Beginn des 19. Jahrhunderts übte das englische Recht allerdings zunehmend Einfluss aus.[1008] Entsprechend handelt es sich bei dem schottischen Recht um eine Mischrechtsordnung.[1009] Einerseits verfügt das schottische Zivilrecht weiterhin über einen eigenständigen Charakter,[1010] andererseits kann nicht außer Acht bleiben, dass das englische *case law* einen starken Einfluss auf das Zivilrecht ausübt.[1011]

2. Force and fear

Dem schottischen Recht ist die Figur der *economic duress* nicht unbekannt, wobei hier die Rede von *force and fear* ist.[1012] Historisch betrachtet entstammt *force and fear* dem alten *civil law* und wurde bisher kaum durch modernes *case law* entwickelt.[1013] Dabei orientieren sich die schottischen Autoren im Rahmen der *economic duress* grundsätzlich am englischen *case law*, da ständig auf die englischen Entwicklungen zur *economic duress* verwiesen wird.[1014] Zugleich scheint

---

1006 *Manson-Smith*, The Legal System of Scotland, S. 1; *Zweigert/Kötz*, Einführung in die Rechtsvergleichung, S. 198.

1007 *Marshall*, Scots Law, S. 5 f.; *Zweigert/Kötz*, Einführung in die Rechtsvergleichung, S. 199.

1008 *White/Willock*, The Scottish Legal System, S. 32 f.; *Zweigert/Kötz*, Einführung in die Rechtsvergleichung, S. 200; *Manson-Smith*, The Legal System of Scotland, S. 4 f.

1009 *Zimmermann*, Common law und ius commune: Unkodifizierte Mischrechtsordnungen im Vergleich, in: *Basedow et al.*, Aufbruch nach Europa: 75 Jahre Max-Planck-Institut für Privatrecht, S. 853.

1010 *Zweigert/Kötz*, Einführung in die Rechtsvergleichung, S. 200.

1011 *White/Willock*, The Scottish Legal System, S. 32 f.

1012 *Gloag/Henderson*, The Law of Scotland, S. 148; *Woolman*, Contract, S. 66 f.; *McBryde*, The Law of Contract in Scotland, S. 445; *MacQueen*, Contract Law in Scotland, S. 161; *Thompson*, S.L.T. 1985, 85, 88.

1013 *du Plessis*, Force and Fear, in: *Reid/Zimmermann*, A History of Private Law in Scotland, Volume 2, S. 101.

1014 *McBryde*, The Law of Contract in Scotland, S. 447; *Woolman*, Contract, S. 66; *MacQueen*, Contract Law in Scotland, S. 162.

das schottische Recht im Vergleich zum englischen weniger Schwierigkeiten mit der Anerkennung von *economic duress* zu haben.[1015]

Entscheidungen finden sich im schottischen Recht spärlich, nur wenige setzen sich bisher mit der Thematik auseinander.[1016] Entsprechend scheint es nicht unwahrscheinlich, dass die englischen Entscheidungen als Quellen für das schottische Recht und dessen Umgang mit den verschiedenen denkbaren Konstellationen dienen werden.[1017] Vereinzelt wird auch eine Regelung durch den Gesetzgeber gefordert.[1018]

3. Rechtsprechung

Die schottische Rechtsprechung weist bislang nur zwei Urteile zur *economic duress* auf. Dabei handelt es sich um die Entscheidungen *Hislop v Dickson Motors*[1019] und *Wallace & Partners v Westscot Home plc*[1020].

a) Hislop v Dickson Motors

Erstmals beschäftigte sich ein schottisches Gericht mit der *economic duress* in der *Hislop v Dickson Motors*-Entscheidung[1021] des *Court of Session* aus dem Jahr 1974. Die Klägerin arbeitete als Buchhalterin für die Beklagten und hatte Unternehmensgelder veruntreut. Als den Beklagten dies klar wurde, konfrontierten sie die Klägerin mit ihrem Verhalten und forderten sie zu Geldzahlungen und Übereignung ihres Kfz auf. Eine Drohung der Beklagten hinsichtlich einer möglichen

---

1015 So zumindest *McBryde*, The Law of Contract in Scotland, S. 445. Zugleich wird dies kritisch gesehen. Nach anderer Ansicht besteht auch für die schottische Justiz die Gefahr, mit ähnlichen, dogmatischen Hürden konfontriert zu werden, wie es bei den englischen Gerichten der Fall ist, *McKendrick*, S.L.T. 1985, 277, 277.

1016 Bereits 1978 hat die *Scottish Law Commission* die fehlende Entwicklung von *force and fear* im Vergleich zum US-amerikanischen Recht erkannt: „*However, on the whole the Scots law on force and fear has not been developed by modern case law and the authorities are redolent of a bygone age. In particular there has been no real development of what is known to American lawyers as "economic duress"* […]", Scottish Law Commission, Defective Consent and Consequential Matters, Memo. No. 42 (June 1, 1978), Volume 2, S. 119.

1017 *Thompson*, S.L.T. 1985, 85, 88.

1018 Scottish Law Commission, Defenctive Consent and Consequential Matters, Memo. No. 42 (June 1, 1978), Volume 1, S. 43; vgl. auch *McKendrick*, S.L.T. 1985, 277, 279.

1019 *Hislop v Dickson Motors (Forred) Ltd.* 1978 S.L.T. (Notes) 73.

1020 *Euan Wallace & Partners v Westscot Homes plc* 2000 S.L.T. 327.

1021 *Hislop v Dickson Motors (Forred) Ltd.* 1978 S.L.T. (Notes) 73.

Strafverfolgung bei fehlender Zahlung und Übereignung konnte im Laufe des Prozesses nicht bewiesen werden.

Lord Maxwell machte von der *overborne will theory* und damit dem einstufigen Aufbau zur *economic duress* Gebrauch. Er setzte sich in den Entscheidungsgründen mit der Frage auseinander, inwiefern der Wille der Klägerin durch die Drohung überwältigt wurde und ob dieses Erfordernis überhaupt noch zeitgemäß sei.[1022] Er bejahte dies und gab dem Begehren der Klägerin statt. Hierzu hielt Lord Maxwell fest, dass sich im Rahmen von Drohungsfällen neuere Ansätze entwickelt hätten, nach denen die Voraussetzung des *overborne will* nicht mehr erforderlich sei; trotzdem sei das Erfordernis in anderen Fällen weiterhin notwendig.[1023]

Der Rückgriff Lord Maxwells auf die *overborne will theory* ist nicht ungewöhnlich, bedenkt man schließlich, dass die Entscheidung aus dem Jahr 1978 stammt. Im englischen Recht wurde die *overborne will theory* erst 1975 durch die *Lynch*-Entscheidung angegriffen.[1024] Die damit zusammenhängende Ablehnung durch das englische Schrifttum sollte erst zu Beginn der 1980er Jahre erfolgen.[1025] Im Zeitpunkt der Entscheidung dürfte es der schottischen Rechtsprechung daher noch nicht möglich gewesen sein, die ablehnende englische Entwicklung zu rezipieren.

b) Euan Wallace & Partners v Westscot Home plc

1999 beschäftigte sich der *Court of Session* erneut mit der *economic duress*. In der Entscheidung *Euan Wallace & Partners v Westscot Home plc*[1026] setzte sich Lord Macfadyen in den Entscheidungsgründen kritisch mit dem *Hislop v Dickson*-Urteil von 1974 auseinander. Er interpretierte die Worte von Lord Maxwell anders und kam zu dem Schluss, dass dieser sich nicht für die *overborne will theory*

1022 *Hislop v Dickson Motors (Forred) Ltd.* 1978 S.L.T. (Notes) 73, 75: „[…] *overpower the mind of a person of ordinary firmness so that there is no true consent*".

1023 *Hislop v Dickson Motors (Forred) Ltd.* 1978 S.L.T. (Notes) 73, 75 f.: „*It is I think arguable that when dealing with the particular type of pressure involved in threats and also perhaps when there is actual imprisonment* […] *the requirement of the overpowering of the mind of reasonable firmness has been somewhat departed from* […] *but in other cases in my opinion it is still the law*".

1024 Zur *Lynch*-Entscheidung siehe oben S. 20 ff.

1025 Siehe oben S. 23 ff.

1026 *Euan Wallace & Partners v Westscot Homes plc* 2000 S.L.T. 327.

einsetzte, sondern mit seinen Aussagen lediglich zum Ausdruck bringen wollte, dass eine Drohung nicht zwingend explizit erfolgen muss.[1027]

Um einen Fall von *economic duress* annehmen zu können, sei nach Lord Macfadyen erforderlich, dass eine Rechtswidrigkeit der Handlung sowie Kausalität vorliegt.[1028] Dabei versäumte er es, näher zu konkretisieren, welche Kausalitätsform aus Sicht des schottischen Rechts notwendig ist. Seine Aussagen beziehen sich lediglich auf die englische Entscheidung *Universe Tankships* aus dem Jahr 1982.[1029] Allerdings lag der Schwerpunkt in *Universe Tankships* auf der Rechtswidrigkeit, so dass weiterführende Aussagen zu den genauen Kausalitätsanforderungen fehlen.

4. Schrifttum

Im Schrifttum gibt es unterschiedliche Ansichten bezüglich des Aufbaus von *economic duress*. Teilweise wird ein dreigliedriger Aufbau vertreten,[1030] während andere Autoren einen zweistufigen Aufbau präferieren.[1031] Zum Teil wird betont, dass bei *force and fear* nicht die Art des Zwanges im Vordergrund stehe, sondern die Frage, ob der ausgeübte Druck legal bzw. illegal sei.[1032] Trotz der Kritik von Lord Macfadyen an der *overborne will theory* in *Euan Wallace & Partners v*

1027 *Euan Wallace & Partners v Westscot Homes plc* 2000 S.L.T. 327, 329: „*In my view, Lord Maxwell in Hislop was not formulating an exception to that proposition when he said* [...] *that there is a broad underlying principle that deeds will be reducible and payments recoverable when they have been extracted by pressure of such a degree as would overpower the mind of a person of ordinary firmness so that there was no true consent. To my mind, his Lordship was making the point that pressure can take forms other than explicit threats*".

1028 *Euan Wallace & Partners v Westscot Homes plc* 2000 S.L.T. 327, 329.

1029 *Euan Wallace & Partners v Westscot Homes plc* 2000 S.L.T. 327, 329.

1030 So beispielsweise *Thompson*, S.L.T. 1985, 85, 88. *Thompson* nimmt einen dreistufigen Aufbau an, wonach der Druck so stark sein muss, dass er dazu in der Lage ist, den Willen eines vernünftigen Mannes zu überwältigen. Des Weiteren ist eine Drohung erforderlich, die jedoch nicht auf Gewalt beschränkt sein muss sowie eine Widerrechtlichkeit des Drohungsmittels, da legale Drohungen nur in Ausnahmefällen zu einer Nichtigkeit führen.

1031 Nach *McKendrick* sollte *force and fear* zunächst Kausalität erfordern sowie eine *procedural unfairness* der Drohung, *McKendrick*, S.L.T. 1985, 277, 280. Zugleich nimmt *McKendrick* nicht vertieft Stellung, wann genau die Voraussetzungen erfüllt sind.

1032 *McKendrick*, S.L.T. 1985, 277, 279 f.; *du Plessis*, Force and Fear, in: *Reid/Zimmermann*, A History of Private Law in Scotland, Volume 2, S. 113.

Westscot Home plc, wird der einstufige Aufbau vereinzelt als weiterhin notwendig erachtet.[1033]

5. *Scottish Law Commission*

Gegen die *overborne will theory* spricht auch die Position der *Scottish Law Commission*,[1034] die 1965 durch den *Law Commission Act* gegründet wurde.[1035] Die Kommission setzt sich aus fünf Mitgliedern zusammen, welche durch die Regierung eingesetzt werden[1036] und deren Aufgabe es unter anderem ist, das Recht bezüglich der systematischen Entwicklung zu untersuchen und Reformbedarf festzustellen.[1037] Zu ihren Zielen gehören insbesondere die Vereinfachung und Modernisierung des Rechts.[1038] Die Kommission leitet auch Reformvorschläge an die Regierung weiter.[1039]

In ihrem Bericht aus dem Jahr 1978 hat die *Scottish Law Commission* die *overborne will theory* als Erfordernis von *force and fear* unmissverständlich abgelehnt.[1040] Es sei ausreichend, wenn die Drohung das Opfer beeinflusst hat.[1041] Die Frage, ob eine mutigere oder robustere Person der Drohung hätte widerstehen können, sei nicht ausschlaggebend.[1042] Insbesondere dürfe es der drohenden Person nicht zu stehen, sich später darauf zu berufen, dass die bedrohte Partei seiner Drohung Widerstand hätte leisten müssen.[1043]

1033 *MacQueen*, Contract Law in Scotland, S. 160; *Gloag/Henderson*, The Law of Scotland, S. 148.

1034 Scottish Law Commission, Defenctive Consent and Consequential Matters, Memo. No. 42 (June 1, 1978), Volume 1, S. 44.

1035 *Walker*, Stat.L.R. 1987, 115, 115.

1036 Law Commission Act 1965, Art. 2.

1037 Law Commission Act 1965, Art. 3.

1038 Law Commission Act 1965, Art. 3.

1039 *Walker*, Stat.L.R. 1987, 115, 116.

1040 Scottish Law Commission, Defenctive Consent and Consequential Matters, Memo. No. 42 (June 1, 1978), Volume 1, S. 44: „[...] *our provisional view is that annulment should not be conditional upon the victim's having displayed reasonable constancy*".

1041 Scottish Law Commission, Defenctive Consent and Consequential Matters, Memo. No. 42 (June 1, 1978), Volume 1, S. 44: „[...] *we think it should be sufficient that the threats did in fact influence the mind of the victim* [...]".

1042 Scottish Law Commission, Defenctive Consent and Consequential Matters, Memo. No. 42 (June 1, 1978), Volume 1, S. 44.

1043 Scottish Law Commission, Defenctive Consent and Consequential Matters, Memo. No. 42 (June 1, 1978), Volume 1, S. 44: "*It does not lie in the mouth of a person who has successfully obtained the benefit of an obligation through the exercise of coercion*

6. Rechtsfolge

Es ist umstritten, welche Rechtsfolge *force und fear* auslöst. Zahlreiche Autoren vertreten die Ansicht, dass nach dem schottischen Recht ein Vertrag aufgrund von *force and fear* von Beginn an nichtig ist (*void*).[1044] Bezugspunkt dieser Annahme sind Ausführungen von *Stair* und *Bell*, die zu den *institutional writers* zählen, nach denen ein Vertrag durch *force and fear* immer *void* ist.[1045] Bei den *institutional writers* handelt es sich um prominente schottische Autoren, die in der Zeit von 1680 bis 1820 fundamentale Werke über das Recht Schottlands verfassten.[1046] Die Texte der *institutional writers* ähneln einer Gesetzessammlung und haben vor Gericht den Charaker einer Rechtsquelle.[1047]

Dagegen wird von einigen Vertretern im Schrifttum angenommen, dass *force and fear* nicht zwingend dazu führt, dass ein Vertrages *void* ist.[1048] Angestoßen wurde diese Entwicklung insbesondere durch die *Scottish Law Commission*, welche sich in Fällen von wirtschaftlichen Drohungen für eine *voidness* der Verträge ausspricht.[1049] Sie hat in einem Bericht von 1978 festgehalten, dass *force and fear* in Form einer wirtschaftlichen Drohung zur *voidability* eines Vertrages führt. Diese Ansicht scheint sich heute durchzusetzen, wobei sich einige Autoren immer noch für eine *voidness* aussprechen.[1050] Auch vereinzelte Gerichte sind bis heute der Ansicht, dass *force and fear* weiterhin zur *voidness* eines Vertrages führt.[1051]

---

to say that the pressure deliberately imposed by him should have been more strongly resisted by his victim."

1044 *Thompson*, S.L.T. 1985, 85, 88; *McBryde*, The Law of Contract in Scotland, S. 448, mit Verweisen auf *Bell* (Fn. 53).

1045 *McBryde*, The Law of Contract in Scotland, S. 448, Fn. 52 und 53.

1046 *Zweigert/Kötz*, Einführung in die Rechtsvergleichung, S. 200.

1047 *Fleßenkämper*, Considerations - Encouragements - Improvements, S. 80.

1048 *McKendrick*, S.L.T. 1985, 277, 277.

1049 Scottish Law Commission, Defenctive Consent and Consequential Matters, Memo. No. 42 (June 1, 1978), Volume 1, S. 43: „*In particular, the limits of legitimate economic pressure need to be considered. Our provisional conclusion is that the category of threats, suitably clarified and redefined, should be recognised as a ground for annulment*"; *McKendrick*, S.L.T. 1985, 277, 277.

1050 *McBryde*, The Law of Contract in Scotland, S. 448; *du Plessis*, Force and Fear, in: *Reid/Zimmermann*, A History of Private Law in Scotland, Volume 2, S. 101, 119; *MacQueen*, Contract Law in Scotland, S. 162.

1051 *Royal Bank of Scotland v Leonard Bayfield Wilcox*, 11.05.2012, A945/11, Rn. 22, abgerufen am 15.11.2013 um 12:25 von http://www.scotcourts.gov.uk/opinions/A945_11.html; *Trustee Savings Bank v Balloch* 1983 S.L.T. 240, 241.

Die Annahme, dass im schottischen Recht ein Vertrag aufgrund von *force and fear void* ist, würde zu einem großen Unterschied zum englischen Recht führen, da im englischen Recht die *economic duress* eine *voidability* des Vertrages auslöst.[1052]

7. Zusammenfassung

Trotz der Tatsache, dass es sich bei Schottland um eine Mischrechtsordnung handelt, die stark vom römischen Recht geprägt ist, bleibt es bei dabei, dass das englische Recht für schottische Juristen eine wichtige Vorreiterolle einnimmt. Diese Rolle erstreckt sich auch auf die *economic duress*. Zum einen kann dies daran erkannt werden, dass sowohl Rechtsprechung als auch Schrifttum in ihren Urteilen bzw. Aufsätzen fast immer die englischen Grundsatzentscheidungen zur *economic duress* zitieren. Zum anderen wird die starke Nähe zum englischen Recht durch die Präsenz der *overborne will theory* deutlich. Von dieser machte der *Court of Session* in der schottischen Entscheidung *Hislop v Dickson Motors* Gebrauch.

Es bleibt abzuwarten, ob die schottische Rechtsprechung sich künftig weiterhin an der *overborne will theory* orientiert oder sich hiervon distanziert. Eine Distanzierung von der Theorie ist zu erwarten, da aufgrund der Nähe zum englischen Recht eine schottische Rezeption der englischen *economic duress* in der Zukunft erfolgen dürfte. Hierdurch würde der aktuelle Entwicklungsstand der *economic duress*, nach dem die *overborne will theory* abgelehnt wird, übernommen.

VIII. Singapur

1. Einleitung

Der kleine Stadtstaat Singapur, welcher von 1819 bis 1963 eine Kolonie Großbritanniens war, ist stark vom englischen Recht geprägt.[1053] Erstmals wurde dieses 1826 durch den *Second Charter of Justice* in Singapur verkündet.[1054] Dass das englische Recht hierdurch in Singapur Einzug gehalten hat, wurde 1858 in der Entscheidung *R v Willans*[1055] festgehalten.[1056] Aufgrund des *Second Charter of Justice* galt in Singapur das englische *common law* bis zum Stand 1826, wobei sich die Gerichte auch an den englischen Urteilen, die nach diesem Jahr entschieden

1052 Zur Rechtsfolge von *economic duress* siehe oben S. 31 ff.
1053 *Phang*, Contract Law in Singapore, S. 33; *Tan*, The Singapore Legal System, S. 230 ff.
1054 *Phang*, Contract Law in Singapore, S. 33 f.
1055 *R v Willans* (1858) 3 Ky. 16; *Phang*, Contract Law in Singapore, S. 33.
1056 *Phang*, Contract Law in Singapore, S. 33.

wurden, orientierten.[1057] Heute wirkt der Einfluss des englischen Rechts fort. So betrug beispielsweise die Anzahl von englischen Präjudizien, welche in singapurischen Entscheidungen von 1965 bis 1983 zitiert wurden, insgesamt 66,7 %,[1058] obgleich der Stadtstaat bereits 1963 in die Unabhängigkeit entlassen wurde.

Ähnlich wie in Hongkong wurde das englische Recht nach der Kolonialisierung zwar weitgehend übernommen, allerdings unterlag es in mancherlei Hinsicht gewissen Änderungen. Dies war beispielsweise immer dann der Fall, wenn es nicht mit den lokalen Gebräuchen vereinbar war.[1059] So wurde beispielsweise das westliche Verständnis einer monogamen Ehe auf chinesische Eheschließungen nicht angewendet,[1060] wie es exemplarisch in der Entscheidung *Re Choo Eng Choon* deutlich wird.[1061] Zugleich wurden die kulturellen Unterschiede im Vertrags- und Liegenschaftsrecht nicht berücksichtigt, so dass hier ausschließlich das *common law* galt.[1062] Dass englische Entscheidungen nach wie vor einen großen Einfluss auf die singapurische Rechtsprechung ausüben, lässt sich vor allem mit Praktikabilitätserwägungen erklären.[1063]

2. Anerkennung

Die singapurischen Gerichte haben der *economic duress* einen festen Platz eingeräumt, wobei das singapurische Recht im Vergleich zu anderen ehemaligen Kolonien keine größeren Probleme mit der Anerkennung der englischen Doktrin hatte.

a) Third World Development Ltd & Anor v Atang Latief & Anor

Die erste Anerkennung erfolgte 1990 durch den singapurischen *Court of Appeal* in der Entscheidung *Third World Development Ltd & Anor v Atang Latief &*

1057 *Phang*, Contract Law in Singapore, S. 34.

1058 Siehe hierzu *Tan*, The Singapore Legal System, S. 230.

1059 *Phang*, Contract Law in Singapore, S. 34; *Tan*, The Singapore Legal System, S. 237; *Phang*, Malaya L. Rev. 1986, 242, 250.

1060 *Leong*, Sing. J. Legal Stud. 2011, 152, 160.

1061 In *Re Choo Eng Choon* hinterließ ein chinesisch-stämmiger Singapurianer sechs Ehefrauen, welche jeweils einen Anteil an der Erbmasse begehrten. Einen gewissen Unterhaltungswert bieten in dem Zusammenhang auch die Bemühungen der englischen Rechtsanwälte, die sich mittels Bibelzitaten für die Annahme einer monogamen Ehe aussprachen, *Re Choo Eng Choon* [1908] 12 S.S.L.R. 120; *Leong*, Sing. J. Legal Stud. 2011, 152, 159f.

1062 *Tan*, The Singapore Legal System, S. 237.

1063 *Tan*, The Singapore Legal System, S. 231.

Anor.[1064] Das Urteil beschäftigt sich mit einem Bauvorhaben des Beklagten, der einen Mietvertrag mit dem Kläger über die Nutzung eines Gebäudes, welches sich noch in der Bauphase befand, für ein Kasino vereinbarte. Die Jahresmiete i.H.v. 576.000 USD war im Voraus zu entrichten, der Kläger zahlte hiervon allerdings nur die Hälfte an; die Zahlung der ausstehenden Miete machte er vom Abschluss einer Zusatzvereinbarung abhängig. Diese sah vor, dass der Kläger die komplette Miete sofort zurückverlangen könne, falls das Bauvorhaben entweder nicht rechtzeitig fertiggestellt oder die örtliche Verwaltung keine Genehmigung für den Betrieb eines Kasinos erteilen würde. Da der Beklagte dringend Kapital für das Bauvorhaben benötigte, stimmte er der Zusatzvereinbarung zu, woraufhin der Kläger den ausstehenden Teil der Miete zahlte. Als das Bauvorhaben sowohl nicht rechtzeitig fertig gestellt, als auch die Genehmigung für den Kasinobetrieb versagt wurde, forderte der Kläger die gesamte Miete zurück und berief sich auf die Zusatzvereinbarung. Der Beklagte verteidigte sich dagegen mit dem Einwand, dass die Zusatzvereinbarung aufgrund von *economic duress* nichtig sei, da man diese nur aufgrund der wirtschaftlichen Lage eingegangen sei.

Konkret lehnte das Gericht einen Fall von *economic duress* ab. Zugleich stellt die Entscheidung den erstmaligen Umgang eines singapurischen Gerichts mit der Rechtsfigur der *economic duress* dar, wobei Thean J die Auseinandersetzung mit der Rechtsfigur sehr unkompliziert und anschaulich gelang. Am Ende der Entscheidungsgründe wandte er sich kurz und knapp dem englischen Verständnis der Doktrin zu.[1065] Dabei wurde der *Pao On*-Test hinsichtlich der *vitiation of consent* von Lord Scarman aus dem Jahr 1980 erörtert.[1066] Erwähnenswert daran ist insbesondere die Tatsache, dass die Frage, ob der *economic duress* überhaupt ein Platz im *common law* von Singapur zukommt, nicht thematisiert wurde, obwohl es sich bei der Entscheidung um das erste Urteil Singapurs zur Rechtsfigur handelte. Die Anwendung erfolgte schlichtweg ohne dogmatische Begründungen. Damit unterscheidet sich das Urteil stark von den Grundsatzentscheidungen vieler anderer *Commonwealth*-Staaten.

Dass ein Fall von *economic duress* in der Entscheidung konkret abgelehnt wurde, lässt sich mit dem Verhalten des Klägers begründen, da dieser es nach Abschluss der Zusatzvereinbarung versäumt hatte, sich über das Verhalten der drohenden Partei zu beschweren. Auch hatte er nicht nach alternativen

---

1064 *Third World Development Ltd & Anor v Atang Latief & Anor* [1990] 1 MLJ 385, 387 ff.
1065 *Third World Development Ltd & Anor v Atang Latief & Anor* [1990] 1 MLJ 385, 389.
1066 Zum *Pao On*-Test siehe oben S. 42 f.

Handlungsmöglichkeiten gesucht.[1067] Somit erfüllte er nach Ansicht von Thean J nicht die Anforderungen des *Pao On*-Tests, womit es an einer *vitiation of consent* fehlte.[1068] Zudem sind seit der Jahrtausendwende zahlreiche einschlägige Urteile entschieden worden.[1069] Im Ergebnis verfügt die *economic duress* über einen festen Platz im singapurischen Recht.

b) Schrifttum

Der Einfluss des englischen *common law* auf das singapurische Schrifttum ist ebenfalls stark. *Phang* zufolge folgt Singapur hinsichtlich der *economic duress* zum größten Teil dem englischen Ansatz.[1070] Dies wird beispielsweise daran deutlich, dass *Shenoy* in seinem Buch zum Vertragsrecht in Singapur vollständig englisches Recht wiedergibt, ohne dabei eine Anwendbarkeit des englischen Rechts auch nur ansatzweise zu thematisieren.[1071]

3. Gemeinsamkeiten

Aus der Rezeption des englischen Rechts gehen zahlreiche Gemeinsamkeiten mit dem singapurischen Verständnis von wirtschaftlichem Zwang hervor. Die singapurischen Gerichte gehen von einem zweistufigen Aufbau der *economic duress* aus,

---

1067 *Third World Development Ltd & Anor v Atang Latief & Anor* [1990] 1 MLJ 385, 388: „*Moreoever, immediately or soon after the undertaking was executed and the remaining half of the advance rent was paid to the company, the appellant did not make any complaint of the undertaking; he did not initiate any step to challenge or seek to avoid the undertaking, nor did he notify the respondents that as he was coerced into signing the undertaking he was seeking legal advice on the effect or validity of the undertaking*".

1068 *Third World Development Ltd & Anor v Atang Latief & Anor* [1990] 1 MLJ 385, 389: „*There is nothing before us which could really support the respondents' allegation that there was any coercion of his will in signing the undertaking*".

1069 Siehe *E C Investment Holding Pte Ltd v Ridout Residence Pte Ltd and another* [2011] 2 SLR 232; *Tam Tak Chuen v Khairul bin Abdul Rahman* [2009] 2 SLR(R) 240; *Gay Choon Ing v Loh Sze Ti Terence Peter* [2009] 2 SLR(R) 332; *Holcim (Singapore) Pte Ltd v Kwan Yong Construction Pte Ltd* [2008] SGHC 231; *Wu Yang Construction Group Ltd v Zhejiang Jinyi Group Co, Ltd and others* [2006] SGHC 152; *Citibank NA v Lim Soo Peng and Another* [2004] SGHC 266; *Sharon Global Solutions Pte Ltd v LG International (Singapore) Pte Ltd.* [2001] 2 SLR(R) 233.

1070 *Phang*, Contract Law in Singapore, S. 287.

1071 *Shenoy*, Law of Rights and Obligations of Business in Singapore, S. 87 ff.

wonach Kausalität und Rechtswidrigkeit der Drohung erforderlich sind. Die Ausprägung dieser Merkmale ähnelt stark dem englischen Verständnis.[1072]

a) Kausalität

Was das Merkmal der Kausalität betrifft, so bestehen auch in Singapur hohe Anforderungen. Belegt wird dies durch das Urteil *Sharon Global Solutions Pte Ltd v LG International (Singapore) Pte Ltd* des *High Court* von 2001.[1073] Der Kläger des Rechtsstreits hatte sich zur Lieferung von Stahl an einen Geschäftspartner des Beklagten verpflichtet. Die rechtzeitige Lieferung der Ware war für den Beklagten von immenser Bedeutung,[1074] es kam jedoch zu Schwierigkeiten bei der Suche nach einem passenden Transportschiff, so dass die rechtzeitige Lieferung in Gefahr geriet. Diese war nur noch mit einem alternativen Schiff zu einer höheren Frachtgebühr möglich. Zwischen den Parteien entbrannte ein Streit darüber, ob die Kosten gemeinsam zu tragen seien oder ob der Kläger hierfür alleine aufkommen müsse. Zum Schluss verpflichtete sich der Beklagte dazu, auch einen Anteil an den gestiegenen Frachtgebühren zu übernehmen. Nach Lieferung des Stahls verweigerte der Beklagte die weitere Zahlung und berief sich auf die Unwirksamkeit der neuen Vereinbarung aufgrund von *economic duress*.

In den Entscheidungsgründen wird deutlich, dass der *but for*-Test angewendet wurde.[1075] Ein Fall von *economic duress* wurde abgelehnt, da Kan J nicht davon überzeugt war, dass dem Beklagten keine alternativen Handlungsmöglichkeiten offen standen.[1076] Somit war die Drohung des Klägers für die Vereinbarung nicht kausal.

1072 So zum Beispiel *Tam Tak Chuen v Khairul bin Abdul Rahman* [2009] 2 SLR(R) 240, 246: „[...] *there are two elements in the wrong of duress: (a) pressure amounting to compulsion of the will of the victim, and (b) the illegitimacy of the pressure exerted*".

1073 *Sharon Global Solutions Pte Ltd v LG International (Singapore) Pte Ltd.* [2001] 2 SLR(R) 233.

1074 *Sharon Global Solutions Pte Ltd v LG International (Singapore) Pte Ltd.* [2001] 2 SLR(R) 233, 243: „*When the deal ran into difficulties, the Defendant could not abandon it because as Kim explained:* [...] *any failure on the part of the Defendant to perform its obligations under the POSCO [contract] would have serious commercial consequences. It would also have affected the Defendant's reputation and standing with its parent company in South Korea*".

1075 *Phang*, Contract Law in Singapore, S. 312 f.

1076 *Sharon Global Solutions Pte Ltd v LG International (Singapore) Pte Ltd.* [2001] 2 SLR(R) 233, 244: „*On the part of the defendant, I did not have a clear picture that it had no alternative but to accept the plaintiff's terms because it had to fulfill its obligations to POSCO under any circumstances*".

b) Rechtswidrigkeit

Auch für die Frage der Rechtswidrigkeit lässt sich die Entscheidung *Sharon Global Solutions Pte Ltd v LG International (Singapore) Pte Ltd* anführen.[1077] Zugleich muss dabei unterstrichen werden, dass nicht jeder angedrohte Vertragsbruch rechtswidrig ist.[1078] Hierfür bedarf es – ähnlich wie in England – weiterführender Indizien. Der Bösgläubigkeitsansatz (*bad faith*) scheint auch in Singapur relevant zu sein, wobei anzumerken ist, dass die Entscheidungen der singapurischen Rechtsprechung hierzu widersprüchlich sind.[1079]

4. Divergenzen

Trotz weitgehender Ähnlichkeit der singapurischen Rezeption gibt es vereinzelt Unterschiede zum englischen Recht.

a) Ablösung der *consideration doctrine*

Im Gegensatz zum englischen Recht scheinen die singapurischen Gerichte in Vertragsmodifikationsfällen eine generelle Ablösung der *consideration* durch die *economic duress* zu favorisieren.[1080]

aa) *Gay Choon Ing v Loh Sze Ti Terence Peter*

In der Entscheidung *Gay Choon Ing v Loh Sze Ti Terence Peter* musste sich der *Court of Appeal* 2009 unter anderem mit dem Konkurrenzverhältnis von *consideration* und *economic duress* auseinandersetzen.[1081] Hier stellte das Gericht fest, dass die *economic duress* einen Ersatz für die *consideration* darstellen könne.[1082]

1077 *Sharon Global Solutions Pte Ltd v LG International (Singapore) Pte Ltd.* [2001] 2 SLR(R) 233, 240: „*A threat to break a contract, eg a refusal to supply goods sold under a contract, may be economic duress*".

1078 *Phang*, Contract Law in Singapore, S. 298.

1079 Siehe hierzu *Phang*, Contract Law in Singapore, S. 300 f., der darauf hinweist, dass in der Entscheidung *Sharon Global Solutions* Kan J die Vorstellung der fordernden Partei noch als bedeutend erachtete, während Rubin J dies in *Lee Kuan Yew v Chee Soon Juan* [2003] 3 SLR(R) 8 anders sah.

1080 *Phang*, Contract Law in Singapore, S. 290.

1081 *Gay Choon Ing v Loh Sze Ti Terence Peter* [2009] 2 SLR(R) 332.

1082 *Gay Choon Ing v Loh Sze Ti Terence Peter* [2009] 2 SLR(R) 332, 380: „[...] *the alternative doctrine of economic duress might well prove to be an appropriate replacement for the doctrine of consideration itself* [...]".

Die Äußerungen sind ein Indiz für das vorsichtige Herantasten der Rechtsprechung an eine ablehnende Position bezüglich der *consideration*.[1083]

Dass eine ausdrückliche Ablösung der *consideration* noch nicht vollständig durch die Gerichte festgehalten wurde, kann damit begründet werden, dass die *economic duress* keinesfalls einen unproblematischen Charakter aufweist.[1084] Zudem ist sie noch nicht vollständig entwickelt und in vielen Punkten umstritten. Des Weiteren wurde in *Gay Choon Ing* die Bedeutung der *consideration*-Lehre sowohl für das Recht Singapurs als auch das allgemeine *common law* ausdrücklich betont.[1085]

Zugleich können diese Bedenken nicht über die größeren Schwächen der *consideration*-Lehre in Fällen von Vertragsmodifikationen hinwegtäuschen. Abschließend soll auch darauf hingewiesen werden, dass der *Court of Appeal* eine Grundsatzentscheidung vermutlich nicht als notwendig erachtete, da der Schwerpunkt des Rechtsstreits nicht bei der *consideration* lag.[1086]

bb) Stellungnahme

Die Haltung der singapurischen Gerichte in dieser Frage mag auf den ersten Blick progressiv wirken. Dies kann allerdings damit erklärt werden, dass sie bei einer Ablösung der *consideration* im Rahmen von Vertragsmodifikationsfällen freier agieren können als die englischen Gerichte, denn sie unterliegen nicht der Bindung des englischen *Supreme Court*. Die Tatsache, dass in England die *consideration* in Fällen, in denen eine Zusatzleistung in Aussicht gestellt wird, als abgelöst gilt, während sie in Fällen von Leistungsreduzierungen weiterhin erforderlich ist, lässt sich damit erklären, dass in der Entscheidung *Foakes v Beer* von 1884 das *House of Lords* (heute *Supreme Court*) eine höchstrichterliche Entscheidung gefällt hat, von der nur noch sie selbst, die *Law Commission* oder das britische Parlament abweichen können.[1087] Allerdings unterliegt Singapur im Vergleich hierzu aufgrund seiner Unabhängigkeit gerade nicht diesem Zwang und ist dadurch durchaus in der Lage, die *consideration*-Lehre durch die *economic duress*

1083 *Phang*, Contract Law in Singapore, S. 290. Interessant ist auch der Umstand, dass *Phang* hier sich selbst kommentiert, da er als Richter des *Court of Appeal* die Entscheidungsgründe verlas.

1084 *Phang*, Contract Law in Singapore, S. 290.

1085 *Gay Choon Ing v Loh Sze Ti Terence Peter* [2009] 2 SLR(R) 332, 383 f.

1086 *Gay Choon Ing v Loh Sze Ti Terence Peter* [2009] 2 SLR(R) 332, 384: „*However, this is obviously a provisional view only as the issue of reform was not before the court in the present appeal*"; *Phang*, Contract Law in Singapore, S. 290.

1087 Siehe oben S. 129.

abzulösen. Diese justizielle Unabhängigkeit wurde vom Gericht in *Gay Choon Ing* betont.[1088]

Daher hat sich die singapurische Rechtsprechung dahingehend entwickelt, dass sie die *economic duress* in Fällen von Vertragsmodifikationen gegenüber der *consideration*-Lehre als das vorzugswürdige Instrument erachtet.

b) Beweislastumkehr hinsichtlich der Kausalität

Ein weiterer Unterschied zur englischen Rechtslage betrifft die Beweislast hinsichtlich des Merkmals der Kausalität. Nach dem englischen Verständnis von *economic duress* muss die bedrohte Partei beweisen, dass die Drohung für den Vertragsschluss bzw. die Vertragsmodifikation ursächlich war.[1089] Auch die singapurischen Gerichte verfolgten zu Beginn diesen Ansatz, mittlerweile weichen sie allerdings hiervon ab. Nach der neuen Herangehensweise muss die bedrohte Partei nur die Rechtswidrigkeit der Drohung beweisen.[1090] Ist ihr dies gelungen, so muss die andere Partei den Mangel an Kausalität beweisen.[1091]

aa) *Holcim (Singapore) Pte Ltd v Kwan Yong Construction Pte Ltd*

Das *High Court*-Urteil *Holcim (Singapore) Pte Ltd v Kwan Yong Construction Pte Ltd* aus dem Jahr 2008 spricht zunächst gegen eine Beweislastumkehr und folgt damit dem englischen Ansatz, nach dem die bedrohte Partei die Beweislast trifft.[1092] Ob dies jedoch die wahre Absicht des Gerichts war, wird zum Teil angezweifelt. Zunächst wäre da die Tatsache, dass sich Lai Sia Chiu J. in seinen Entscheidungsgründen kaum mit der Beweislastfrage beschäftigt, wobei es auch an Verweisen auf Urteile oder Schrifttum fehlt. Des Weiteren kann auch angeführt

---

1088 *Gay Choon Ing v Loh Sze Ti Terence Peter* [2009] 2 SLR(R) 332, 379: „*The court in re Selectmove Ltd was, it should be observed, bound by the House of Lords decision in Foakes v Beer. No such constraint exists, of course, in the Singapore context. This furnishes yet another string to the legal bow of those who would seek the abolition of the doctrine of consideration*".

1089 *Huyton SA v Peter Cremer GmbH & Co.* [1999] C.L.C. 230, 252 f.; *Beale, Duress and Undue Influence, in: Beale, Chitty on Contracts,* S. 684; zur Beweislast siehe oben S. 45 ff.

1090 *Phang*, Contract Law in Singapore, S. 313.

1091 *Phang*, Contract Law in Singapore, S. 313.

1092 *Holcim (Singapore) Pte Ltd v Kwan Yong Construction Pte Ltd* [2009] 2 SLR(R) 193, 210: „*At the outset, it should be made clear (as the plaintiff submitted) that the burden is on the defendant to prove it signed the January and March Agreements under economic duress*".

werden, dass es der vermeintlich bedrohten Partei in der Entscheidung nicht gelungen war, die Rechtswidrigkeit der Drohung darzulegen.[1093] Konsequenterweise war die Frage der Kausalität kaum von Bedeutung, so dass Lai Siu Chiu J. hier keinen Bedarf zu dogmatischen Ausführungen sah.[1094]

bb) *Tam Tak Chuen v Khairul bin Abdul Rahman*

Andere Entscheidungen gehen dagegen von einer Beweislastumkehr aus. So hat 2008 der *High Court* in der Entscheidung *Tam Tak Chuen v Khairul bin Abdul Rahman* eine Umkehr der Beweislast angenommen.[1095] Das Urteil wurde 2010 durch *E C Investment Holding Pte Ltd v Ridout Residence Pte Ltd.* bestätigt.[1096] In den Entscheidungsgründen des *High Court* nahm Quentin Loh J. ausdrücklich Bezug auf die Passagen zur Beweislastumkehr im *Tam Tak Chuen*-Urteil und bestätigte sie.[1097] Des Weiteren wurde die Entscheidung *E C Investment Holding* im Rahmen der Revision 2011 durch das höchste Gericht Singapurs, dem *Court of Appeal*, bestätigt,[1098] wobei die Entscheidungsgründe hinsichtlich der Beweislastumkehr im Rahmen der *duress* nicht mehr Gegenstand der Revision waren.[1099]

cc) Stellungnahme

Der Rechtsprechung zufolge kann daher von einer Beweislastumkehr ausgegangen werden, zugleich ist diese Ansicht aber nicht frei von Kritik. Bedenklich an dieser Entwicklung ist die Tatsache, dass sich das Urteil *Tam Tak Chuen* bei der Frage der Beweislast auf die *Privy Council*-Entscheidung *Barton v Armstrong* von

---

1093 *Phang*, Contract Law in Singapore, S. 314.

1094 *Phang*, Contract Law in Singapore, S. 314.

1095 *Tam Tak Chuen v Khairul bin Abdul Rahman* [2009] 2 SLR(R) 240, 259: „*The burden lies on the defendants to show that the illegitimate pressure exerted on the plaintiff did not induce the plaintiff to transfer his shares in the J Companies to Dr Khairul*".

1096 *E C Investment Holding Pte Ltd v Ridout Residence Pte Ltd and other and another* [2011] 2 SLR 232.

1097 *E C Investment Holding Pte Ltd v Ridout Residence Pte Ltd and other and another* [2011] 2 SLR 232, 257: „*Prakash J* [die Richterin in Tam Tak Chuen] *held* […] *that once the plaintiff had proved that illegitimate pressure had been exercised on him, it was up to the defendant to prove that the pressure had not contributed to the plaintiff's decision to execute the agreement. With respect, I adopt these principles* […] *as correct statements of the law of contract in Singapore in relation to duress* […]".

1098 *E C Investment Holding Pte Ltd v Ridout Residence Pte Ltd and other and another appeal* [2012] 1 SLR 32.

1099 *E C Investment Holding Pte Ltd v Ridout Residence Pte Ltd and other and another appeal* [2012] 1 SLR 32, 44.

1973 bezieht,[1100] obwohl *Barton v Armstrong* die *duress of the person* betrifft und nicht die *economic duress*.[1101] Das singapurische Gericht hat es leider versäumt, sich mit der englischen Entscheidung *Huyton SA v Peter Cremer GmbH* aus dem Jahr 1998 auseinanderzusetzen, welche im Vergleich zu *Barton v Armstrong* nicht nur aktueller ist, sondern auch eine Beweislastumkehr ausdrücklich ablehnt.[1102] Unabhängig von der vereinzelten Kritik im Schrifttum[1103] ist dennoch von einer Beweislastumkehr hinsichtlich der Kausalität auszugehen.

5. Zusammenfassung

Insgesamt ist die *economic duress* in Singapur stark verankert. Im Gegensatz zu anderen Rechtsordnungen des *Commonwealth* haben die Gerichte des südostasiatischen Stadtstaats weniger Schwierigkeiten mit der ursprünglichen Anerkennung. Im Übrigen pflegt Singapur einen sehr progressiven Umgang mit der Doktrin. Bei einem wirtschaftlich starken Staat vermag dies auch kaum zu überraschen, da Singapur als wichtige Handelsmetropole in Südostasien viel Potential für *economic duress*-Fälle bietet. Entsprechend dürfte die effiziente Handhabung der Doktrin für die Gerichte von großer Bedeutung sein. Dabei ist die Unabhängigkeit von Großbritannien förderlich, da so der singapurische *Supreme Court* Wege einschlagen kann, welche den englischen Gerichten aufgrund der Vielzahl an höchstrichterlichen Entscheidungen in Verbindung mit der *stare decisis*-Doktrin verwehrt bleiben.

IX. Südafrika

1. Einleitung

Gemeinsam mit Schottland stellt Südafrika eine der führenden Mischrechtsordnungen dar.[1104] Aufgrund der Kolonialisierung durch die Holländer galt auf dem Gebiet zunächst römisches Recht, wobei die später stattfindende Einverleibung Südafrikas ins britische Weltreich zur Vermischung mit dem englischen *common*

1100 *Tam Tak Chuen v Khairul bin Abdul Rahman* [2009] 2 SLR(R) 240, 259.

1101 Zu *Barton v Armstrong* siehe oben S. 8 f.

1102 *Phang*, Contract Law in Singapore, S. 314; vgl. auch die Ausführungen zur Beweislast oben auf S. 38 f.

1103 *Phang*, Contract Law in Singapore, S. 314.

1104 *Zimmermann/Visser*, Introduction - South African Law as a Mixed Legal System, in: *Zimmermann/ Visser*, Southern Cross: Civil Law and Common Law in South Africa, S. 3.

law führte.[1105] Aufgrund dessen ist das Zivilrecht Südafrikas von gemischter Natur. Das Vertrags- und Deliktsrecht basiert zwar im Grundsatz weiterhin auf dem römischen Recht, allerdings macht sich das englische *common law* an verschiedenen Stellen deutlich bemerkbar.[1106]

2. Anerkennung

Eine Drohung führt in Südafrika zur Nichtigkeit eines Vertrags, die Grundlage hierfür war zunächst die *metus*-Lehre, welche ihren Ursprung römischen Recht hat.[1107] Zugleich ist dieses Institut von der englischen *duress*-Lehre zunehmend beeinflusst worden, so dass heute nach südafrikanischem Recht Verträge, die durch Drohung geschlossen oder modifiziert wurden, aufgrund von *duress* nichtig sind.[1108] Allerdings ist es bis heute noch nicht endgültig entschieden, ob neben der *duress of the person* und der *duress of goods* auch die *economic duress*, also die Drohung mit wirtschaftlichen Mitteln, im südafrikanischen Vertragsrecht Einzug gehalten hat.

a) Rechtsprechung

aa) Frühere Entscheidungen

Die anfänglichen Entscheidungen zur *economic duress* in Südafrika sind wenig hilfreich. So wurde beispielsweise 1963 in *Lombard v Pongola Sugar Milling*[1109] ein Fall von *economic duress* durch den *Supreme Court of South Africa* thematisiert, allerdings wurde das Verhalten nicht als ausreichend erachtet, um eine Nichtigkeit eines Vertrages herbeizuführen.[1110]

Auch die *Supreme Court*-Entscheidung *Malilang and others v MV Houda Pearl*[1111] aus dem Jahr 1986, welche vom Sachverhalt her stark der englischen Entscheidung *Universe Tankships of Monrovia v International Transport Workers Federation* von 1982 ähnelt, ist kaum hilfreich, da das Gericht hier zwar

1105 *Zweigert/Kötz*, Einführung in die Rechtsvergleichung, S. 227 ff.

1106 *Zweigert/Kötz*, Einführung in die Rechtsvergleichung, S. 230.

1107 *Glover*, The Doctrine of Duress, S. 37, 41.

1108 *Glover*, The Doctrine of Duress, S. 59.

1109 *Lombard v Pongola Sugar Milling Co. Ltd.* 1963 (4) SA 860 (A).

1110 *Lombard v Pongola Sugar Milling Co. Ltd.* 1963 (4) SA 860 (A), 863: „[…] *they had voiced their grievances; and that in these cirumstances they were not consenting.* […] *Their subjective mental reservations seem to me irrelevant*“. Sicherlich dürften hier die zeitlichen Umstände eine Rolle spielen, da die *economic duress*-Doktrin im Jahre 1963 auch in England nicht existierte.

1111 *Malilang and Others v MV Houda Pearl* 1986 (2) SA 714 (A).

die Existenz der *economic duress* allgemein bestätigte, allerdings orientierte es sich dabei anhand dem englischen Verständnis, da das Gericht wegen des südafrikanischen Kollisionsrechts englisches materielles Recht anwenden musste.[1112] Somit ist auch die Entscheidung wenig hilfreich für die Frage der Existenz von *economic duress* im südafrikanischen Recht.

Abschließend wurde das Bestehen der Rechtsfigur 1998 in der Entscheidung *Kie Rekenkundige Beamptes v Boomprops*[1113] vom *Supreme Court* abgelehnt, da es nach Ansicht von Van den Heever AJ an früheren Urteilen fehlte, aus denen eine entsprechende Anerkennung abzuleiten wäre, wobei der Richter auch unterstrich, dass es nicht Aufgabe eines erstinstanzlichen Gerichts sei, über eine mögliche Zukunft der Doktrin zu spekulieren.[1114]

bb) *Medscheme Holdings (PTY) Ltd. v Bhamjee*

Eine anerkennende Grundsatzentscheidung des *Supreme Court of Appeal* aus dem Jahr 2005 stellt *Medscheme Holdings (PTY) Ltd. v Bhamjee* dar.[1115] Eine kassenärztliche Vereinigung hatte durch Drohung einen Arzt dazu bewegt, Gelder, welche dieser der Vereinigung schuldete, an sie zurück zu zahlen. Hierfür wurden ihm zwei Vertragsangebote vorgelegt. Falls er sich hierauf nicht einließe, drohte die Vereinigung damit, alle künftigen Abrechnungen von ihm nicht mehr zu begleichen, was den Ruin des Arztes bedeutet hätte. Entsprechend ließ er sich auf die Forderungen ein, später begehrte er jedoch die Aufhebung der Vereinbarungen und Erstattung der gezahlten Gelder aufgrund von *economic duress*.

Der *Supreme Court of Appeal* lehnte ein Vorliegen von *economic duress* ab, wobei es darauf verwies, dass es sich bei dem Verhalten der kassenärztlichen Vereinigung um zulässige kommerzielle Verhandlungen handelte.[1116] Dabei sprach Nugent JA

1112 *Malilang and Others v MV Houda Pearl* 1986 (2) SA 714 (A), 723.

1113 *Van den Berg & Kie Rekenkundige Beamptes v Broomprops* 1028 BK 1999 (1) SA 780.

1114 *Van den Berg & Kie Rekenkundige Beamptes v Broomprops* 1028 BK 1999 (1) SA 780, 792I–793A; übersetzt ins Englische aus Afrikaans durch *Glover*, The Doctrine of Duress, S. 94: „*I am not convinced that the principles of 'economic duress' in English law are part of our law. I have been referred to no authorities where this has specifically been stated, and I could not dredge up any such authority from my own research. That our law could potentially develop in this direction, and the question whether we could find a place for this in our common law sources of authority, is something about which I do not need to speculate. I do not see this as the task of a judge sitting in a court of first instance*".

1115 *Medscheme Holdings (PTY) Ltd. v Bhamjee* 2005 5 SA 339 (SCA) 339.

1116 *Medscheme Holdings (PTY) Ltd. v Bhamjee* 2005 5 SA 339 (SCA) 339, 346.

die *economic duress*-Doktrin explizit an und thematisierte ihre Existenz im englischen und amerikanischen Recht, stellte aber mit Verweis auf die Entscheidung *Kie Rekenkundige Beamptes v Boomprops*[1117] von 1998 fest, dass es bisher an einem anerkennenden Präjudiz im südafrikanischen Recht fehle.[1118] Der Rezeption der *economic duress* im südafrikanischen Recht stand er zwar nicht ablehnend gegenüber, allerdings nahm er im vorliegenden Fall an, dass eine wirtschaftliche Drohung nicht vorgelegen habe. Zudem bezweifelte Nugent die praktische Bedeutung der Rechtsfigur in Südafrika.[1119] Ebenfalls verwies das Gericht auf das generelle Recht einer Person, dem Vertragspartner wirtschaftlichen Schaden zuzufügen, insbesondere wenn man sich in einer konkurrierenden Wirtschaftslage befinde.[1120]

cc) *Experian South Africa (PTY) Ltd. v Haynes*

Die Rechtsfigur wurde 2012 durch den *South Gauteng High Court* in dem Urteil *Experian South Africa (PTY) Ltd. v Haynes* bestätigt.[1121] In den Entscheidungsgründen stellte MBHA J. ohne lange Ausführungen klar, dass eine wirtschaftliche Drohung durchaus zu einer Nichtigkeit eines Vertrages führen könne.[1122] Im Anschluss belegte er dies mit dem Urteil *Medscheme Holdings (PTY) Ltd. v Bhamjee*.[1123] Dies verleitet zunächst zur Annahme, dass *Medscheme Holdings (PTY) Ltd. v Bhamjee* die Leitentscheidung des südafrikanischen Rechts zur *economic duress* sei.

Diese Einschätzung wird jedoch durch den Umstand getrübt, dass das Gericht in *Medscheme Holdings (PTY) Ltd. v Bhamjee* die Existenz der *economic duress* als möglich bezeichnete. Der Entscheidung fehlen detaillierte Ausführungen, die auf ein unbestreitbares Bestehen der Doktrin schließen lassen.

1117 *Van den Berg & Kie Rekenkundige Beamptes v Broomprops* 1028 BK 1999 (1) SA 780.

1118 *Medscheme Holdings (PTY) Ltd. v Bhamjee* 2005 5 SA 339 (SCA) 339, 346.

1119 *Medscheme Holdings (PTY) Ltd. v Bhamjee* 2005 5 SA 339 (SCA) 339, 346: „*While there would seem to be no principled reason why the threat of economic ruin should not, in appropriate cases, be recognised as duress, such cases are likely to be rare*".

1120 *Medscheme Holdings (PTY) Ltd. v Bhamjee* 2005 5 SA 339 (SCA) 339, 346.

1121 *Experian South Africa (Pty) Ltd. v Haynes and Another* (48711/2011) [2012] ZAGPJHC 105.

1122 *Experian South Africa (Pty) Ltd. v Haynes and Another* (48711/2011) [2012] ZAGPJHC 105 Rn. 33: „[…] *a form of economic pressure or threat of economic harm could, in appropriate cases, constitute duress, such as to entitle avoidance of a contract*".

1123 *Experian South Africa (Pty) Ltd. v Haynes and Another* (48711/2011) [2012] ZAGPJHC 105 Rn. 33.

b) Reaktionen im Schrifttum

Die Reaktionen im südafrikanischen Schrifttum sind unterschiedlich ausgefallen. Eine Anerkennung der der *economic duress* wird sowohl abgelehnt als auch befürwortet.

aa) Ablehnung

Nicht wenige Stimmen lehnen eine bisherige Existenz der Doktrin in Südafrika ab. Einerseits wird dabei darauf hingewiesen, dass es bisher an einer Grundsatzentscheidung fehlt[1124]. Andererseits sollen die Regeln zur *metus* nicht auf Fälle angewendet werden, in denen wirtschaftlicher Druck auf eine Partei ausgeübt wird und diese weiterhin eine Möglichkeit hat, anderweitig ihre Waren zu veräußern.[1125] Gelegentlich wird auch die traditionelle Ansicht vertreten, dass *duress* nach wie vor nur durch die Androhung mit Gewalt gegen eine Person oder eine Sache begründet werden kann.[1126]

bb) Befürwortung

Dagegen haben einige Autoren das *Medscheme Holdings*-Urteil zum Anlass genommen, um für eine Existenz der *economic duress* in Südafrika zu plädieren.[1127] Ebenfalls wird ein starkes Bedürfnis für den Schutz von wirtschaftlichen Interessen angeführt.[1128] Da bislang nur die Rechtsgüter Leben (*duress of the person*) und Eigentum (*duress of goods*) geschützt würden, bestehe eine Notwendigkeit, das südafrikanische Recht weiterzuentwickeln und die *economic duress* einzuführen.[1129] Hierfür spreche auch die Tatsache, dass es aus statistischer Sicht in der modernen Geschäftswelt häufiger vorkommen dürfte, dass ein Vertrag aufgrund der Androhung wirtschaftlicher Nachteile abgeschlossen werde als durch das Vorhalten einer

---

1124 *Kopel*, Business Law, S. 134.

1125 *Kerr*, Law of Contract, S. 323. Hiergegen muss jedoch eingewendet werden, dass eine bedrohte Partei, die anderweitige Handlungsmöglichkeiten nutzen kann, sich gerade nicht auf eine *economic duress* berufen kann. Genau bei solchen Fällen hilft das Kriterium der fehlenden Handlungsalternative (*no reasonable alternative)*, siehe oben S. 42 ff.

1126 *Huyssteen, Van*, Contract Law in South Africa, S. 124.

1127 *Hutchison*, The Law of Contract in South Africa, S. 139; *van der Merwe*, Contract, S. 124.

1128 *Christie/McFarlane*, The Law of Contract in South Africa, S. 305; *Glover*, S. African L.J. 2006, 285, 285.

1129 *Christie/McFarlane*, The Law of Contract in South Africa, S. 305.

Waffe.[1130] Zudem wird auch auf das Recht Namibias verwiesen, welches eine Nichtigkeit von Verträgen aufgrund von *economic duress* bereits anerkannt hat.[1131] In diesem Zusammenhang wird auch auf den Rückstand Südafrikas im Vergleich zu anderen entwickelten Ländern verwiesen.[1132] Schließlich argumentiert *Glover*, dass die südafrikanischen Gerichte früher bereits Fälle von wirtschaftlicher Drohung gelöst haben, ohne den Begriff der *economic duress* zu verwenden.[1133]

3. Zusammenfassung

Im Gesamtbild scheint Südafrika an der Schwelle zur Anerkennung der *economic duress* zu stehen. Der *Medscheme Holding*-Entscheidung kann eine Tendenz zur bevorstehenden Erfassung der wirtschaftlichen Drohung durch die *duress*-Lehre entnommen werden, allerdings fehlt es an einer eindeutigen höchstrichterlichen Anerkennung der Doktrin.[1134] Immerhin gibt es seit 2012 mit dem *Experian South Africa*-Urteil eine Anerkennung seitens eines *High Court*. Auch machte sich bei der *Medscheme Holding*-Entscheidung der englische Einfluss bemerkbar. Es dürfte nur eine Frage der Zeit sein, bis der *Supreme Court of Appeal* sich mit der Thematik auseinandersetzt und dem südafrikanischen Recht die bisher fehlende eindeutige Präzedenzentscheidung liefert.

E. Zwischenergebnis zur Entwicklung außerhalb Englands

Der progressivste Umgang mit der *economic duress* gelingt in Singapur, da die *economic duress* hier ohne größere Schwierigkeiten rezipiert und sogar weiterentwickelt wurde. Dabei kommt den singapurischen Gerichten ihre justizielle Unabhängigkeit von Großbritannien zugute, was sich im Umgang mit der *consideration* bei Vertragsmodifikationen zeigt. Auch die Gerichte in Hongkong haben keine Schwierigkeiten mit der Anwendung der Doktrin, wobei dies zweifellos darauf zurückzuführen ist, dass in Hongkong bis vor Kurzem noch englisches Recht galt.

Die australische Rechtsprechung erkennt ebenfalls die *economic duress* an, wobei das australische Recht im Gegensatz zu den anderen Staaten die Lehre

1130 *Glover*, S. African L.J. 2006, 286.

1131 *Christie/McFarlane*, The Law of Contract in South Africa, S. 305. Bei der namibischen Entscheidung handelt es sich um *Vlasiu v President of the Republic of Namibia* 1994 NR 332 (LC).

1132 *Glover*, The Doctrine of Duress, S. 95.

1133 *Glover*, S. African L.J. 2006, 286.

1134 *Glover*, S. African L.J. 2006, 313 f.

eigenständig und frühzeitig entwickelt hat. Zugleich hat sich aber auch hier der englische Einfluss nachträglich bemerkbar gemacht, allerdings bestehen hinsichtlich Kausalität und Beweislastverteilung Unterschiede zur englischen Rechtsprechung. Der neuseeländische Ansatz zur *economic duress* ist stark vom englischen Verständnis geprägt, gleichwohl wurde mit dem *Hammond*-Test ein eigenständiger Ansatz zur Rechtsfigur entwickelt, der allerdings Schwächen aufweist und sich bisher in Rechtsprechung und Schrifttum nicht behaupten konnte. Die kanadischen Gerichte haben ebenfalls einen eigenen Ansatz entwickelt, wobei sich dieser noch durchsetzen muss. Unabhängig hiervon ist die *economic duress* in den kanadischen Entscheidungen fest verankert.

Die indische Rechtsprechung weist verschiedene Entscheidungen zur *economic duress* auf. Von der Existenz der Rechtsfigur kann demnach ausgegangen werden, es fehlt allerdings eine übergreifende Anerkennung im Schrifttum. Aus den bisherigen Urteilen geht ein dreistufiger Aufbau hervor.

In anderen Rechtsordnungen hat eine Anerkennung der *economic duress* begonnen, es bedarf aber noch weiterer Entscheidungen und Beiträgen im Schrifttum. So gibt es im irischen Recht beispielsweise zwei Urteile, die sich der *economic duress* oberflächlich widmen – indes fehlt es diesen an einer ausführlichen dogmatischen Auseinandersetzung mit der Doktrin. Auch orientieren sich die irischen Gerichte nicht am englischen Verständnis von *economic duress*. Dagegen verfügt das Recht Schottlands über eine bestätigende Entscheidung, es macht allerdings weiterhin von der schwachen *overborne will theory* Gebrauch. Entsprechend ist die *economic duress* hier noch entwicklungsbedürftig.

Schwach entwickelt ist die *economic duress* in Südafrika. Hier liegt zwar ein anerkennendes höchstrichterliches Urteil vor, welches auch Bezüge zum englischen Recht aufweist, zugleich ist das Urteil aber von widersprüchlicher Natur. Ein späteres Urteil erkennt die Doktrin zwar eindeutig an, es handelt sich dabei aber nicht um das höchste Gericht Südafrikas. Ebenfalls ist die Anerkennung im Schrifttum bislang umstritten. Das südafrikanische Recht steht somit an der Schwelle zur Entwicklung der *economic duress*, insgesamt kann gegenwärtig noch nicht von einer gefestigten Position ausgegangen werden.

Trotz unterschiedlicher Entwicklungsstufen ist der englische Einfluss auf die ehemaligen Kolonien hinsichtlich der *economic duress* unverkennbar. Die Gerichte und Autoren orientieren sich hinsichtlich der Entscheidungen und Beiträge im Schrifttum weiterhin am ehemaligen Mutterland, wobei auch Schwachstellen und Probleme der Rechtsfigur, wie zum Beispiel die *overborne will theory*, rezipiert werden. Zum Teil haben manche Rechtsordnungen auch unabhängige Weiterentwicklungen vollzogen. Lediglich Irland hat sich bisher vom englischen Einfluss abgeschirmt.

Zusammenfassung

Der *economic duress* liegt ein dreistufiger Aufbau zugrunde. Demnach sind für eine Nichtigkeit aufgrund von *economic* duress die folgenden Voraussetzungen erforderlich: Kausalität, Rechtswidrigkeit und das Fehlen einer vernünftigen Handlungsalternative für den Bedrohten. Dagegen hat sich der zweistufige Aufbau, nach dem nur Kausalität und Rechtswidrigkeit erforderlich sind, nicht durchsetzen können.

Im Rahmen der *economic duress* wird eine Drohung dann als kausal eingestuft, wenn sie die alleinige Ursache für den Vertragsschluss war (*but for*-Test). Nur diese Art von Kausalitätsverständnis lässt sich mit der Natur der *economic duress* sinnvoll vereinbaren, da er im Vergleich zu den anderen Kausalitätstests die höchsten Anforderungen stellt und dafür Sorge trägt, dass nicht jeder Druck zur Nichtigkeit einer Vereinbarung führt. Es ist zu begrüßen, dass die neuere englische Rechtsprechung den *but for*-Test im Rahmen der Kausalität prüft. Die Frage, ob dem Opfer eine vernünftige Handlungsalternative fehlte, ist als eine zwingende Voraussetzung der *economic duress* einzustufen, da hierdurch ein objektiver Gesichtspunkt in die Prüfung einbezogen wird. Diese Einschätzung wird durch jüngere Entscheidungen gestützt und findet im Schrifttum ebenfalls zunehmend Zuspruch, wobei das Augenmerk auch auf die Effektivität der Alternative zu legen ist.

Die Rechtswidrigkeit ist die bedeutendste und zugleich am schwierigsten zu prüfende Voraussetzung der *economic duress*, da hier zulässiges Verhalten von unzulässigem Druck abzugrenzen ist. Dabei haben sich verschiedene Fallgruppen etabliert. Als rechtswidrig einzustufen sind Drohungen, welche eine strafrechtliche oder deliktische Qualität aufweisen. Ebenfalls kann der angedrohte Vertragsbruch als rechtswidrig klassifiziert werden. Rechtmäßig ist dagegen die Androhung, einen bestehenden Herausgabeanspruch durchzusetzen. Auch die Ankündigung, künftig keinen Vertrag abschließen zu wollen, reicht nicht für eine Einstufung als rechtswidriges Verhalten aus.

Was die Konkurrenzen betrifft, so dürften deliktische Tatbestände (*torts*) im Vergleich zur *economic duress* seltener zur Anwendung kommen. Ähnlich ist es auch bei Überschneidungen mit der *undue influence*. Hier ist von einem Anwendungsvorrang der *economic duress* auszugehen, da diese im Gegensatz zur *undue influence* kein Vertrauensverhältnis erfordert. Ein Konkurrenzverhältnis zur *inequality of bargaining power* ist nicht mehr denkbar, da sich diese Rechtsfigur in der Rechtsprechung nicht durchsetzen konnte. Die größten Überschneidungen treten im Verhältnis zur *consideration* in Vertragsmodifikationsfällen auf. Hier hat sich die *economic duress* mittlerweile als vorzugswürdiges Instrument erwiesen. Ihr ist daher in Konfliktsituationen Vorrang zu gewähren.

Auf die ehemaligen Kolonien hat die englische *economic duress*-Doktrin starke Auswirkungen gehabt. In den Rechtsordnungen, in denen die Doktrin rezipiert wurde, macht sich eine intensive Prägung durch das englische Recht bemerkbar. Eine Sonderrolle nimmt lediglich Australien ein, da hier die Rechtsfigur bereits vor der Entstehung in England in groben Zügen entwickelt wurde. Des Weiteren soll hervorgehoben werden, dass Singapur einen sehr progressiven Umgang mit der *economic duress* pflegt. Zum Teil treten trotz des englischen Einflusses Divergenzen hinsichtlich der Voraussetzungen auf, wie zum Beispiel beim kanadischen oder neuseeländischen Recht. Zugleich ist die Doktrin in Irland, Schottland und Indien anerkannt, aber punktuell noch entwicklungsbedürftig, während sie in Südafrika stark unterentwickelt ist.

Obwohl die *economic duress* für englische Verhältnisse eine sehr junge Rechtsfigur ist und ihre Entwicklung sich rasant vollzogen hat, besteht noch Potential für weitere Präzisierungen. Erfreulich wäre es, wenn die englischen Gerichte mehr Kontinuität und Kohärenz beweisen würden, indem sie bei dem dreistufigen Aufbau verbleiben und nicht wieder dazu übergehen, die *economic duress* nach unterschiedlichen Maßstäben zu prüfen. Des Weiteren sollte im Rahmen der Rechtwidrigkeitsprüfung der vorgeschlagene Kombinationstest zur Anwendung kommen, da dieser am ehesten die schwere Aufgabe bewältigen kann, einen ausgeübten Druck als rechtmäßig bzw. rechtswidrig einzustufen. Auch sollten die Gerichte eindeutig klarstellen, dass die Androhung, künftig keinen Vertrag mehr mit der anderen Partei abzuschließen, keine Rechtswidrigkeit begründet.

Auch außerhalb Englands dürfte die Entwicklung der *economic duress* interessant sein. Im Rahmen der Rezeption besteht bei einigen Ländern noch Entwicklungsbedarf. Zudem ist es nicht unwahrscheinlich, dass die Länder, die im Rahmen der einzelnen Voraussetzungen inzwischen eigenständige Wege beschreiten, sich noch weiter von dem englischen Verständnis entfernen.

Die Rahmenbedingungen für Entwicklungen sind gut, da viele der Entscheidungen zur *economic duress* auf Rechtsstreitigkeiten beruhen, die in Zeiten von Finanzkrisen und Markteinbrüchen entstanden sind. Die globale Finanzkrise, welche mit dem Zusammenbruch des amerikanischen Immobilienmarktes im Jahr 2007 begann, dürfte künftig für weitere Situationen sorgen, in denen Akteure mittels wirtschaftlicher Mittel ihre Interessen durchsetzen. Es ist daher wahrscheinlich, dass in den nächsten Jahren ein Anstieg von *economic duress*-Entscheidungen zu verzeichnen sein wird.

Berliner Schriften zum internationalen und ausländischen Privatrecht

Herausgegeben von Helmut Grothe

Band 1 Petra Wutzo: Arzneimittelwerbung des Herstellers und Verbraucheransprüche im deutschen und französischen Recht. 2009.

Band 2 Ilias Chamos: Die Umsetzung der Verbraucherkreditrichtlinie 87/102/EWG in Deutschland und Griechenland. Unter besonderer Berücksichtigung personaler und dinglicher Kreditsicherheiten. 2010.

Band 3 Eva Schäper: Gewinnzusagen. Materiellrechtliche, international verfahrensrechtliche und kollisionsrechtliche Untersuchung des Anspruchs aus § 661a BGB. 2010.

Band 4 Bernhard Kunkler: Das internationale Zivilverfahren im französischen Rechtskreis. Eine rechtsvergleichende Untersuchung des autonomen internationalen Zivilverfahrensrechts Frankreichs, Belgiens und Québecs. 2010.

Band 5 Ulrike von Paris: Die Streitverkündung im europäischen Interventionsrecht. 2011.

Band 6 Julia Parastandeh-Chehr: Die Geschäftsbesorgung im schweizerischen und deutschen Recht. 2012.

Band 7 Julia Koch: Die Anwendung islamischen Scheidungs- und Scheidungsfolgenrechts im Internationalen Privatrecht der EU-Mitgliedstaaten. Eine rechtsvergleichende Analyse unter besonderer Berücksichtigung des nationalen und europäischen ordre public. 2012.

Band 8 Dimitar Varimezov: Grenzüberschreitende Rechtsverletzungen im Bereich des gewerblichen Rechtsschutzes und das anwendbare Recht. 2012.

Berliner Schriften zum internationalen, ausländischen und deutschen Privatrecht

Band 9 Anja Costas-Pörksen: Anwendungsbereich und ordre public-Vorbehalt des Haager Zustellungsübereinkommens. 2016.

Band 10 Thomas Voigtländer: Das Potential der Regel aus *Rylands v. Fletcher*. Gefährdungshaftung im englischen *Common Law of Torts*. 2016.

Band 11 Ilona Respondek: Parteiwechsel im Schiedsverfahren. 2016.

Band 12 Michael George Bayliss: Economic Duress. Die *Economic Duress*-Doktrin im englischen Recht und ihr Einfluss auf ausgewählte Rechtsordnungen des *Commonwealth*. 2016.

www.peterlang.com

www.ingramcontent.com/pod-product-compliance
Ingram Content Group UK Ltd.
Pitfield, Milton Keynes, MK11 3LW, UK
UKHW022101051026
15623UKWH00003B/616

9 783631 666777